玉宇琼楼天上下，长虹飞渡水中央

上下影摇流底月，往来人渡境中梯

廊桥笔记

童岳闵 书

鲁晓敏 著

吴卫平 摄

廊桥笔记

Lang
Qiao
Biji

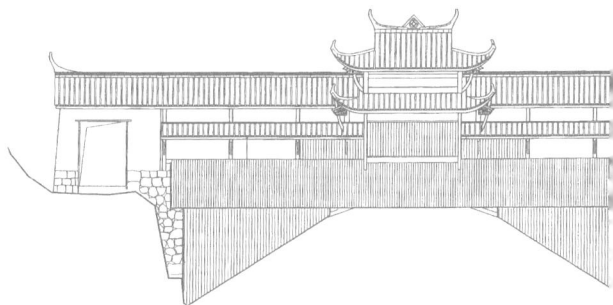

广西师范大学出版社
GUANGXI NORMAL UNIVERSITY PRESS

·桂林·

图书在版编目（CIP）数据

廊桥笔记 / 鲁晓敏著；吴卫平摄. --桂林 ：广西
师范大学出版社，2022.4
ISBN 978-7-5598-4738-6

Ⅰ．①廊… Ⅱ．①鲁… ②吴… Ⅲ．①桥梁工程－
建筑史－中国 Ⅳ．①U44-092

中国版本图书馆 CIP 数据核字（2022）第 017336 号

广西师范大学出版社出版发行

（ 广西桂林市五里店路 9 号　邮政编码：541004 ）
　网址：http://www.bbtpress.com

出版人：黄轩庄

全国新华书店经销

广西广大印务有限责任公司印刷

（ 桂林市临桂区秧塘工业园西城大道北侧广西师范大学出版社
集团有限公司创意产业园内　邮政编码：541199 ）

开本：880 mm ×1 240 mm　1/32

印张：12　　字数：250 千

2022 年 4 月第 1 版　　2022 年 4 月第 1 次印刷

定价：98.00 元

如发现印装质量问题，影响阅读，请与出版社发行部门联系调换。

鲁晓敏的魂

◎ 陆春祥

1

鲁晓敏是浙江松阳人。松阳产名嘴。

南宋周密的笔记《癸辛杂识》续集上，有《讼学业觜社》，说到了松阳人嘴的厉害：陈石涧、李声伯告诉我（周密）说，江西人喜欢打官司，人们讽刺为"觜笔"。他们往往开有教人打官司的培训班，上百人来学。培训班的主要课程，是教学员们如何对答，如何从别人的话语中找到破绽，攻击他人。又听说丽水的松阳，有所谓"业觜社"，也就是专门教人怎么吃嘴巴饭的。这个社团中，还出了个张名嘴，即张槐应。

"觜笔"，今天可以理解成口才的厉害，像针一样。这样的口才，纵横捭阖，和人辩论，无往而不胜，绍兴人叫师爷，香港电视剧中称"讼棍"。

要在话语中将人置于死地，需要极为扎实的各种能力。比如，记忆的能力，大量枯燥的条文记忆，且是理解基础上的记忆，如此，才能引经据典，让人佩服；演说的能力，能将死的说成活的，反之亦然；思辨的能力，层次清晰，逻辑推导力强，常诱敌深入，陷别人于泥淖中不能自拔，即便处于劣势，也能在细微处发现蛛丝马迹，反败为胜。

上面的各项能力，虽有天生悟性，但也有很多技巧可以琢磨，更要经久练习。于是，讼学培训班和业韎社，就有了天然的市场。

至于张名嘴，没有细节，但不妨碍让人充分想象，他一定打过数场知名的官司，常常将不可能变成可能，险中取胜。

我到松阳，松阳人这样形容能说会道的人：甲厉害，能将树上的鸟儿骗下来。还要再加一句：乙胜甲，他能将骗下的鸟儿，再骗上树去！

张名嘴成了历史。

如今，松阳有了新名嘴——鲁名嘴。鲁晓敏，他不骗，他能写，写过数百万字的老房子、廊桥等古建筑。他也能说，一肚皮的山货，老房子、古建筑，变成了活灵灵的鲜历史。

晓敏是中国作协会员、丽水市作协副主席，干过十年的松阳县作协主席，也是我们浙江省散文学会的副会长，松阳和全浙江乃至全国的廊桥，从他嘴里、笔下如珍珠样泻出，好听又好看。

晓敏先将他的家乡松阳吃透研碎。松阳有一百多个保存相当完整的古村落，中国传统村落就有七十五个，在全国都排得上号。他将这些散落在浙西南深山里的明珠，一颗颗擦拭一新，向外卖力推荐。

那一次，我跟着他走进黄家大院，他展示了他的名嘴实力。晓敏戴着导游的耳麦，以一个地道的松阳人、文史专家和作家的多重身份，将他眼中的黄家大院，一点点解构给别人看。那些木雕、砖雕、牛腿，金木水火土，几乎所有的技术名词，他张口就来，来龙去脉，加上人物事件，演绎得活活现现，仿佛他就在事件现场。

2

我好奇的是：他非专业出身，可为什么比专业的还专业？

引一段前几年出版的，我给《寻梦菇乡——作家笔下的庆元》序言里写的一段，你大概就知道他的底子在哪了：

鲁晓敏的魂，一定丢在了庆元。

我在庆元的几天里，和他有过多次交流，每次谈到庆元，他都如数家珍。我和柏田都奇怪：你一个松阳人，对庆元这么熟悉，你和庆元有什么关系吗；或者，庆元的什么东西吸引了你；或者，是你的魂掉在了庆元？

晓敏笑笑：是庆元的廊桥吸引了我，当然，庆元的女子也吸引我。说后一句的时候，他脸上泛着一点坏笑，有点难为情的那种。

我自然要先寻晓敏君的庆元魂。收进本集子的4篇，几乎都是写廊桥的。我似乎看到了一个古桥爱好者，不远百里，起早贪黑，在庆元的乡间出没，钻进钻出，扑上扑下，目测、手测、线测，访东问西，然后，又趴在故纸堆里，寻图穷迹。为了廊桥，为了古村落，他把业余时间都搭上了。

我问过晓敏：为什么这么喜欢古建筑？为什么这么喜欢古村落？

他给我讲了两个小故事。

第一个故事：他读小学时，比较顽皮，不太爱读书，有一天，应该是犯了比较大的错误，被父母关进书房，闭门思过。百无聊赖中，他将父亲书架上的一本《世界建筑100例》拿下来看，其中有不少中国古建筑，一看就被迷上，直到整本书看完，他又向搞建筑的父亲要来了其他书。古建筑的书，越读越多，于是他对古建筑涉及的人文呀，历史呀，地理呀，风水呀也统统关注。关于地理风水之类，晓敏走到哪儿，都是张口就来，他说起来、写起来都是一套一套的，让我们膜拜。

第二个故事：有一年，我去松阳做讲座，他陪我去了山下阳村。在斑驳的泥墙下，他向我讲述了另外一个原因。他在供电公司工作，有时用户欠了电费，就要上门催缴，串村走巷，走得多了，一些老村里的牌坊呀，青石门楣呀，老房子里的厅柱呀，匾额呀，许多破败的元素，将他脑子里已存的古建筑知识纷纷激活。我在松阳的黄家大院，就充分领略了晓敏在古建筑方面的造诣，他边走边为我讲解，引经据典，条理清晰，历史年份，细小数据，一一确凿，且不时加上自己的见解。我觉得，把它写出来，就是一篇极好的文章。

现在，我阅读他写庆元的这些文章，终于知道，他为什么会将魂掉在庆元了，因为这里有他的至爱，梦中的情人，中国独一无二的廊桥。

现在，你自然知道了，兴趣是他最好的老师，他为什么能把廊桥像庖丁解牛一样解构得那么游刃有余了。

3

　　自然，鲁晓敏的魂，不仅仅是丢在了松阳、庆元、泰顺、景宁等浙南山区的古老廊桥上，他"魂不守舍"，他的眼光，早已从浙江移至全国：他在古徽州的徽派廊桥上久久流连，在闽粤赣风格多样的客家廊桥上依依不舍，在湘桂黔崇山峻岭间的侗家廊桥上恋恋忘返，也在湘渝鄂桃花源中的廊桥上"乐不思浙"。数年来，他就像徐弘祖那样，为着一个目标，在奔跑中、体验中寻找他深厚的发现。

　　廊桥、古村落、老房子，鲁晓敏对这些都喜欢到了骨髓里，其是他的魂魄所在，也是他独特的文字王国。他将它们大卸十六块，再从他笔下迸发出来，就成了廊桥下面那不绝的哗哗溪流，悦耳动听。

己亥冬月　杭州壹庐

陆春祥　浙江省作家协会副主席、中国散文学会副会长、浙江省散文学会会长

照亮自己

◎ 阙维民

我与鲁晓敏初识于 2012 年 12 月下旬，当时我受故乡松阳县委县政府的邀请，对松阳县的村落文化遗产进行现场调研，晓敏是一起参与调研的地方专家。

依据惯例，每当我确定研究某地的历史建筑（群）、历史街区或传统村落等文化遗产时，除了搜索、阅读与分析有关该地文化遗产的相关研究成果与历史文献外，还必须到现场调研，并尽力找到、拜访与请教对当地历史文化有过深入研究或经历的地方专家或乡贤。就当地的历史文化而言，这些地方专家或乡贤，虽然没有高学历、高学位、高职称甚至高年龄，但他们所掌握的历史信息、所经历的历史事件、所积累的历史认识，往往要强于外来专家（包括院士级专家）。外来专家如果不依赖、不请教这些地方专家或乡贤，他们的调研成果，往往会成为隔靴搔痒甚至不符历史事实的结果。

那年调研前，我向松阳县委县政府提出一个要求：请一两位地方专家或乡贤共同调研。县领导告诉我，已安排了一位：鲁晓敏——1971 年生，松阳人，松阳县作家协会主席，当时已发表四五十篇关于松阳县及其周边县市的历史文化遗产的散文。我长晓敏十四岁，但在松阳生活的时间与经历，他要多于我三个十四岁。因此，他对故乡松阳历史文化的学识、阅历与文字阐述，都要远超于年幼即离开松阳的我。就松阳县的历史文化遗产而言，不唯学历、不唯年龄，晓敏就是我必须依赖、请教与敬重的地方专家与乡贤。

那年那月，我与晓敏以及松阳县政府相关人员一起，对松阳县的重要古村落（如石仓源、山下阳、酉田村等）、古建筑（如黄家大院等）调研数日，对所调研的古村落与古建筑颇有研究的晓敏，做了认真、详细的解说，尤其是有关古村落、古建筑的人物背景与相关信息，对于阐述与提升古建筑、古村落的历史文化遗产价值与意义，给出了十分接地气又令人信服的民俗历史脚注。

经过几天的调研，我在 2012 年 12 月 28 日上午由县委县政府组织的"松阳论坛"上作了题为《美丽中国，美丽乡村——中国古村落遗产保护与可持续发展》的发言，向父老乡亲传递了世界遗产精神，而阐述的松阳文化遗产案例，就吸收了晓敏介绍与提供的信息。

自与晓敏初识以来已近 10 年，我们清水之交，晤面不多，但我时常能读到他发表的散文作品，也曾收到他寄赠的作品集。晓敏的文字，浸透了故乡泥土的清香，各地的读者，正是通过晓敏的文字，知道了我们的故乡——有着"江南秘境"之称的松阳县。

2013 年夏，《中国国家地理》杂志就传统村落遗产专题向我约稿，我因其他任务而未应约，但竭力推荐晓敏。当年底，约稿编辑致电感谢我推荐了一位好作者。其实，晓敏已为该杂志撰写了多篇文稿，但是编辑并不知道晓敏对古村落文化的研究之深。之后，晓敏在该杂志上陆续发表了多篇关于古村落、古廊桥的文章，写得既专业又文采斐然。

2014年春节期间，中央电视台组织拍摄并报道松阳县古村落、古建筑历史文化遗产的保护专题。松阳县委县政府致电我，希望我回松阳参与拍摄报道。当时，我正在英国伯明翰大学访学，无法专程回国，但我同样强力推荐晓敏参与央视的拍摄报道。

晓敏的作品所涉地域，除故乡松阳外，还包括松阳周边的县市，并逐渐扩大至浙江省、江南甚至全国；其作品除发表零散短篇散文外，还出版了《江南秘境》《江南之盛》《历史大视野中的传统松阳》《潦草集》等多部散文集。新近即将出版《瓯江之上》和《廊桥笔记》。大多数作品所涉内容，除物质遗产（如古村落古民居等）外，还包括非物质遗产（如历史事件及其人物），多有其独特的见地与解读。晓敏不是专业出身，却有着扎实的专业知识和传统文化素养，这与他后天的刻苦学习和热爱家乡的情怀是分不开的。没有人要求他这样做，可以说是情怀照亮着他一路向前，十几年如一日专心致志做好古村落、古建筑的保护与宣传，这正是他难能可贵之处。

庚子岁末，晓敏发微信给我说，他的新著《廊桥笔记》即将由广西师范大学出版社出版，约请我写一段推荐语。我欣然应允，不仅因为与晓敏是同乡，也不仅因为晓敏的清新文笔，还因为我确有资格推荐——2005年，我在充分阐述浙南闽北木拱廊桥的遗产价值与特色的基础上，将庆元县竹口镇后坑桥的维护维修项目成功申报为UNESCO亚太地区文化遗产保护一等奖（即卓越奖）。

世界上的廊桥，有石构与木构、有单孔与多孔、有平梁与拱顶，但木构、单孔、拱顶，是浙南闽北山地廊桥的特色。松阳县与庆元县行政区划同辖于丽水市，自然环境同属于浙南闽北山地。晓敏生于斯长于斯，因此，生活环境中的传统木拱廊桥，自然不会脱离他的观察视野，也必然会流于他的笔下。迄今止，他在《中国国家地理》《环球人文地理》等多家杂志陆续发表过十多〔　　〕桥文章，涉及廊桥的建筑技术、风俗民情、宗教信仰、传统美〔　　〕是他沿着各地的廊桥一路走来，一路精心收集和研〔　　〕成了晓敏新著《廊桥笔记》的重要组成部〔　　〕

晓敏〔　　〕将《廊桥笔记》分为四个部分。第一部分"〔　　〕历史变迁以及所受宗教、信仰、民间力量的影响；第〔　　〕之境"，描述廊桥在中国各地的集中分布情况；第三部分"美〔　　〕桥"，绘述各地廊桥的特色与美景；第四部分"廊桥遗梦"，叙述各地代表性廊桥的历史文化意义。书稿最后以"后记：廊桥会成为一场遗梦吗？"哲理思考结尾。

非常高兴地看到，《廊桥笔记》以廊桥专题为线索，拓展了晓敏文学作品已有的所涉地域范围——从松阳县、丽水市至浙江省，从浙江省至全国。这是晓敏文学创作一次重大的地域突破，值得祝贺！

期待晓敏文学创作取得更多的突破。

2021 年 2 月 12 日 农历辛丑年正月初一 于燕园

阙维民　北京大学城市与环境学院教授

跟着他们去看桥

　　作家鲁晓敏先生对家乡的景物很是关注，前些年就对丽水山区的廊桥颇下了些功夫，在杂志上撰文推荐，后来又将其考察范围拓展到全国各地。他新近的廊桥考察作品是一本叫作《廊桥笔记》的读物，很是适合普罗大众阅读。而且，这次是他联袂中国著名的摄影家、也是廊桥摄影的大师北京吴卫平先生共同合作的成果。牛年春节前，鲁先生嘱我写点推荐的文字，或许是出于向出版社介绍一下这本书的价值之需。实际上，这个事本就属于多余之举！鲁、吴二先生的大作不会因为我的文字而增色或失色。不过话又说回来，向世人介绍中国独特的廊桥文化，是我二十多年来孜孜不倦的一项事业。在此期间，我也从不间断地向公众推荐这方面的专家和好的图书、文章等。因此，鲁先生所托于我来说是件非常乐意且享受的事，也是我的工作和职责所在。

　　鲁晓敏先生是中国作家协会的会员，又是一位极具情怀的中国廊桥研究者。2009 年以来，他几乎走遍了中国廊桥所有的蕴藏地：无论是华北平原，还是武陵山区；无论是渭河之源，还是东海之滨；也无论是江南水乡，还是青藏高原。他和摄影家吴卫平先生走访了 10 多个省市区的数百座古代廊桥。他们边行走边记录，使用通俗易懂又不乏专业精神的文字，通过优美的叙述和意境去描写，辅以专业的照片和精美的彩图插画，对中国廊桥的发展历史、风水文化、宗教信仰、保存状况等方面作了较为详细的解读。对年轻人、或者是愿意了解廊桥文化的朋友们来说，这部书无疑是一本入门的手册，甚至可以作为《廊桥旅行手册》用。

很多人认识我，也是通过我的廊桥研究著作或文章。但是，我和我的学术界同仁们更多的是关注木构廊桥技术史层面的问题，学术性和专业性较强，并不是大众读者都愿意坐下来花大把时间认真研读的。但是晓敏先生他们的文字和美图则又不同，他们的定位就是在廊桥文化的普及上，因此，我常常跟他们开玩笑，他们的作品更容易成为当下的"网红"。在今天的时代，如果能够通过文字或网络信息迅速将祖国珍贵的廊桥文化推荐给年轻或其他年龄段的朋友们，又有什么不好呢？我看是功莫大焉。

一年前，我和摄影家吴卫平兄合作，我撰文、他摄影，携手完成了中国公路学会主编的《中国廊桥》一书，年底即获得了中国科普作家协会年度优秀科普图书银奖的荣誉。在此，我衷心地希望通过鲁、吴二位先生这部书的出版，让全社会更加了解中国廊桥的灿烂历史和保存现状，引发对廊桥文化的关注，也希望有更多的青年人加入到廊桥文化的考察、研究和保护工作之中。届时，他们二位的书无论能不能获得业界的奖赏，一定可以收获广大受益读者心中的那份感激和嘉奖!

如果有关部门愿意将此段文字当作对《廊桥笔记》手稿出版的推荐信,那我很乐意接受这样的一个结果,希望能早一点看到图书的出版!

2021 年 2 月 20 日星期六于上海交大徐汇园

刘杰　上海交通大学设计学院建筑学系教授、中欧木结构建筑研究与设计中心主任、中国圆明园学会园林古建研究会副会长、中国民族建筑研究会民居专委会副主任

目　录

壹

何以
廊桥

廊
桥

それ们跨越山河阻隔，
穿越时间天堑，
从今天走向未来。

1

廊 桥 前 传
两 千 多 年 的 曲 折 变 迁

　　"开门见水，遇水搭桥"，八个恬淡的字就将人与桥之间的关系精准地描述了出来。中国南方地区水网密布，河流众多。矴步桥、独木桥、木板桥、木梁桥、廊桥、石板桥、石拱桥、砖桥、铁索桥、铁桥、悬索桥、吊桥、拖桥、浮桥等，它们或横跨绝壁险滩之上，或高悬于深山峡谷之中，或浮于江河溪流之上，或静卧村落市井之中。其中，最让人喜爱的莫过于廊桥。

　　中国廊桥是桥梁与房屋的珠联璧合之作。回溯两千多年历史长河，廊桥兴起于秦汉，繁荣于唐宋，鼎盛于明清，没落于近代。在中国，每一座古廊桥都承载了许多重要角色：它们是休憩场所，是祭祀神庙，是交易市场，是娱乐平台，是地标建筑，是精神家园，是团结乡民的纽带，是传播文化的长廊。在中国百姓心目中，廊桥不仅是公共建筑，更是文化图腾。我们不禁要问：廊桥究竟发端于什么时候？营造技艺如何发展？它的传播路线又是怎样的呢？

成都地下，隐藏着廊桥身世的谜底

　　公元 1287 年的一天，经过数月的艰苦跋涉，马可·波罗来到成都。

推开驿站窗户时，这个威尼斯人看到了一幅令人震撼的景象："安顺廊桥"长龙一样游荡在八十多米宽的南河上，红色的廊屋在霞光的照耀下呈现出一派富丽堂皇；桥上是熙熙攘攘的人流，桥下是穿梭往来的船舶，桥头连接着热闹的街市，一座廊桥便尽显天府锦绣。即使在他遍布桥梁的故乡，马可·波罗也不曾见到过如此气势恢宏的大桥，他发出了"世界之人无有能想象其甚者"的感慨。这个游历世界的伟大旅行家对安顺廊桥终生难忘，并把安顺廊桥记录在了自己的游记之中。

没有人知道廊桥诞生在什么时候，诞生在什么地点。非常巧合，就在马可·波罗当年目睹过的安顺廊桥不远处，地层下竟然积压着两座汉代廊桥的骸骨，廊桥身世的谜底出现了一丝曙光。

2001年初的一天，在四川成都金沙遗址附近的蜀风花园大道工地上，一群工人正在开挖地基。当推土机掘开厚厚的泥沙堆积层后，一座深褐色的巨大木桥骨架展露在他们面前：密集的桥柱如同士兵出操一般地整齐排列着，廊屋已经不见踪影，但还残留着高耸的梁架，地上横着粗壮的桥梁，宽阔的桥板上散乱地堆积着残砖碎瓦。

时隔八年，成都盐市口又有一座形制相同的廊桥，剥离了历史的泥沙进入现代人的视野。经考古人员认定，这两座都是建于西汉时期的木结构廊桥。从现存的桥基和木梁中可以窥视原桥的规模和形制：两座廊桥均由桥台、桥柱、桥梁、桥面板和桥上部的廊房五部分构成，分别横跨四十米和三十多米宽的河流。它们的技术已经领先于当时其他种类的桥梁。两座汉代桥是国内目前发现的最古老廊桥，它们的出土很大程度上只是幸运与偶然。21世纪的这两次考古发现，为解开中国廊桥的身

四川成都市安顺廊桥

世谜团提供了重要线索——因为，它们的现身正好印证了建筑史专家刘敦桢 20 世纪 30 年代提出的论断："廊桥之诞生，或在西汉之前，春秋战国之际。"

我们可以试着想象两千年前的成都：城阙坐落在水网密布的平原上，一条条河流将城阙割裂，一座座桥梁又将城阙连成一个整体。在城阙中心，数百吨的木材构成了两座水上巨阙，它们接通两岸繁华的街市。在这两座最古老的廊桥面前，我们似乎可以搜寻到廊桥初始状态的蛛丝马迹。这两座并不起眼的廊桥与我想象的有很大差距，与我走过的许多华丽的廊桥相比，它们简陋得几乎可以忽略。然而作为一张初始的草图，作为中国已知廊桥始祖，原本就该这么质朴无华，它们是先人在廊桥征程上跨出的第一步，如同牙牙学语的婴儿发出的第一个最纯洁最原始的音。

安顺廊桥是历史上非常著名的廊桥，循着埋藏在地底下的那两座汉代廊桥一脉而来，它用无比瑰丽的身姿揭示出廊桥的前世和今生。数百年后，安顺廊桥坍塌，一座崭新的安顺廊桥又呈现在世人面前，它以顽强的生命力昭示着廊桥的不朽。在桥头，一块黑色的大理石上刻画着马可·波罗肖像，他神情专注地看着前方，仿佛仍然沉浸在不可思议之中。

廊桥演变，过程清晰可见

战国末期，秦国灭蜀，设立蜀郡。沿着曲折漫长的栈道，秦人李冰带着一群幕僚进入蜀地，出任蜀郡太守，并主持修筑了举世闻名的都江堰。在这一水利工程的调节下，成都平原成了河流密布、宛若江南的水乡泽国，上百条纵横交织的水渠像美丽的扇面，在广阔的平原上缓缓伸展开来。

为改善当地的交通条件，李冰等人在河渠上修造了多座桥梁。据《华阳国志》记载，李冰曾建造过"成都七桥"，形状对应北斗七星。为了适应当地湿热多雨的气候，后来的工匠们创造性地在桥上加盖了用于遮风避雨的瓦屋。不过，那时候还不叫"廊桥"，"廊桥"是近几十年来形成的名称。

都江堰水利工程竣工三十余年后，秦国完成了统一大业，秦王嬴政开始大规模营建都城和皇宫。他将渭水引入都城咸阳，建造了一座华丽的"空中楼阁"——北边连接着寝宫，南边延伸到南山之巅。据司马迁《史记》记载，这种建筑叫作"阁道""复道"，"上可以坐万人，下可以建五丈旗，周驰为阁道"。从外形上看，"复道"上方建有楼阁，下方跨越河水，在建筑外形上与廊桥非常近似。可见，秦代关中地区完全具备了建造廊桥的技术条件。

　　廊桥到底起源于秦蜀栈道还是秦宫复道？由于缺乏确凿的佐证资料，这已经成为难以解开的谜团。我们对两种可能性进行分析判断：秦蜀栈道出现的时间更早，《战国策·秦策三》中就有"栈道千里，通于蜀汉"（注：此处蜀汉指蜀地与汉中，非蜀汉政权）之说，这说明栈道在战国时就已是蜀中地区对外联络的主干道。古人沿着崖壁凿洞架木，硬生生地在蜀地与汉中之间铺设出了一条悬空的道路。它的功能与桥类似，又因在栈道上加盖阁楼，供往来官员和行人休息、躲避风雨，所以栈道又被称为"阁道"，这是廊桥的母本和前身。相比秦宫复道，秦蜀栈道更平民、经济、实用，适合普及和推广。由此，我们可以做出一个大胆的假设——或许是李冰以及其幕僚，或其他秦人、蜀人受了栈道的影响和启发，对桥梁进行了技术改良。于是，一种崭新的桥梁形式——廊桥出现在成都平原上。

　　东汉年间，廊桥有一个非常形象的名称叫"桥阁"。永平六年（63）的《开通褒斜道碑》曰："桥阁六百三十二间，大桥五，为道二百五十八里。"但不管是成都地区的廊桥还是其他地区的汉代廊桥，大多为简单的木结构桥：平直的桥板以木柱为支撑，上面有构造简单的瓦屋。

　　大约过了百余年，邻近蜀郡的陇南地区诞生了一座结构新颖的廊桥。据《三国志》《华阳国志》记载，今天的甘肃文县（古时曾属四川管辖，今属甘肃省陇南市）曾出现了一座伸臂式廊桥——阴平桥。所谓伸臂技术，就是利用横竖相间的木料层层挑出，以支撑、托起桥梁。到了南北朝时期，这种技术得到了进一步更新。北魏地理学者郦道元在《水经注》中引用段国《沙州记》说："'吐谷浑于河上作桥，谓之河厉，长

甘肃文县阴平桥

百五十步，两岸垒石作基陛，节节相次，大木纵横，更相镇压，两边俱平，相去三丈，并大材，以板横次之，施钩栏，甚严饰。'桥在清水川东也。"这类木伸臂梁式桥在郦道元的笔下出现多次，最早可能诞生于青海、甘肃一带。据桥梁专家唐寰澄测算，这座"河厉"桥的伸臂长度达到了14.4 米。今天，我们所见的"河厉"桥身段已经拱成弧形，桥的两端各加建了一座翼亭，远看恰似两拳相握，因此也叫"握桥"。不管是"河厉"桥还是"握桥"，其基本原理并无二致。

　　流经中原地区的汴水是一条古老的河流，隋代大运河开通后，汴水成为中国南北交通的大动脉。隋炀帝南下江都（今江苏扬州），就是由洛水进入黄河，经汴水、泗水的转运，然后进入扬州地区。从隋代至北宋的四百年间，江南漕运均通过汴水运到北方。北宋时期，定都汴梁（今河南开封），汴河的交通枢纽地位得到了进一步巩固。元代马端临《文献通考》称："太平兴国六年（981），汴河运江淮米三百万石，菽（豆）一百万石。至道初，汴河运米至五百八十万石。大中祥符初至七百万石。"那时的北宋国都是世界上最繁华的都市，也是世界上人口最多的城市。汴水缓缓地从城中心流过，河中舟楫纵横、舳舻相继，河岸商铺林立、商贾穿行。人头攒动的闹市中，一座木结构的虹桥连接着汴水两岸，成为城中一道最亮眼的景致。画家张择端将这座虹桥栩栩如生地呈现在《清明上河图》中。与过去的桥梁相比，虹桥采用木拱结构，跨度大，而且没有"脚"。

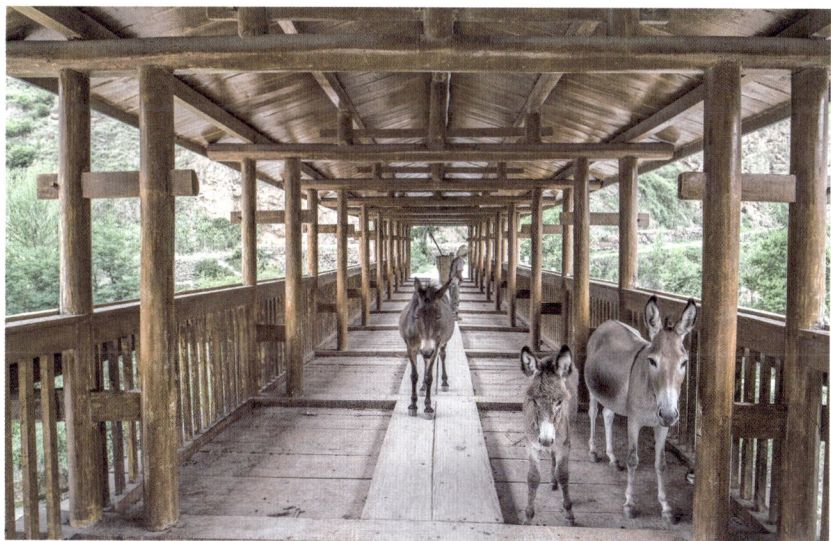

甘肃文县阴平桥内景

北宋初年，汴水之上有多座有柱梁桥，漕运繁忙时常常发生撞桥事件，使得水陆交通阻断。宋真宗正在愁眉不展时，千里之外的青州城里，一个离职的狱卒在太守夏竦支持下建起了一座无脚的木拱虹桥，也就是不设桥墩的桥。

北宋临淄人王辟之在《渑水燕谈录》中记载了木拱桥的建造过程："青州城西南皆山，中贯洋水，限为二城。先时，跨水植柱为桥，每至六七月间，山水暴涨，水与柱斗，率常坏桥，州以为患。明道（宋仁宗年号）中，夏英公（青州太守夏竦）守青，思有以捍之。会得牢城废卒，有智思，叠巨石固其岸，取大木数十相贯，架为飞桥，无柱。至今五十余年，桥不坏。"

水面通航和桥墩之间的矛盾自古以来就存在，而汴水事关北宋京城的命脉，漕运不能因为桥墩阻碍而停运。无脚虹桥的出现，不仅很好地解决了繁忙水运和桥梁交通之间的矛盾，还能避免桥墩被洪水冲垮，可谓一举多得。因此，汴河上很快出现了多座与青州虹桥形制相同的桥梁。这个无脚之桥的核心技术是曲形拱架，以圆木为建材，以木头编织组合为技术，拱架从河中直接飞跨而过。在潮湿多雨的南方，木拱桥上加盖廊屋更利于保护桥体，于是变成了木拱廊桥。

木廊桥由初始的单孔木平廊桥到多孔木平廊桥，再到木伸臂廊桥，最后到木拱廊桥，它的演变过程清晰可见。从桥的结构上来说，木拱是迈出的一小步，却是技术革命的一大步。木拱廊桥是古代的一项重大科技发明，是古人利用建筑力学、构建空间美学的重大创举，这道曲线具有重大的意义。直到三百多年后，达·芬奇才设计出类似的木拱桥。在

北宋　张择端《清明上河图》(局部)

西方，德国、瑞典、挪威等少数国家也有木拱桥，但它们的拱桥发育没有中国木拱桥那么成熟，时间要晚数百年，没有成建制的留存，更没有丰富多彩的民俗节庆和桥文化。

除各类史料、诗歌、笔记等文字记载之外，历代画家不惜笔墨，纷纷将精彩的廊桥绘入山水画卷。五代画家巨然的《万壑松风图》和刘道士的《湖山清晓图》，是我们所能见到的最早的廊桥画作。至宋代，生活在北方的王希孟，生活在浙江的赵伯驹、李嵩和夏圭，他们的活动区域都有大量的廊桥存在，他们也创作了不少栩栩如生的廊桥画作。元代画家吴镇，明代画家谢时臣、陈铎，清代画家王原祁、樊圻、董邦达、袁耀等在画卷中亦留下不少珍贵的廊桥写意。无论是浓墨还是淡彩，每一座廊桥都呈现出画家的精神风骨。古人用笔墨为我们展示了各个时代的廊桥风采，在精神世界中留下了人间烟火和廊桥的诗情画意。

廊下变化，衍生出千姿百态的桥型

木廊桥由桥墩、廊屋、桥亭等组成，除桥墩外，全用木料建造。在南方山区，杉木是最常见的树种之一，树干又直又长，韧性强，弹性好，而且重量轻，易于加工、运输和拼合，是最佳的廊桥建筑材料。相比其他树种，杉木中含有"杉脑"，是防蛀的木材；相比石材，木廊桥的造桥成本要低很多，也易维修，所以杉木材质的木廊桥在中国南方大量盛行。建桥时，不用一颗铁钉，只在梁、柱上凿出大小不一的孔眼，上下左右以榫卯对接，交错排列的梁柱横穿直插，整个梁架与廊屋便在纵横穿插中衔接成一个极为精密的整体。

历代廊桥画作之中，以南宋李嵩《水殿纳凉图》最为突出。刘敦桢在《中国之廊桥》中写道：李嵩所绘《水殿纳凉图》，图中有廊桥七间，其中一间，下建木柱二列，上为桥身，两侧翼以勾阑，并施阑额，斗栱，覆以盝顶。左右各三间，则临水筑基，基上木柱略低，而桥身与廊顶，均呈斜上状，其勾阑、阑额、斗栱之属皆具。李氏为南宋画院巨擘，夙以界画见长，故此桥之形状结构，应与当时实物相去不远。由此可见，廊桥早在宋代就已经非常普及，深入到时人的日常生活。那时候桥上的廊屋已经相当精致，勾栏画栋，华丽异常。

简而言之，廊桥就是加盖了廊屋的桥。虽然地处水乡和园林中的廊

清　董邦达《断桥残雪图》(局部)

南宋　李嵩《水殿纳凉图》

宋 夏圭《溪山清远图》（局部）

桥，功能上由实用转向观赏，廊屋的形状也发生了变化，形成了亭桥、多亭桥、廊亭桥等各式各样的廊桥形制，但是廊桥的关键结构不在廊，而在于廊下的桥。

由于河床宽窄、落差大小、水流缓急等自然地理状况不同，致使各种廊桥长短不等、高低不一、规模不同、千变万化。它们巧妙地倚仗地形水势进行协调组合，因地制宜地创造出千姿百态的桥梁类型，让外行人看得眼花缭乱。粗略划分，可有简支木平梁廊桥（简称木平廊桥）、伸臂式木平梁廊桥（简称伸臂式廊桥）、编木拱梁桥或贯木拱梁桥（简称木拱廊桥）、石拱廊桥四种类型。每一种类型又可根据规模变化、形态变异、技术升级等细分为多种。

数量最多、分布最广泛的是简支木平梁廊桥，它是廊桥中最为简单的一种，由一整排长短大小一致的圆木平铺跨溪而成。为了增加跨度，从两侧向河心增加数根斜支撑的木料，看上去像八字形，称之为八字撑或斜撑木平廊桥，它们大量适用于浅水山溪。为了解决大河流的跨度问题，河流之中建有一到多个桥墩，就形成多孔木平廊桥。伸臂式木平梁廊桥是简支木平梁廊桥的技术升级版，河流之中建有一到多个桥墩，一组大小长短一致的圆木从两岸一层接着一层向河心挑出，河心桥墩上的圆木也向两岸排出。在两端圆木相距到一定距离时，再用横梁衔接，上铺木板组成桥面，并于桥身上覆盖廊屋。

石拱廊桥为石拱桥上加盖廊屋组合成的一个整体，坚固耐用，造型美观，但造价昂贵。其拱形有半圆拱、圆弧拱、马蹄拱、尖拱、折边拱等多种形式。石拱廊桥的廊屋营造法式与木廊桥一样，只是将廊屋建在了石拱桥上，廊屋的功能与其他廊桥并无二致。由于石拱廊桥的承重能力强，有些廊屋内部是榫卯对接的木结构框架，外部则采用砖石材料垒砌。

广义上的木拱廊桥可分人字形拱、八字形拱、一组八字形拱、二组八字形拱、一组三节拱、一组五节拱与另一种五节拱、八字形拱与悬臂梁桥组合等类型。本书所指的木拱廊桥为散布在浙闽一带的编木拱梁桥，即狭义上的木拱廊桥，后文通称编木拱梁桥为木拱廊桥。

木拱廊桥由三节苗与五节苗贯穿成一个曲形整体，并辅以其他构件，以编、撑、顶、拉、别、靠、插、压等为力学原理，数百根直木共同支撑起廊桥的荷载，成功地解决了大幅度拱跨受力难题。木拱廊桥已是古人在落后的科技水平和生产力下，将自己的智慧发挥到极限的发明创造。在世界范围内，木拱廊桥被认为是中国的独创，被誉为"在世界桥梁史中绝无仅有的"品类，它是中国传统木构桥梁中技术含量最高的，被誉为桥梁中的"活化石"。

《清明上河图》中的虹桥的建桥技术与木拱廊桥的大致相同，虹桥采用编梁捆绑结构，木拱廊桥则采用更加先进的编梁榫卯连接结构。稍有不同的是，虹桥没有廊屋——这很好理解，南方多雨，廊屋利于保护桥梁。然而，虹桥与汴河之间的蜜月并没有持续太久。公元 1127 年，金军攻陷了汴梁城，宋室迁都临安。随着政治、经济中心的南移，汴水失去了漕运枢纽的地位。久而久之，河道越来越浅，加上没有疏浚措施，最终干涸、废弃，河上那座美丽的虹桥自然也就消失了。宋代以后，廊桥在中原逐渐绝迹。当人们还在为虹桥扼腕痛惜时，20 世纪 70 年代却在浙闽山区的丽水、温州、南平、宁德等地市意外发现那里还保存着百余座木拱廊桥！

"汴水虹桥"的建造技术并未失传，它在浙闽山区重现！这引出几个问题：廊桥营造技艺是如何传播的？它的传播方向又是怎样的？

营造技艺，沿着"马蹄形"长线向南传播

一座座廊桥在我眼际一闪而过，我的脑海中浮现出这样一幅画面：从天府之国，廊桥传播的洪流沿着陇蜀古道进入西北地区，横向传入中原。唐代安史之乱后，一批工匠由中原进入南方山区。宋室南渡后，大批技术精良的工匠拥入了浙江，然后顺势南下，散布到了更加遥远的岭南与西南。

于是，我们可以把与廊桥有关的几个地点连成一线，其呈现出一条"马蹄形"长线：两汉时期，廊桥的火种从成都平原出发，进入甘肃文县，诞生了"阴平桥"，继而传入河南洛阳、开封，在唐宋时期进入浙江，接着进入福建、江西，甚至传到更远的西南地区。中国文化是辐射型的，以中原为核心向全国范围蔓延渗透，来自中原的文化与区域文化相互融

合消化，继而发扬光大。随着民族大迁徙的脚步，一块块桥板在向南伸展，北方廊桥营造技术流传到了浙闽，吸收了当地木结构桥梁营造技术的养分，技术越来越成熟，从而影响到全国的廊桥发展。掌握了高超廊桥营造技术的工匠继续向湘赣、岭南、云贵前进，在整个南方大地上用廊桥的形式标注上他们迁徙的印迹。

不过，中国廊桥研究会副会长刘杰先生提出另外一种看法："从纯技术的角度讲，编木拱梁桥的桥式是在浙闽山区一步一步，由简到繁，独立发展起来的……从木拱桥的实地调查和文献研究上看，也确实存在从浙闽山区往中原传播先进桥式——编木拱梁桥的可能。"

这一假设的确存在着很大的可能性，但不影响全国廊桥传播的整体进程。

在廊桥东渐南下的过程中，各地工匠发挥聪明才智，极力将桥梁与地方文化糅合在一起，使之浸染了众多的民族文化色彩，出现了一个入乡随俗的嬗变，以适应当时的历史环境。比如徽州地区的廊桥上多为粉墙黛瓦、黑白相间的徽派建筑，客家人的廊桥多以砖石为材料，颇有中原文化遗风，而侗族地区的廊桥则吸收了侗家鼓楼建筑的元素，形成了桥、亭、楼一体的建筑格局，是桥梁与房屋的珠联璧合之作。数千年来，由北向南，由西向东，由简向繁，渐臻纯熟，廊桥完成了自己的进化。

当南方廊桥遍地开花之时，廊桥却在中原逐渐失去了踪迹。这主要是由于中原地带缺少适合建造廊桥的地质条件和供应充足的木材。北方平原河流的摆动远比南方高山深壑中的溪流改道频率高，这也是北方廊桥稀少的一个主要原因。之后石拱桥渐渐成为北方桥梁的主流，比如闻名遐迩的赵州桥、卢沟桥等。在廊桥最密集的浙闽山区，福建寿宁县森林覆盖率达 74.8%，浙江泰顺县森林覆盖率达 75%，浙江庆元县森林覆盖率更是高达 86.05%，得天独厚的森林资源为修建廊桥提供了便利。南方重峦叠嶂，岭峻沟深，溪流纵横，地貌和建材决定了这里适合建造廊桥。天时、地利、人和，浙闽廊桥不负众望地承担起了历史责任——这里的廊桥不管是数量还是质量都首屈一指，廊桥谱系也最为完整。

千百年过后，两座汉代廊桥的身躯最终被掩埋在成都重重叠叠的地下堆积层中，吐谷浑人发明的河厉桥早已不知所终，《清明上河图》中的虹桥沉陷在汴梁十余米深的地下，成为千年帝都的骸骨。幸运的是，我们今天仍旧能够看到星罗棋布的廊桥，它们深藏在高山峡谷、田间地头，或者坐落在通衢大道、村前屋后，它们带着历史的沧桑，带着盎然的天趣，没有一丝的骄纵，流露出恬淡、安详、从容的情绪，以日常的生活状态呈现出一派浪漫情怀。

那么，散落在大江南北的古廊桥究竟有多少呢？有三千多座之说，有一千余座之说，也有七百多座之说，至今未有定论。主要是因为，廊桥属于频繁使用的公共建筑，面临着日晒雨淋、水火侵袭和人为破坏，保护难度极大。一些学者提出，1949 年前修建的廊桥可以认定为古廊桥。即使是这样，最年轻的古廊桥也已走过了七十余年的岁月，进入古稀之年。这些历经磨难的古廊桥，穿越历史的江河，顽强地搏击在风口浪尖，书写着属于自己的建筑神话。

2

廊 桥 演 变
宗教建筑嬗变成文化景观

佛教经典《华严经》曰："广度一切，犹如桥梁。"桥梁的渡河功能与佛教教义似乎有着天然的联系。因此，早期的廊桥常常作为附属建筑出现在佛教寺庙中。发展到后来，民众将各种神佛请到桥上，廊桥演化成了水上寺观，成为寄托民众信仰的载体，由此衍生出五花八门的民俗文化。到了明清时期，廊桥从最早的交通建筑和水上寺观发展成包罗万象的艺术长廊，几乎将屋、亭、台、楼、阁、殿、水榭、长廊等传统建筑都囊括其中。它集木雕、石雕、砖雕、彩塑、彩绘、壁画、书法等工艺于一身，以其独特的艺术形式和装饰手法成为中国古代建筑艺术之集大成者，集中展示了传统建筑的空间关系和整体布局。

早期廊桥，具有浓厚的宗教建筑色彩

唐大和五年（831）秋的一天，诗人元稹在弥留之际，将撰写墓志铭一事托付给了生死之交白居易。第二年，元稹的家人携带着价值六七十万的银两、丝帛、绸缎等礼物，三番五次登门答谢白居易。作为终生挚友，为元稹撰写墓志铭是分内之事，怎么能收下这份厚礼呢？白居易推辞不得，只得暂且将这份重礼保存。

河北井陉县桥楼殿

　　洛阳城郊坐落着建于北魏时期的香山寺，彼时这座洛阳名刹年久失修，已经破败不堪，然而由于缺乏维修资金，僧人仍住在破陋的僧房中。一想到此，白居易就感慨万千。当年，他和元稹多次结伴拜访香山寺的住持清闲上人，三人相谈甚欢，遂成至交。这是他们与香山寺共同结下的佛缘。于是，白居易将这笔"润笔费"悉数捐给香山寺，对寺庙进行了大修，算是为挚友捐献功德。香山寺修复大功告成之日，白居易挥笔撰写《修香山寺记》一文以示纪念。他万万没想到，文中一句"登寺桥一所，连桥廊七间"，为我们留存了一丝关于唐代廊桥的宝贵信息。

　　不幸的是，香山寺屡次毁于战火。不过，今天我们仍能在其他地区找到几座始建于隋唐时期的廊桥，如河北井陉县的桥楼殿、湖北黄梅县的灵润桥和飞虹桥等。

湖北黄梅县灵润桥

四川峨眉山虎啸桥

甘肃漳县贵清山中峰寺小山门桥

甘肃漳县贵清山中峰寺断涧仙桥

山西泽州县二仙庙桥

　　据桥梁专家唐寰澄考证，桥楼殿是一座建于隋代的石拱廊桥。史传隋炀帝之女南阳公主曾在苍岩山福庆寺出家为尼——这座赫赫有名的"千丈虹桥""空中楼阁"即是福庆寺的主体建筑之一。佛教禅宗始祖达摩传衣钵于慧可、僧璨、道信、弘忍，其中四祖道信、五祖弘忍均出自湖北黄梅。至今，在黄梅县仍可以看到两座始建于唐代的寺院——四祖寺、五祖寺。两座寺庙前各有一座始建于唐代的石拱廊桥，分别是灵润桥、飞虹桥。此外，佛教圣地峨眉山雷音寺前的瑜伽河上，有一座叫"解脱桥"的廊桥，是进出峨眉山的标志。峨眉山伏虎寺的山门至寺门之间，依次坐落着虎浴桥、虎啸桥、虎溪桥，它们连接着俗世与净土。甘肃漳县贵清山中峰寺小山门桥、断涧仙桥，是香客上山进香的唯一通道。断涧仙桥更是架设在险峻的中、西峰之间，桥下是六百多米深的悬崖。山西大同辽代华严寺石拱廊桥，亦为寺庙建筑的一部分。四川青城山的道观寺庙也有小型廊桥存在……这些廊桥历经重修、重建，只有桥楼殿的石拱桥依旧是隋代原物，从其他廊桥中已经很难窥见当时的芳华。

幸运的是，在山西泽州县东南村有一座建于宋代的二仙庙桥，藏身于二仙庙的正殿内。这是一座现今依旧保存完好的宋代木构廊桥，使我们得以一睹九百年前木构廊桥的风采。

二仙庙于宋大观元年（1107）开工兴建，政和七年（1117）竣工，花费了十年的时间才建成，足可想见其用工之精细。推开二仙庙厚重的大门，如同一场盛大的演出拉开了帷幕，强烈的阳光洒入大殿，聚光灯一样照亮了一切，"天宫楼阁"从黑暗中猛然浮现。此刻，十六尊眉清目秀的少女彩塑集体苏醒过来，乐氏二仙女居中，周围恭立着两尊女官、十二尊侍女，她们颔首凝望着门外，迷蒙的眼神中传来一丝温暖，樱桃小嘴含着盈盈的笑。她们的头顶悬着一座长 5 米、宽 1 米、高 4 米的单孔拱形木构廊桥，呈完美的弧线架空在神龛之上，连通着"天宫楼阁"的两端。两侧游廊与附龛平座勾栏相连，层层叠叠的斗拱如同次第开放的莲瓣，桥体精雕细镂，满目流光溢彩，如同在阴暗的大殿中升起一道彩虹。虽然是装饰性建筑，但它与现实中的木构廊桥做法并无二致，只是缩小了尺寸。它与大殿建筑相呼应，并不让人觉得它是一座无法通行的桥，反倒让人想到这是一座普度众生的天桥：一座金碧辉煌的廊桥满足了人们对天堂最浪漫的想象。

桥下供奉着金光灿灿的乐氏二仙，桥上中间亭阁里供奉着大慈大悲的观音菩萨。这组佛教建筑形成了罕见的"庙上桥，桥上庙"的奇观。穿过岁月的风尘，依旧可以看见它超凡脱俗的美。掐指一数，九百多年的光阴从桥下流逝，或许它是现存最古老的木构廊桥实物，也是一座最能体现宗教特色的廊桥。每逢农历三月十九、六月十九、九月十九，四乡八村的信众都赶到这里来烧香敬佛，香火连绵不断，祷告声如洪波涌起。

从今天各地保存的几座早期廊桥来看，它们要么诞生于寺庙周围，要么本身便是寺庙建筑的一部分，这也可以从白居易《修香山寺记》的诗文中得到佐证。早期的廊桥可以给我们透露出这样的信息——它的交通功能与宗教功能并重，有的廊桥甚至成为宗教的象征物。由此出现一种特别的现象，有很多桥与僧人有关。在《中国古代桥梁》一书中，唐寰澄根据史料记载列出了一份《建桥名家录》，提到了三十余座宋代桥梁（包括廊桥），其中十七座为僧人所建。僧人通过募捐建桥，积累了相当多的经验，逐渐成为桥梁建筑专家。这可从另一个角度证明，早期所建的廊桥具有浓厚的宗教建筑色彩。

唐宋之后，廊桥越来越多地进入山区，成为乡村地区的公共建筑。经过几百年的演变，廊桥从宗教世界走进世俗社会。但是，乡村的廊桥并没有褪去宗教色彩，反而在祭祀、信仰内容上变得更加多姿多彩。

桥庙结合，寄托着民众的美好祈愿

与普通桥梁不同的是，廊桥既可实现交通功能，又能提供膜拜、祷

湖北黄梅县飞虹桥

告的空间。这些动用大量人力、物力打造出来的廊桥建筑，最大的特色之一便是"桥庙结合"。散落在大江南北的廊桥，有很大一部分设有祭祀场所、神龛，供奉着神灵牌位、塑像或画像。如福建寿宁存留的六十六座廊桥当中，其中五十一座设有神龛。在不少廊桥上，1949 年前曾经设有神龛，"破四旧"时被捣毁，以后再没修复的情况也不少。从某种层面上而言，廊桥就是交通建筑和宗教建筑的结合体，一些桥甚至干脆以宗教词语命名，如仙宫桥、观音桥、三仙桥、普济桥等。

神龛中常见的神佛形象有观音、关公、平水王、文昌君、魁星、妈祖、土地神、社公等。神龛的位置大多趋于廊桥中心，无论从形式上还是心灵上，都最好地突出了神圣感。与之相对应的是，廊柱上、横梁上挂满了难以解读的神秘符箓。神龛前摆香炉，有陶的、瓷的、石质的，里面积满了香灰。香炉下摆着各种形状和大小不一的供桌，桌面布满灰

江西婺源县思溪桥如来佛柱

尘，神龛被香烟熏得发黑。为了表达对神的敬重，工匠在廊屋中间加建歇山顶式檐，或者是高大的阁楼，仿佛在廊屋上戴了一顶官帽。大部分供奉着神佛的廊桥上都有信众赠送的牌匾、镜框和锦旗，上书"有求必应""心诚则灵"等颂扬之语，它们悬挂在桥上最醒目的地方。求子观音是各地廊桥上最受欢迎的，期待得子的乡民一一在观音大士像前虔诚地叩头膜拜，祈求菩萨保佑自己或者家人早得贵子、人丁兴旺。在江南许多地方，人丁的"丁"字和点灯的"灯"字发音相近，于是衍生出了一个特有的习俗，求得儿子的香客和村民会在桥上挂红灯笼、贴红对联，寓意"添丁发甲"。

神佛不仅端坐在廊屋中，不少廊桥甚至在桥墩上动脑筋，使得廊桥四处闪现着神佛的身影。江西婺源县思溪村思溪桥的桥墩上，立有一根刻于清嘉庆三年（1798）的如来佛柱，八面雕着面相慈悲的精巧佛像，佛像之下刻有"南无阿弥陀佛""南无妙色身如来""南无多宝如来"等字。"哗哗"的流水如同一双双温柔的手掌，永不停歇地抚摸着石柱。这根立意独到的石柱，一方面是祈佑廊桥平安，一方面也是镇水之用。佛经柱多立于寺庙大殿前，立于水上者并不多见，廊桥下立佛经柱的更少，足见廊桥建造者独具匠心。

每年的正月，是浙闽地区廊桥祭祀活动最隆重的时候，虔诚的乡民们从四面八方聚集到桥上，依次进行祭祀。人们隆重地摆上整只猪头，奉上茶、酒，再端上几盘菜肴、水果，插上几炷香，便开始磕头作揖，祷告祈福，一边祈求廊桥的平安，同时也表达阖家团圆、老少平安、风调雨顺、财源广进等愿望。此外，每月初一、十五也常常有善男信女前来行祀。廊桥四时香火缭绕，祈福声四季不断，廊桥成了乡民的精神故乡。在我看来，廊桥更像是一组组木头构建的祭坛，是民众祭祀上天的礼物，寄托着他们一切美好的愿望。

在浙江庆元，几乎每一座廊桥上都完整地保留着祭祀的习俗。比如袅桥还保持着农历五月初六走桥的习俗，妇女们头插红花、脸抹脂粉、脚穿花鞋，点香走桥，将粽子、馒头等祭品抛入溪中，祭祀屈原，祈祷丰收，祈福家运。兰溪桥也一样，桥上神龛中供奉着"平水大王"神位，四时八节祭祀不断。每月的初一、十五也常有人走进兰溪桥，香火在青山绿水间袅袅升起。兰溪桥上的祭祀传统数百年延续下来，桥更像是村民祭祀上天的礼器，此时的桥沟通了乡人的精神彼岸。

为什么廊桥上会有如此众多的神佛？为什么会有如此多的信徒呢？在科技落后、生产力低下的古代，人们无法解释大自然的神秘力量，他们相信各种神灵在大自然中无处不在，他们崇拜一切自然界的物质，如山、水、石头、树木等，而坐落在村镇、最具神秘色彩的水口廊桥更是具备了这一切元素；在虔诚的信众眼里，佛道是一个理想社会，不论身份高低、地位尊卑、财富多寡，众生在神灵面前是平等的，善男信女们在信仰面前是公平的，而廊桥恰巧是一个平等的建筑；古人坚信人死后，肉体腐烂了，但灵魂不死，会以另外的方式生活在另一个世界——作恶多端者下地狱，只有行善者、积德者上天堂，今生不断苦修，才能盼来一个美好的来世，而廊桥的"普度众生"投合了人们通往极乐世界的想象……

于是，廊桥和寺庙完美地进行结合，衍生出了"桥庙一体"的中国现象。有些小桥，灰暗、简朴、低调，如同寻常人家的房屋，但是神佛名号响亮，照样热闹非凡，也不冷清。廊桥屡毁屡建，香火屡颓屡兴，祈祷、祈福之声千年不绝。廊桥承载着一方百姓的美好寄托，桥上建庙成为一种风尚，随着诵经之声时常布满廊桥，民德日趋归厚，行善积德成为人们的日常行为。

廊桥营造，引发了丰富多彩的仪式

伴随廊桥的建造，出现一系列神圣的祭祀仪式。从动工到结束，至少要经过择日起工、置办喜梁、祭河动工、上梁喝彩、取币赏众、踏路开走、上喜梁福字、圆桥福礼等多道程序，每一道程序都要请风水先生挑选黄道吉日。在今人眼里，也许这些过程有些奇怪，但在科技落后的古代，先人对这一套仪式非常看重，它们认为这是一座廊桥平安落成的保证，由此引发了繁缛的造桥仪式和习俗。

在浙南、闽北一带，廊桥营造过程中，人们最看重的仪式是祭河与祭梁。造桥工程开工之初，首先进行的是"祭河"：村民们抬着一头大肥猪到即将营造廊桥的溪边宰杀，使猪血喷洒在溪水中，将水染得通红；燃上香烛，摆好猪头、公鸡、米酒、茶、苹果、橘子等贡品祭奠河神，有的地方还会摆放香菇、木耳、笋干、海带、紫菜、虾皮等干货，这寓意着请河神吃"山珍海味"。

2010年11月17日午时，我亲身见证了浙江庆元县濛淤桥重建过程中的"祭梁"仪式。所谓祭梁，就是在拱架最后一根木梁合龙、廊屋正

重建濛淤桥（浙江庆元县，郑承春摄）

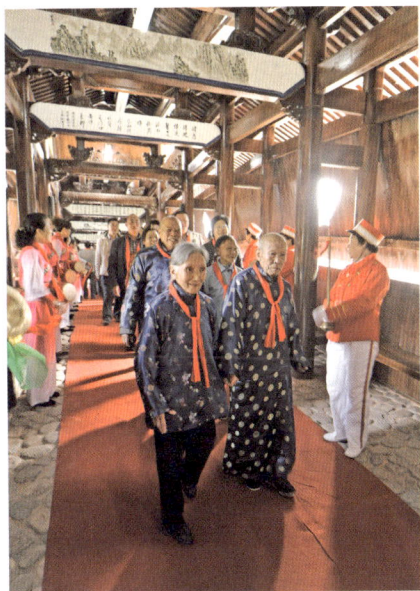

濛淤桥圆桥典礼（浙江庆元县，姚家飞摄）

中主梁上梁时举行的喝彩仪式，均由主墨木匠主持完成。

我见证的是拱架合龙的祭梁仪式，也被称为"上苗梁"仪式。乡民们在桥下摆好香案，供好果品斋菜，点烛，焚香，上茶，敬酒，之后主墨师傅胡淼拈香祭拜天地，口中念着请梁词："天乙君人到，太乙君人到，文曲星君到，武曲星君到，年德星君到，月德星君到，日德星君到，时德星君到，山神土地到，鲁班师傅亲身到。此梁不是非凡梁，南山请来一枕香。别人请你做别用，仙师请你做栋梁。梁头雕起金狮子，梁尾雕起玉凤凰。狮子吼声找百福，凤凰啼时进田庄。梁下儿孙千百万，荣华富贵福寿全。拜鲁班仙师下凡来，保佑弟子上金榜！"

之后，再敬酒、报晓，胡师傅口吐莲花般地念念有词。一大段的吉祥颂词诵毕，胡师傅开始拜梁，口中念着拜梁词。随后，村民开始燃放鞭炮。接下来，造桥木匠们转动天门车，抽紧拇指粗的缆绳，一根浑圆粗壮的大梁开始徐徐上升——胡师傅站在拱架上，抡起大锤，随着一通咚咚咚的敲击声，粗大的木梁榫头打入了"大牛头"（连接梁木的横木）的中卯眼。胡师傅大声喝梁："吉日吉时已到，上梁大吉，风调雨顺，国泰民安！"众人跟着高声喝彩，声音整齐划一，在山谷中久久回荡，传出很远。

拱架、廊屋建好之后，建桥董事会请人挑了个黄道吉日，在噼里啪啦的鞭炮声中，新桥准备铺设桥板。胡师傅一边拈香祭拜，一边用方言喃喃地祈福。在胡师傅的指挥下，几个上了年纪的木匠有条不紊地将桥板一块一块向中间合龙。此后，工匠们在合龙的桥面上垫一层箬叶，加一层木炭，再加一层箬叶，叶上填满砂石，最后铺设大块的溪石，一座崭新的廊桥便告竣工。

　　濛淤桥竣工后，还有一项重要的仪式——踩桥。有的地方叫"踏桥"，或者"圆桥"。仪式非常隆重，村里德高望重的老寿星，父母、妻子、子女俱在的"好命人"，村里走出去的名人和成功人士，均被邀请参加踩桥。随着主墨师傅铺上最后一块桥板，鞭炮齐鸣，锣鼓喧天，他们披红挂彩，踩着铿锵有力的步伐走过廊桥，口吐吉祥祝语，说一些诸如风调雨顺、五谷丰登、村村兴旺、户户平安、长命永贵、福贵临门、升官发财、好运连连之类寓意美好的词语。有些地方的踩桥仪式还要邀请戏班子演戏、舞狮舞龙、祭拜各路神仙，热闹非凡，如同一场盛大的节日庆典。此后，凡遇每月初一、十五均要小祭，逢年过节有大祭，丰富多彩的祭祀习俗贯穿于廊桥的一生。

　　距离庆元县一千五百多千米之外的重庆，在苗族、土家族人的眼里，廊桥是村寨中最重要的建筑之一，它关乎着村寨的气运和兴衰。所以，建一座廊桥需要有非常多的仪式，每一道仪式都要挑选良辰吉日，每一道仪式都复杂而神秘，以此彰显出廊桥的庄重和神性。营造廊桥最好的时间段应该是秋分之后的枯水期，这个时候雨水少、水位浅，易于砌墩架桥。村民聘请有名望、有手艺的造桥师傅，请工匠确定廊桥的大致位置，再请当地名气响亮的法师（风水先生）测定桥的方位、坐向，最终确定桥址。举行破土仪式，除摆放三牲祭祀鲁班神之外，还要宰杀寨子中最大的雄鸡"开大红"，将鸡血洒在桥址周围，以求神灵保佑桥梁顺利建成。竣工之后，与浙江、福建等许多地方一样，要举行隆重的"踩桥"仪式，整个村寨如同过节一般热闹非凡。

随着社会的发展，作为交通建筑的廊桥被赋予多样化的功能，呈现在我们面前的是一件将建筑、宗教、彩绘、雕刻、书法等中国文化元素和谐地融为一体的艺术品。一切景语皆情语，廊桥延绵出千年的古典美，廊桥和山水人文交织在一起，构成了一幅幅古意盎然的画作，呈现出典型的东方审美情趣。

后期廊桥，演化成微型的水上宫殿

到了明清，古人在廊屋上做足了文章：几乎将屋、亭、台、楼、阁、殿、水榭、长廊、牌楼坊、华表等传统建筑都搬到了桥上，廊内雕梁画栋，牌匾林立，楹联密布，诗赋绕梁，郁郁文气扑面而来。廊桥虽然是实用性建筑，但事实上装饰性更为出彩，它已然演变成一座艺术长廊和微型的水上宫殿。

浙江龙泉的古溪桥重建于清道光十八年（1838），为单孔石拱廊桥，廊屋东西两端各矗立着一座高大的木牌楼，中部为重檐歇山顶楼阁式建筑，建有一个八角藻井，里外线条飞扬，让人眼花缭乱。古溪桥将牌楼、重檐歇山顶、斗拱、藻井、回廊等建筑形式融入一桥之中，远远看去犹如一群大鹏展翅翱翔蓝天，欲飞欲动，充满富贵气。古溪桥最大的特色在于繁缛到极致的装饰，在近三十米长的廊屋内，满眼尽是精心刻镂的木雕。有历史人物，有吉祥云龙、狮子等瑞兽，有梅兰竹菊等花中四君子，有花草虫鱼等图案，特别是那些栩栩如生的飞鸟神兽，仿佛一声吆喝，它们就会从昏睡中惊醒，发出不安的躁动。古溪桥的另一个特点是，

浙江龙泉市古溪桥桥头

浙江龙泉市古溪桥

浙江龙泉市古溪桥牛腿和船蓬顶

廊屋内重漆浓彩，放眼望去，一派金碧辉煌，犹如一座水上宫殿。可以这么说，古溪桥木雕之精美冠绝江南！有意思的是，廊屋横梁上书有"采石匠金华府东阳县吴茂荣祈求名扬四海，采石匠福宁府宁德县何茂寿、何茂成祈求名扬四海……"这三位石匠对自己精湛的技艺深信不疑，可惜此桥以木雕见长，而木雕师傅却没有留下姓名，他们虽然没有名扬四海，却留下了一座殿堂级的木雕廊屋。

江西靖安县茶坪村白云峰峡谷中，静静地矗立着一座始建于宋代、重建于清代的石拱廊桥——花桥，它在葱郁的林木覆盖下，犹如遗世独立的隐士，颔首低吟。这座长不过二十余米的廊桥除清净之外，最重要的是它浑身散发着古雅气息。走近细看，护栏石板上刻有游龙、麒麟、凤凰、雄狮、大象、天鹅、骏马、仙鹤等神兽和吉祥动物图案，桥身的石条上整整齐齐地刻着文字。朝阳从枝叶的缝隙中斜射下来，聚光灯一样扫在丹霞岩砌的桥体上，荡漾出红彤彤的光泽，花桥如同一件来自远古的青铜器，桥身上记载的文字如同青铜器的铭文，上下透着浓浓的古风。时间虽然非常久远，但后人依旧能够清晰地辨别那些线条凝练遒劲的字迹：贤相为监修。刘良士房助钱十千，楚二公助钱十四钱，红六房助钱八千，震钱公助钱七千，红太房八千，思一公五千，颜衍堂八千……落款时间是乾隆五十七年（1792）仲秋月。像花桥这样通体雕刻的石拱廊桥可以说独树一帜。

侗族廊桥以富于变化的廊屋见长，众多廊桥屋顶上建起了亭阁和鼓楼，一组或者多组六角攒尖桥亭突起，犹如一群大鹏准备展翅高飞，尽显灵动之美。很多桥的廊屋间脊、阁楼翘角及宝顶上塑有龙、鸾凤、鸳鸯、仙鹤等神兽和神鸟，以及葫芦、宝瓶、宝珠、八卦等吉祥物。廊屋内部同样精彩纷呈，彩绘琳琅满目，内容多为英雄人物、耕读传家、神鸟瑞兽、历史典故、民间传说与神话等。在湖南通道，侗族廊桥复兴桥、接龙桥等桥上则绘有《三国演义》《杨家将》《说岳全传》《封神演义》《八仙过海》等精美壁画，廻（回）龙桥上饰有彩绘"负荆请罪""岳母刺字""吴勉起义"等人们耳熟能详的典故。廊桥的建造者们在教化上用心良苦，他们将这些民间最普通、最恒常的建筑变成了一本灌输人生哲理的教科书。

大江南北，许多廊桥上留下了木雕、石雕、砖雕、书法、绘画、楹联、牌匾、诗文、榜文、志书、碑刻、塑像、风水图腾等文化符号。一

江西靖安县花桥

座廊桥就是一座文化艺术平台，将传统文化和地方乡土文化淋漓尽致地呈现在路人面前。一些侗族廊桥、苗族廊桥除保持着原生态的古风古韵之外，更多地方还将自然崇拜、宗教崇拜和祖先崇拜等遗风遗俗一并搬到桥上——廊屋内部遍布彩绘、雕塑、木刻、石刻、含义玄奥的符号，以及各式纹样和图腾，一座桥就可以展现出一个民族多姿多彩的文化，绽放着各族人民艺术心灵的智慧之花。

中国古代没有专职的设计师，廊桥是廊桥工匠，风水先生，地方士

靖安县花桥栏板石刻

靖安县花桥石构件上的刻字

绅，致仕、归隐、贬谪的官员，崇尚风雅的名士，无心爵禄的隐士、出家人，书画艺术家，富有文养的富商和普通民众共同合作打造的艺术精品。这些胸中有丘壑的"设计师们"以自己的精神追求赋予廊桥深刻的文化内涵，将自己的生活思想及传统文学所描写的意境深植于一砖一瓦、一梁一柱之间，向民众传达着平白明净的故事情节，让人来人往的路充满人生的况味。

福建政和县花桥

3

桥 在 水 口
寄托着虔诚信仰与风水理想

在盛行堪舆的古代中国，无论大小聚落，都要设置"水口"——它是一个村、镇、城的"门户"所在。因为水口的重要地位，人们在这里种植草木、搭建桥梁、供奉庙宇，大的水口还有亭、台、楼、阁相伴，形成了聚落的精华地带，因而被民众世世守护。廊桥是水口中最为普遍的风水建筑，它们除交通功能之外，还是一方乡民贸易、游憩、集会、祭祀、文教的公共空间。一座座"镇锁"水口的廊桥，就是一处处乡野中的精神世界。

"廊桥"之前，更多是叫"风水桥"

自古以来，中国人的先祖就把选址定居作为头等大事来对待，后来便形成了一门选址的学问——"堪舆术"，即后来俗称的"风水"学说。古代中国人规划理想宜居环境时，依照风水学提出了一种模板：以山脉为龙脉，形成"左青龙，右白虎，前朱雀，后玄武"之势。用现代的话来说就是：背倚连绵山脉为屏障，前临平原，左右低山护卫，水流曲折回环，流汇于聚落面前。这种"聚宝盆"环境，成为古代中国人孜孜追求的理想栖息之所。是否拥有一个上佳的"水口"，便成为这个"聚宝盆"

形成与否的关键一环。

　　"入山寻水口，登局定名堂。"这是唐代风水大师卜应天在《雪心赋》中留下的名言。根据风水理论，后人对水口形成了普遍的认知：水口就是一村之水流入和流出的地方，也就是水流的进出口。宋代风水著作《入地眼图说》关于"水口"阐述如下："凡水来处谓之天门，若来不见源流谓之天门开；水去处谓之地户，不见水去谓之地户闭。夫水奉主财，门开则财来，户闭财用之不竭……"

　　一方聚落的水口一般有两个：进水口（上水口）、出水口（下水口）。相比进水口，出水口更为重要，它被视为聚落财运、命脉的门户，是福泽子孙的保证。所以，一说到水口，主要指的就是出水口。风水典籍《山龙语类》说："水口者，水既过堂，与龙虎案山内诸水相会合流而出之处也。"翻译成白话就是：穿过或环绕村舍水流汇合后，在下游某个位置，从山丘包围中流出的地方，就是水口。理想的水口，有两座对峙的山头，水从两山间弯曲流淌而出，形成"一水中流、狮象把关"之势。（风水理论中把这两座山头称作"水口砂"。）

　　我国地势西高东低，河流大多从西北流向东南。在风水师看来，理想的风水格局中，入水之口多在西北，出水之口多在东南。八卦中，西北乾位代表天门，东南巽位代表地户，水从乾位流向巽位，从天门进，从地户出。所以，这条水不是我们平常理解的一条普普通通的水，而是连接天地的一条线，所以有了"天门开，地户闭"的说法。"天门"处，只要有水进来即可，表示"不尽财源滚滚来"；而"地户"更为讲究，"地户"流水要尽量不被看到，象征财源的水流被"锁住"。一个昌盛的村落必须在"地户"以建筑和山形营造风水，关闭"地户"留住财气。若将村落布局比作一座民居，那么水口就是民居的大门，水流如同大门的出路，水口两侧山峰如同门框，密集的大树如同门板，溪流上的水坝如同门槛，横跨溪流的桥梁如同门锁，小庙如同镇守大门的神兽，村前案山如同民居门前的照壁。由此可见桥梁在水口乃至村落中的重要作用。如果自然条件不佳，则需要进行一些人为补救。"补救风水"的建筑有多种，如廊桥、镇水塔、望江楼、社庙等。廊桥除了被用来"补救风水"，古人也认为它可以理顺风水，阻挡村落风水外流，桥上的神灵可以辟邪祈福，保佑村落风调雨顺、子孙昌盛。

　　在热衷风水的古代，廊桥的所在位置必须满足苛刻的风水条件。风水先生一脸神秘地捧着手中的罗盘，在村落四处走动着，指针在"天干地支"等方位中不停地转动，最终，针尖停止在一个固定的方位。在风水先生选择的风水宝地上，民众建造起廊桥，因此也叫"风水桥"。在风水师的心目中，座座山脉如同条条龙脉在山水间穿梭，山脉断开处要"接龙""回龙""护龙"，以廊桥的形式将割裂的龙脉弥合在一起。一座座廊桥在山水间不停地穿梭，不断地接龙，我似乎看得见，一条条化身为廊桥的巨龙悄然降临人间。

　　浙江庆元县黄水长桥始建于清乾隆年间，是典型的风水廊桥。相传竣工不久，廊桥被洪水冲塌，庄稼时常歉收，六畜时有丢失，村里弥漫着不安的情绪，于是请来当地有名的风水先生指点迷津。罗盘指针缓缓指向水口，先生道出水口过宽，不聚财，风水易被邻村接走。经过面授机宜，黄水吴氏先人将桥从原址向上游迁移两百步，建在状如两犬的

浙江庆元县黄水长桥

山峰之间。为了补救水口过宽的风水缺陷，将黄水长桥的廊屋拉长，由十五间增加到二十一间，长长的廊屋铁链一样拴住左右山峦，形成"双犬看门"的布局。黄水长桥扼住黄水村的出水口，体积庞大的木拱廊桥宛如城门镇守着山村，桥头挤满了黑压压的大柳杉，整座水口宛如屏风一般将黄水村遮挡得严严实实。

　　完成改造之后，廊桥从此安然无恙，村落风调雨顺，村民安居乐业，他们将这一切归结于风水的调理。风水真的有如此玄妙吗？事实上，风水先生只是参透了地理奥秘，将河道改造成萦迂环抱之势，将廊桥选址在河道拐弯处——这是有效减缓和避免水流冲击的合理设计。在水口种植大量的树木，这些树木的根系紧紧地扎在堤坝上，防止水土流失，从而巩固了堤坝。风水先生以风水的名义，指导人们在黄水村水口处建起了一座集山水、桥庙、古树为一体的园林景观，绘就了绝美的人间画卷。

在江西婺源游山村，村口横卧着一座始建于唐代的题柱桥，桥上遗存着一副古联："桥高亭更高重重关闭财气，村大龙尤大隐隐稠密人烟。""重重关闭财气"，六个字道出了此桥就是游山村关锁财气的风水桥。湖南通道县廻（回）龙桥位于坪坦乡平日村水口，桥体呈弧形横亘于坪坦河上。廻龙桥原名龙皇桥，始建于清乾隆二十六年（1761）。1931 年复修，更名廻龙桥，取"桥如长龙，屹立水上；水至回环，护卫村寨"之意。意思是龙从上游游到桥头，回头护寨、守寨，财不外流。

有的村落甚至在上下水口各建一座廊桥，称作"姊妹桥"。在闽东地区，这样的姊妹桥比较多见，比如福建屏南县岭下村的广福、广利二桥，福建寿宁县小东村的上、下二桥，芹洋乡尤溪村的上、下二桥。在浙江庆元县的月山村，两千米长的举溪上五座古廊桥遥相呼应，来凤桥扼住村落的上水口，步蟾桥锁住下水口，两座体积庞大的石拱廊桥酷似威风凛凛的城门，一前一后镇守着月山村，隐然带上了龙吟虎啸的气势。四川盐亭县金罐村来龙桥是座重檐庑殿式廊桥，建于清同治五年（1866），是当地富人带头募捐后，由金罐村石匠李大明、樊廷德等人率众建造的。在来龙桥上游两千多米的地方，还有一座跟来龙桥外形基本相似的古桥，名叫回龙桥，一"来"一"回"，祈盼游龙呵护金罐村。

一座廊桥如何选址，甚至会带来风水上的明争暗斗。福建古田县有一条徐州河，前讫村和廖厝村是一衣带水的沿河村落，前讫村的下水口与廖厝村的上水口紧紧相连。当前讫村人在徐州河上修建了徐州桥后，位于徐州河下游的廖厝村人非常愤怒，他们认为徐州桥在关锁了前讫水口的同时，也锁住了廖厝村的"天门"，影响了廖厝村的风水，于是雇人烧毁徐州桥。一把大火彻底点燃了两个村之间的矛盾，为了这座廊桥不

江西婺源县题柱桥

停地发生纠纷。最后各退一步，由廖厝村集资在双方协商的地点重建一座廊桥，这才平息了双方的怒气。

从现存的和已经消失的廊桥的所在位置来看，大多数廊桥地处出水口（有些地方也叫"水尾"），很多桥名直接体现了风水含义，比如水口桥、水尾桥、封锁桥、阴阳桥、永镇桥、接荫桥、保荫桥、锁星桥、护关桥等，甚至有的还以《周易》乾卦的卦辞"元亨利贞"取名为"亨利桥"。在庆元县，有二十余座桥干脆就叫"水尾桥"。为贯通"龙脉"而衍生的桥名更是五花八门，如接龙桥、迎龙桥、交龙桥、护龙桥、抱龙桥、回龙桥、渡龙桥、攀龙桥、卧龙桥、握龙桥、飞龙桥、云龙桥、佑龙桥等。更多的水口廊桥，不管有没有名字，当地人往往都习惯称其为"风水桥"。

桥上设镇物，镇压兴风作浪的恶龙

坐落在水上的廊桥，最忌惮的还是滔滔洪水，许多历史上著名的桥都毁于此。古人认为洪水是水里蛟龙发怒所致，由此，想出了一物降一物的办法，在桥上设置风水镇物，镇住翻江倒河的蛟龙，从而保护廊桥

福建寿宁县小东上桥

的安稳。

明洪武十七年（1384），彝族土司、贵州宣慰使陇赞·蔼翠去世，因儿子年幼，他的妻子奢香夫人摄理贵州宣慰使。奢香夫人大力开拓道路，筑桥梁，设驿站，将西南边陲之地与内地紧密地联系在了一起，促进了国家的统一和西南经济发展。在她的一生当中，建桥众多，最为知名的当属贵州修文县蜈蚣桥。此桥长64米、宽11米、高9米，是三孔石拱桥，整座桥由条石砌成，规整如一。

据《修文蜈蚣桥》一文记载，三个桥孔顶部各有一倒垂的石鼻，每一个石鼻均有一杯口大穿孔，中孔石鼻即是当年建桥时悬挂斩龙剑的地方。传说在一个雷雨交加的夜晚，大雨滂沱，洪水汹涌，眼看就要把桥身冲垮。这时忽见桥下剑光闪烁，照得河两岸如同白昼。在桥上游一里多的地方，一条黑色蛟龙正向下游来。当它看到斩龙剑寒光闪耀，便立即掉头逃遁。刚一回头，龙头便触到岸边山麓，顿时一声巨响，崖壁飞升千尺，崖下形成深十余丈，长、宽各百余丈的深潭……

虽然这只是一则传说，但在古时，桥梁上悬挂斩龙剑、钟等镇物用以镇压恶龙是普遍做法。三十年前的一天，当地农民赵连才在河里捞到

福建寿宁县小东下桥

一把锈迹斑斑的黑色半圆形铁器。经鉴定，原来是当年悬挂在蜈蚣桥上的钟，丁是将它交给了修文县文物管理所，而与钟配套的斩龙剑已不知去向。

在重庆和湘西等地，有不少廊桥的桥墩上或挂、或刻、或藏有斩龙剑。福建政和县洞宫花桥的桥拱石缝中埋着两把宝剑，当地传说每逢恶龙兴风作浪，宝剑就会自动伸出斩妖降龙。除了挂宝剑、悬铜钟，一些廊桥上还刻有八卦图案、悬挂八卦镜、贴有经咒、刻有佛经，这些都是为了驱邪避祸、镇压恶龙、斩杀水妖而采取的措施。民间还有一种常见的做法是将铁块嵌入桥柱缝隙中，生锈的铁片如同恶魔的獠牙利齿，似乎一口就足以咬断恶龙的喉咙。

在各地的传说中，水中恶龙最大的克星是蜈蚣。所以，很多廊桥、石拱桥上刻有形形色色、大大小小的蜈蚣。湖南、浙江、福建、江西等地许多廊桥的桥墩上刻有巨大的蜈蚣图案，那些张牙舞爪、凶相毕露的

蜈蚣，仿佛随时都会从桥上一跃而下，扑向隐藏在水下的恶龙。在湖南安化县的思贤桥、马渡桥、红岩塘桥等多座廊桥的桥墩上，我一次次看到一条条壮硕的蜈蚣！它们趴在黑色的桥墩上，线条生动而饱满，几乎与真实的蜈蚣无异，惊得人毛骨悚然。还有一种说法，说鸡是蜈蚣的克星，也就是说鸡是恶龙克星的克星，所以鸡顺理成章地出现在桥上。在福建屏南有一座千乘桥，三座桥墩的尖顶上雕着三个傲然昂首的鸡头，以雄鸡镇水，护佑廊桥百年永固。

既然蜈蚣是恶龙的宿敌和克星，不少廊桥也就干脆以"蜈蚣"命名。更有意思的是，有的廊桥模仿蜈蚣形态而建。在浙江泰顺，有一座蜈蚣桥，除了廊桥的形状与蜈蚣相似之外，廊屋四排立柱的外面两排各有十八根，与蜈蚣脚数量一致。福建古田县鹤塘镇溪边村有一座建于明万历三十七年（1609）的蜈蚣桥，远远望去如同一条蜈蚣横卧溪上。传说，村中杨姓财主的住宅形似燕窝，大门正对着蛇山，开门见蛇，让迷信的

湖南安化县复古桥上的阴阳图

杨财主感到惴惴不安。于是，风水先生建议杨财主出资在水口建一座形似蜈蚣的桥，以蜈蚣镇压毒蛇。杨财主信以为真，耗巨资筑起蜈蚣桥，但是风水依旧不见好转，最终落得个家财散尽、人丁不旺的结局。一座桥不可能那么灵验，但这座出于补救风水目的的廊桥却实实在在地惠及乡人，成为数百年来当地人出行的交通要道。

刻着蜈蚣的图腾，以蜈蚣的名字命名，模仿蜈蚣的形状，民众想尽一切办法庇佑廊桥，反映出古人趋利避害的一种心理。在科学不发达的古代，村民希望借蜈蚣的力量，借助各种看不见的法力，制服那些想象中的恶龙。

此外，由于泰山被赋予了神性色彩，泰山石也变得非同寻常，在民间具有了降妖、辟邪、镇宅等功用。我们现在仍然经常看到，"泰山石敢当"立于门前或砌于房屋墙壁上，在一些地方的廊桥桥道要冲和大门两侧也立有"泰山石敢当"的石碑。可见，古人认为对廊桥的威胁不仅来

湖南安化县马渡桥

湖南安化县马渡桥桥墩上刻绘的蜈蚣

白水里，也来自岸上，桥身要有镇物，桥头也要有镇物，这样才能保护他们心目中神圣的廊桥。

水口建廊桥，祈佑聚落的文运昌盛

廊桥承载着风水使命，桥的性质从此发生了质变，成为了村落辟邪祈福、带来兴旺发达的神祇，成为村落最神圣、最神秘的公共空间。很多廊桥坐落在村落水流出口的东南位置，也就是主文昌的巽位，民众还在桥上建文昌阁、魁星楼，廊桥因此多了一种祈盼文昌的美好愿望。

江西婺源的理坑村，水口处建有一座明代的石拱廊桥——理源桥，门从两侧左右对出，形成了一桥四门的格局，它是出入村落的必经之地。青石、白墙、红排窗、黑瓦，远远望去如同屏风一样遮挡在村口。这是

浙江景宁县环胜桥

一座典型的风水廊桥。崇尚读书的理坑人在桥头匾额上题写了"山中邹鲁"四个周正的大字，时时刻刻提醒余氏族人不忘理坑的"理学渊源"，不忘继承先辈衣钵，秉承勤学苦读风尚。的确，理坑配得上这四字，村里一共出过十六名进士，七品以上官员三十六人，读书人不计其数，著作多达三百余部。

　　双门桥坐落于庆元县大济村中，始建于北宋年间。它位于大济村的上水口，也就是说当年这里是村落的水流入口。莆田桥则在大济村的下水口，也就是水流的出口处。两座廊桥镇在村落水流的进出口处，古人认为这就守住了一村的财气、运气和文气，从而赢得了一方好风水。历史上，大济村令人咋舌地出了二十六个进士。兄弟同榜，舅甥同登，四人同科，两宋期间的大济简直就是科举奇迹。崇煦公的两个儿子中了进士后，他们在双门桥的两头竖起了木牌坊，纪念兄弟进士，桥名由此得

湖南宜章县观音阁桥

来。加之桥上的社庙，双门桥成为集风水、宗教、文教于一体的建筑。

　　环胜桥坐落在浙江景宁县高演村水口，建于清乾隆年间，是一座三层楼式的廊桥。木板和梁枋把廊桥隔为上、中、下三层，上层为魁星楼，中层为文曲星楼，下层中间为书院，书院两侧设有走廊，供行人通行。这是一座集交通、祭祀、风水和教学功能于一体的廊桥。书院一溜儿排开的格子窗，每一个格子都像张开的嘴巴，有一种欲言又止的模样。推窗探望，里面空无一物，让人无限感慨。那些森然而立的柱子，又像当年学子正在刻苦攻读，只是当年"刺股悬梁"的故事如今已无处可寻。

　　环胜桥不仅仅是祈佑文运昌盛的建筑，它还是拱卫高演村风水的"迂回"式屏障。令人惊讶的是，村民又在水口溪流下游大约五十米的地方建起了第二座廊桥，这还不算，笃信风水的村民紧接着在下游约五十米处筑起了第三座廊桥。三座廊桥随着弯曲的溪流接成一道道连环的风水建筑，形成了罕见的"风水三桥"景观。三座廊桥在风水上寓含着"接脉"，它们被高演任氏家族及乡亲视为村落的瑰宝，代代精心呵护。据当地《任氏家谱》记载，三桥建成之后，任氏家族出现"逢考必及""逢及必仕"的蒸蒸景象。这当然是古人的演义与附会，风水建筑无法为村人带来命运上的转折，但是风水可以给予他们强烈的心理暗示，作为他们奋斗的精神动力，不停地鞭策着他们前进。

在很多偏僻的小村，文人鹊起，仕宦蝉联，很多人认为这一切与廊桥的风水息息相关，因此争相仿效，纷纷在水口建起廊桥，甚至在桥上建文昌阁、魁星楼。虽然廊桥营造出梦幻般的天地，然而它终究是一个想象的世界。事实上，理坑村也好，大济村也罢，营造符合村民期望的良好风水景观，除为村民赢得美好的风水寓意和提供充足的心理暗示之外，并没有什么神奇的力量。宗族对教育的重视和子弟刻苦攻读的学习风气，再加上数代人的不懈努力，在科举道路上风生水起也就水到渠成了。

廊桥与庙宇，形成拱卫水口的风水建筑群

在南方村落，很多廊桥上设立神龛、供奉神像，在桥头还独立建寺、庙、观、院、庵等宗教建筑，桥与它们形成唇齿相依的姿态。如浙江景宁护关桥与时思寺以及梅氏宗祠牵手、泰顺泗溪桥连着马仙宫殿，福建屏南县千乘桥连着祥峰寺，湖南通道县中步二桥与南岳宫、宜章县才口村观音阁桥与观音阁，等等。

以护关桥为例，它坐落于浙江省景宁县大漈村南端的水口处，是一座典型的水口桥。护关，顾名思义就是"守护关口"的意思。护关桥东

浙江景宁县护关桥及时思寺

　　西向横跨沐鹤溪，单单是"沐鹤溪"的名字就十分具有想象力，现实中，飞檐翘角的廊桥也如展翅翱翔的仙鹤刚刚从云端降落，一副收羽歇息的姿态。

　　护关桥是一座双孔简支木平梁廊桥，建于清乾隆四十六年（1781），其建筑格局在浙西南一带比较罕见。当地人将护关桥称作"桥楼"，意思是建在廊桥上的楼房。从外表看护关桥，它的确像是一座高大的楼阁——三层重檐歇山顶，27米长的廊桥上置有九间廊屋，三层建筑由下向上收缩，分别建有关帝庙、文昌阁、魁星楼，一楼留有通道。关帝庙正中供奉着关圣帝君，卧蚕眉，丹凤眼，重枣脸，美髯飘飘，一手捋须，一手揽卷，端坐阅《春秋》。关平、周仓侍卫左右，一副威仪赫赫的模样。文昌阁供奉的是传说中主宰功名、禄位的文昌帝君，他笑容可掬地看着每一个毕恭毕敬鞠躬的信徒。魁星阁供奉着主宰文章兴衰的魁星，在莘莘学子心目之中，魁星具有至高无上的地位，读书人在魁星阁拜魁星，祈求在科举中榜上有名。魁星老爷相貌极其丑陋，一只手握着毛笔，正准备挥毫点斗，不知幸运会落到哪个勤奋好学而聪颖独具的学生头上。三位神灵楼上楼下并祀，文武三庙三位一体，桥、庙、风水建筑三者合一，形成一座多功能、多用途的建筑体。远远望去，层层叠叠的屋顶勾勒出飞扬的线条，以至让人忘却了它是一座廊桥。

登上护关桥南面的小山包，在此处可以俯瞰整座廊桥。护关桥与创建于元代的国保单位时思寺只有一墙之隔。据传南宋绍兴十年（1140），大漈村梅氏第五世孙梅元屃，年六岁，祖父去世，居庐守孝三年，不离其侧。宋高宗闻报，旌表其人为"孝童"，其庐为"时思院"。南宋的时思院为单体建筑，梅氏后人于元至正十六年（1356）奉旨建成"时思道场"，明宣德元年（1426）改院为寺。清顺治、乾隆年间两次进行大规模的修缮。现存寺院建筑面积 1249.91 平方米，由大雄宝殿、三清殿、马仙宫、心经钟楼和山门构成。大雄宝殿为五间四进重檐、歇山顶、木结构，寺内遗存有不少元代建筑构件，整个建筑群保留着元、明、清各个时期的风格。时思寺虽然是寺庙，但从建筑的名字和供奉的神像来看，是一个佛道合一的建筑群。

护关桥一头连接着超尘出世、暮鼓晨钟的寺庙，一头连接着炊烟袅袅、鸡犬相闻的村落，形成了桥寺村合一的格局。钟楼、大雄宝殿、门楼、宗祠、廊桥，这一组村落的风水建筑从规模来说，在国内罕见；从现有建筑年代而言，拥有宋、元、明、清、民国各代建筑，时间流传有序。它是江南建筑的活化石，这在国内，特别是罕有元以前建筑的南方，可以说是无出其右者。

4

民 间 力 量
廊桥变成不朽的建筑传奇

"桥梁道路,王政之一端""乐善好施,造福乡里""广结善缘,济世度人"……自古以来,修桥铺路就是官方、士绅、乡民、僧侣等社会各阶层人士共同参与的公益事业。我们从地方志、族谱、桥记、碑记、题刻、诗歌等各种载体中皆可见各种力量参与的建桥记录——或官府拨银,或官助民建,或举族合力,或行业捐款,或富豪捐资,或贫民投劳,或寺庙化缘,他们把钱财、精神和信仰奉献在廊桥身上。筑桥、修桥、护桥的善举千年来从未间断,缔造了不朽的廊桥传奇。

乐善好施,天堑从此化坦途

在古代中国,修桥自古以来就是民间善举和官府政绩的表现,士绅阶层、宗族和个人都把修桥作为济世度人的公德。一座桥可以让一个村落、一个宗族或者个人获得巨大的声誉,造桥者博得"乐善好施"的美名,被后人铭记在心。

浙江庆元县的咏归桥始建于元大德十年(1306),历史上屡建屡毁,屡毁屡建。今天的咏归桥与历史上的一脉相承,但它的历史今天已不大有人知晓。一个叫杨芝瑞的人隐在它曼妙的名字背后,只有在翻开县志时，他的名字与事迹才会在尘封中抖动起来。明崇祯十三年（1640），知县杨芝瑞发出重建咏归桥的倡议，带头捐俸银五十两，并亲自制订建桥方案。《明史》记载七品知县一年的俸禄是四十五两白银，也就是说这个热心于公益事业的知县捐出了一年多的工资。杨芝瑞是个清官，在庆元多有政绩，可以想见，他的日子应该过得相当拮据。这座桥从某种意义上而言，应该叫作"德政桥"或者"年俸桥"，它不仅是济世度人，更多的是教化和警示后来的官民，为官一方，造福百姓，哪怕是勒紧裤腰带，让家人跟着自己忍饥挨饿也值得。

走在桥上，人影绰绰，迎面而来的人群之中似乎夹着一个穿着打满补丁大褂的老夫子，面目清癯，身形消瘦，但双目炯炯有神，铁板一样沉着的脚掌踩在桥板上，摆动的袖口卷起阵阵清风。或许他就是那个穷得叮当响的知县，或许是当年某一个捐资建桥者，或许只是历史中的某

浙江庆元县咏归桥

江西铅山县澄波桥

个过客。我这样想的时候，仿佛历史的某一个瞬间提到了面前。

　　湖北咸丰县十字路廊桥始建于清嘉庆年间，长 44.8 米，是一座在土家族聚居区颇有名气的廊桥。虽屡有修缮，但历尽百年沧桑后已是一片残柱败瓦。民国五年（1916），当地一个叫秦朝品的人慷慨地捐出家财，重新修建了这座破败不堪的廊桥。秦朝品的身份是前清官员，清廷覆灭后赋闲在家，一心从事家乡的公共事业建设。由于秦朝品的大力倡议和带头捐赠，附近十里八乡的乡民积极捐款，十字路廊桥的生命得以延续至今。

　　浙江景宁大赤坑桥重建于民国十二年（1923）。梁上留下一行娟秀的

字迹："筹备主任县议会议长李瑞阳。"今天已经没有什么人知道李瑞阳的生平，他的名字因为眼前这座恢宏的廊桥而一道留存下来，后人在瞻仰桥的同时，不停地向他行注目礼。这座桥，还留下了张从焰、张纶等名字。或许，将他们放到历史的长河中去观照，他们的一生平淡无奇，但是他们以及更多的乡民留下了实实在在的一座桥，这就足够了。

这些官员只是廊桥倡捐者的一个缩影，这样的人物不胜枚举。不仅仅是在职和退休的官员大力倡导建造廊桥，地方乡绅、普通百姓更是积极参与捐建，有钱的出钱、有物的出物、有力的出力：在民间充满了朴素的积德行善情结。

四川乐至县童家场廊桥，梁上刻着一行行文字："李高氏捐抬梁壹根，肖聂氏捐柱头两根，吴周氏……"透过这些简单的姓氏，我们就可以知晓她们的身份——寡妇。男主人在世，梁上留下的是男人完整的姓名，女性不能抛头露面，更无法将姓名镌刻于上。男主人过世后，这些薄命女子带着子女艰难地活在世上，有的非常年轻就独守空房，孤苦终身。这些孤苦伶仃的寡妇们怨今世遭遇厄运，一定是前世作孽，她们怀抱着行善积德改变曲折人生的愿望，热心于修桥铺路的公益事业，以求得一个美好的来生。大江南北到处都有寡妇捐建的桥梁，比如徽州的太平桥、浙江松阳的姥桥等。

僧侣也加入捐建廊桥的大军之中。唐贞观四年（630），僧人澄波募捐兴建了一座长六十余米的廊桥。后人感念澄波，遂以他的法号命名，这就是今天江西铅山县湖坊镇的澄波桥。明万历年间，宽云和尚苦行化缘十余年，行程数万里，历经九死一生，终于筹到了一万五千两善银和十一万担粮食。在他的亲自督造下，建起一座长达246.7米的龙津桥。欧阳融六是明末清初极富传奇色彩的一代高僧，他游走华夏大地，用生命进行化缘，花了二十余年的时间，在江西安远境内修建了永镇桥、五渡水瓦桥、西浒桥、竹实坝桥、大桥头桥等多座桥及寺庙和茶亭。这位苦行僧，守着金山银山，自己却吃糠咽菜，衣不蔽体，一生过着极其贫困的生活。

我们欣喜地发现，从地方官员、乡绅、读书人、商人、僧人、道士到普通百姓，每个人都纷纷慷慨解囊，捐钱捐物，集腋成裘。他们都将修桥铺路化作自觉行为，因为他们信仰善有善报的因果报应。廊桥的地位与古代宗祠、社庙、书院、水利工程一样，深受民众重视，人们经久不息地斥资修缮或者重建。人人爱桥，村村修桥，这是廊桥依旧大量栖息在人世间的最重要原因。

桥会，完美的廊桥管理模式

湖南安化是梅山文化的发祥地，据《宋史·梅山峒蛮传》记载，"梅山峒蛮，旧不与中国通。其地东接潭，南接邵，其西则辰，其北则鼎、澧，而梅山居其中"。

梅山处湘中山区腹地，苗瑶杂居，分为梅山十峒。梅山文化主流早已纳入中华文化的江河，但在宗教、民俗和劳动生活中依然显现出独特性，特别是在生产和分配方面，他们还保留着原始的平均分配法。这种平均主义也体现在廊桥的建造上。许多廊桥立有捐碑，密密麻麻地篆满了这些普通百姓的名字，捐资从一百千钱到几文钱不等，还有捐桥田、桥山、石料、木料、物件，甚至捐工的。无论贫富，不分贵贱，有钱出钱，有力出力，这些胸有丘壑的安化人将建桥视为己任。

安化廊桥除了在桥头立碑表彰捐资者的功德和善举之外，在梁架和桥碑上也刻有主修、协修、监修、工匠等人的名字。这是修桥者的荣誉，他们将被一代代人传颂。这也是桥的质量公示，如果桥因质量出了问题，每个环节的责任人都难辞其咎。以"木马择匠"等方式进行竞标，工程质量得到保障，几乎没有一座廊桥因为质量问题而夭折；桥头立有桥规，

湖南安化县永锡桥桥碑

通过生硬刚性的文字立下规矩，如有触犯，将遭到严厉的惩处；古时候每五里路就有一个守桥人，每五年公开竞选一次，选举具有责任心的乡民担任守桥人，确保了廊桥维护日常化。

在安化，廊桥还有专门的筹建、管理组织——桥会。这是当地常设的民间组织机构，人员由乡民推举产生，一般由族长、乡绅、有威望的读书人、有实力的茶商和热心村民担任，负责廊桥的日常管理。永锡桥亭的石碑上，刻着贺孔佩、胡国英、龙桂成等八个主修人员的名字，他们是桥会的主要构成人员。一百多年前，热烈交谈、低头协商、高声辩论、欢笑与惆怅一次次在桥头的一所民宅中上演，现在已是人去楼空，仿佛当年那些参加会议的人刚刚散会。

每一座安化廊桥都有桥会。桥会用捐资买下山和田作为桥产，也有富裕的茶商捐赠的地产、田产，山上的树用于桥梁的维修，地里的租金作为修桥的经费。这些收入为廊桥的建设、修葺提供了固定的资金链，形成"永续利用，造福乡民"的运作机制。在千里之外的浙江庆元和福建屏南，至今还有两座"桥山"，它们的功能与作用与安化"桥山"是一致的。据说，修建永锡桥时，桥会看中了附近一棵五六个人才能合抱的大槐树，可主人死活不卖。一个雷电交加的雨夜，大槐树被劈倒了，主人大惊，觉得是天公在警告他，于是赶紧将树捐给桥会。这个传说的意义在于教化人心，体现出安化人尊道尊路的习俗，通过修建廊桥，凝聚村落、宗族的向心力，固化一方良好的风气。

浙江泰顺县刘宅桥

浙江泰顺县文兴桥

　　在浙江泰顺，很多廊桥都有自己的管理组织，由当地具有崇高威望的长者担任桥董，对廊桥营建、修缮、日常维护等进行有效管理。同时，它们也是公益组织，在桥董的组织下，廊桥上设有茶桶，有人专职烧茶送水，供应往来路人饮用。有人专职管理祭祀，有人专职管理卫生，也有专门的护桥人。大多数地方的廊桥都有一尺多宽的桥凳，供路人休息和村民休憩所用，但泰顺许多廊桥的桥凳更加宽敞，宽的多在五十厘米至一米之间，而刘宅桥的桥凳宽度达到一米多。村民告诉我，以前，这些桥凳方便了无处住宿的路人和无家可归的讨饭人。刘宅桥上的桥凳一块接着一块，从桥头铺设到桥尾，如同一座开放式的旅馆。不仅仅是刘宅桥、永庆桥、溪东桥等廊桥的桥凳也宽如床板。由这些充满人文关怀的举措可见，行善积德、与人方便的意识在泰顺已深植人心。

　　不仅是安化、泰顺，其实各地都建有一套严密的建桥、护桥组织和制度，设置桥会、董事会等民间管理机构。从一座廊桥的筹资、招聘主墨师傅、建桥、竣工一直到看桥、维护和修缮，每一个环节都公开，人人参与监督，很少会出现贪墨。这是古代乡村社会结构的一个剖面，也是乡村自我管理的良好实践。直到今天，这套廊桥管理机制仍在奇迹般地运转，成为中国廊桥组织管理体系的活化石。

守桥人，守着一生的承诺

家住北京的摄影师吴卫平曾三次去拜访浙江泰顺县筱村镇坑边村的文兴桥，其中第三次是专程寻找一位被称为"守桥女神"的老人。她的名字叫钟蓝玉，当年已经八十多岁了。老太太身高不到一米五，慈祥的脸上布满皱纹，满脸荡漾着阳光般的笑意。

她是一位操劳了一生的农村妇女。六十多年前，钟奶奶嫁到坑边村。她家就住在文兴桥边上，每天无数趟往返于文兴桥。出于对文兴桥的特别关爱，她在闲暇时常常到桥上打扫卫生。如果遇到哪块木板坏了，哪

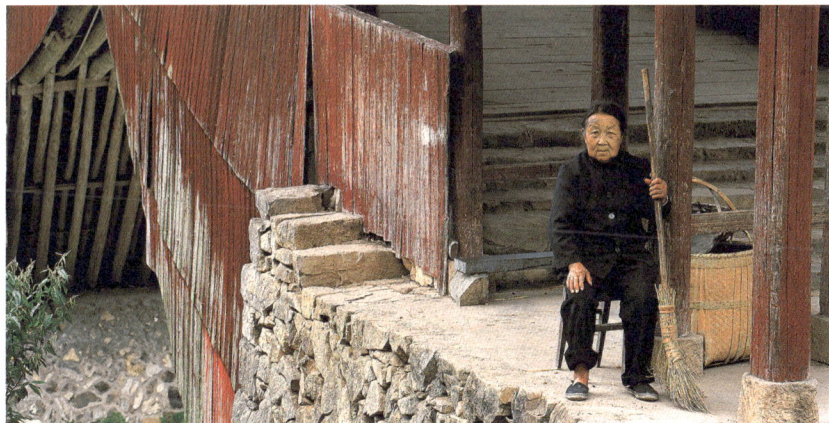

浙江泰顺县文兴桥守桥人钟蓝玉

根木椽烂了，哪片瓦漏水了，她马上就招呼乡邻们进行修缮。如果廊桥出现了大毛病，她会立刻跑到文物部门那里报修。随着年老体衰，干不动地里的活儿了，钟奶奶干脆就在桥北头的小屋居住下来，日夜看护着廊桥：白天清扫卫生，驱赶牲畜家禽；晚上掐灭神案前的香头烛火，以防止火灾出现；雨季涨水时，她要召集乡亲们将家具、原木等重物抬上桥屋，以增加廊桥的自重，稳住桥身，预防山洪冲毁廊桥。

我去文兴桥的时候，钟奶奶已经过世，她的儿子蓝振成接任成为下一代守桥人。蓝振成也已经是六十多岁的老人，个子不高，不苟言笑，他平时就靠种地、养鸭子为生。他与母亲一样，每天在桥上巡视，检查香客走后香火、蜡烛是否还点着，打扫牲畜留下的粪便，擦拭桥凳上的灰尘。与他简单地进行了交流，他只说了一句话，母亲交代他看好桥，说完就把头埋进廊桥背光的阴暗处。一代接着一代守桥，文兴桥已成为蓝家生活中不可或缺的一部分。

古时候，很多廊桥的桥亭中往往住着守桥人家，有的家族百年来一直以桥为家，这在中国桥梁史上是罕见的。即使到了今天，我们还可以在安化县找到多个守桥世家和守桥人。贵州黎平的地坪桥，曾经住着一个守桥人，他以桥为家，人们很少称呼他的名字，久而久之竟然无人知道他的姓名，男女老少都称他为"桥公"。一年四季，不管寒暑，桥公都会乐呵呵地烧好一桶清茶，摆放在桥头，供往来行人解渴或驱寒保暖。

在浙江景宁县有一座畲桥，当年组织修桥的缘首董事（注：缘首即铺路修桥的组织者）在竣工之后，通过合议用剩余的款项购买了一块"义田"。所谓的"义田"与我们常见的"桥田"并不完全一样，"桥田"的田租收入用于廊桥大修、节庆、日常维护等开支，而"义田"具有"桥田"的一些属性，田租收入用于雇佣守桥人（多住在桥头），更加注重的是发挥廊桥的公益性。年丰之时或者有一定积余，廊桥的管理者便将这笔结余的银两用于周边乡村的公益事业，比如修庙、铺路或是兴办乡学。这时固定在一隅的廊桥便将触角延伸到了更加广阔的乡村空间，附近乡民时刻感受到它的大义与恩泽。

　　对于四周民众来说，一座廊桥除交通功能之外，它的存在还意味着什么？他们为何要千方百计、经久不息地守护一座座廊桥？要解答这些问题，就不能不说廊桥在当地所扮演的重要角色。

　　自从竣工的那一天起，廊桥就一直伴随着民众。风雨来临时，廊桥是行人避风躲雨的保护伞；天气炎热时，廊桥是行人避暑乘凉的好地方。村落附近的廊桥，常常成为人们聚会郊游的场所，孩子们在这里嬉戏玩耍，青年男女在这里谈情说爱，老人们在这里谈古论今；很多地方还有在廊桥上置办娶媳、嫁女、生子、登科、庆寿等庆贺酒宴的习俗。在那些地处交通要津的廊桥上，人们往往自发地摆摊设点做买卖，形成了形形色色的"桥市"，到了节假日更是人来人往、热闹非凡。春节期间，闽西村民们云集在廊桥前，走古事、舞长龙、赛龙舟，场面十分壮观。浙南菇民（注：菇民指一些山区以香菇生产为业的人群）在廊桥中举办庙会、祭祀、集市或者演戏。宾客来临，侗家男女老少便盛装而出，会聚在廊桥之上，唱拦路歌，饮拦路酒，盛情款待客人。

　　廊桥是村落中与寺庙、宗祠并重的公共建筑，在乡民中具有崇高的地位。从某种程度上而言，廊桥的实用功能与精神功能的双重身份使得它的价值更高,特别是在一个杂姓共居的村落,尤为如此。在廊桥上,所有人的身份都平等,他们在享受廊桥带来的交通便利之外,还可以享受神灵给予自己的身心呵护与灵魂安慰。虽然到了水泥桥普及的今天,廊桥的交通功能已不再占主导地位,但是它的神性光芒一直未减,那种庄重感和仪式感是别的桥所不具备的。因此,廊桥水上神庙的使命必将长长久久延续下去。

廊桥所建立的生活秩序已经嵌入到了中国人的寻常生活之中。可以说,廊桥是一个村落里人际关系的纽带,通过一座廊桥,可以将乡民紧紧地联系在一起。在有廊桥的村落,人人都是守桥人,他们守住了一桥规矩,守住了一个信仰,守住了一村温情,守住了一方和睦。就像浙江龙泉安仁镇永和桥上对联所言:"山山水水处处长长久久,村村户户人人亲亲邻邻。"

千年传承:木头也能走向永恒

在中国建筑中,桥梁很难与宫殿建筑、宗教建筑、园林建筑相媲美,无论是在格局、规模,还是精致程度上,都有相当大的差距。只有廊桥是个例外。在崇山峻岭之中,沟壑纵横,急流险阻,为了方便出行,先人将足够多的智慧集中到河流上,遇水搭桥,山河从此贯通。千年来,一座座廊桥犹如彩虹般从河流上跨越而过,连接着千镇万村。加上山河助阵,廊桥呈现出立体建筑的精彩,让人不得不感叹建筑者的辉煌手笔。

我一直觉得木头建筑无法比肩石头建筑,木头建筑很容易在风雨的侵蚀中颓败坍塌，顶多三五百年便退出历史的舞台，石头建筑却能够走向永恒。廊桥依旧是个例外。当我们目睹那个由木头拱叠成的巨兽大跨步越过滔滔河流时，强烈的视觉冲击使得我们很容易就忽略了低矮、粗糙、笨重的石桥。很少有人想到这些木头材料会如此强大，木头也能够产生出永恒的力量。它们横跨山水之间，形成一道道镇水机关，至今仍然是中国桥梁建筑的力作。

民众视廊桥为风水建筑，它的存在关系到宗族、村镇，乃至一方的平安与兴盛，从而成为村镇兴衰成败的产物，与村镇命运紧密相连。民众希望能以廊桥为媒介，与神秘的超自然力量建立联系，借此护佑村镇、保佑自己和家人。在实用功能与精神象征的双重驱动下，无论经济实力雄厚与否，各地民众都在想方设法对廊桥进行营建与维护，他们甚至不惜动用所有的财产从事廊桥建筑与维修。无数的瓦片、木檩、桥板、栏杆、护板中，被风吹掉一片，或者腐烂一块，马上有人予以更换；廊桥毁了就再建。

叶、吴是福建周宁三门桥村的两个大家族，他们于清末合力建起了一座四十多米长的双孔木平廊桥——三门桥。民国十三年（1924），两大家族第二次合作，各自在家族中筹募资金，重建被洪水冲垮的廊桥——这次改建成双孔重檐歇山顶的木拱廊桥。十年后的一个冬天，三门桥村遭到一伙土匪洗劫。更令人绝望的是，丧心病狂的土匪一把火烧毁了三门桥。一直到了1968年，深受交通不便困扰的村民第三次携起手来，这次改建更加坚固耐用的双孔石拱桥——不料第二年桥身又遭特大洪水冲击垮塌。1971年，村民第四次联手，簇新的三门桥再次矗立在溪流上。

2006 年，村民对这座有着一百多年历史的廊桥再一次进行了大修。为了共同的通达目的，各个家族三番五次地联手修建廊桥，一代代人在桥上携起手来，他们早已捐弃前嫌，忘却种种不快：廊桥成为三门桥村的情感纽带，凝聚了共识，磨合了人心，使他们在廊屋下其乐融融地相聚。

皇家宫殿在朝代更迭后往往被付之一炬，或者废弃，不消数年就变成一片残垣断壁。在时间的消融中，万间宫阙都做了土，许多宏伟的宫殿渐渐地退出了历史的视野。而廊桥在宗族力量和社会力量的双重呵护下，比绵延不绝的宫殿更加长寿。宗族和民众的力量随着子孙繁衍得以延续，他们以举族、举村的人力、物力、财力进行修桥，将宗族和村落的美好愿望以桥的形式展现出来。一座座廊桥在祖辈手上建立起来，后世不断地延续着廊桥的生命，使桥成为祖先与后世贯通的载体。历代不停地维修、重建，廊桥的生命不断地延续，显现出木头建筑的伟大力量。正是有代代民间力量前仆后继的努力，我们方能从这些古建筑中听到遥远的历史回响，看到它们以胜利者的姿态挺立在天地中，筑成一座座不朽的丰碑。

廊桥
之境

贰

廊桥

它们星星点灯一般地洒落在大江南北，
或许不经意之间，
你就会与其邂逅。

1

浙 南 闽 北
廊桥精华在此汇集

浙南闽北一带的老百姓当中，流传着一种说法：浙南的景宁、泰顺、庆元三县与闽北的寿宁县置县于明景泰年间，合在一起正好是"景泰庆寿"四个字，这是景泰帝以县名为自己庆寿之意。实际上，景宁、泰顺、寿宁确实建县于明景泰年间，但庆元早在南宋庆元三年（1197）就已建县，显然这种说法并不成立。真正让它们紧密连接在一起的是木拱廊桥。这里的木拱廊桥堪称世界桥梁史上的绝品；这片区域有数个流传有序的建桥家族；"桥庙结合"的景观也让这些隐逸在山水之间的廊桥，增添了一种独特的韵味。

浙闽毗连处：隐藏着中国最密集的廊桥群

浙南（丽水市、温州市）、闽北（宁德市、南平市）毗连的山区地带现存数百座各类廊桥，历史上更是无法计数。明朝王世懋在《闽部疏》中记载："闽中桥梁甲天下，虽山坳细涧，皆以巨石梁之，上施檐栋，都极壮丽。初谓山间木石易办，已乃知非得已。盖闽水怒而善崩，故以数十重重木压之，中多设神像，香火甚严，亦压镇意也。"一句"闽中桥梁甲天下"便是对闽人痴狂造桥景象的真实写照。与闽北山水相连的丽水

亦是如此，各县拥有的古廊桥数相当惊人——松阳县二十多座，龙泉市三十多座，景宁县五十多座，庆元县近百座，全市古廊桥数量有两三百座。历代累积，浙南、闽北一带的廊桥数量和密集程度远远超过中国其他任何区域；而且年代更早，种类更多，质量更优，文化发育更全。可以说，浙闽山区廊桥群是中国廊桥的精华所在。

这数百座廊桥当中，有石拱廊桥、木平梁廊桥、伸臂叠梁式廊桥、八字撑木平梁廊桥、木拱廊桥。可以说，涵盖了所有廊桥类型。其中，木拱廊桥的营造技艺最复杂，是我国古桥梁研究的活化石，营造技术被联合国教科文组织列入"急需保护的非物质文化遗产名录"。

那么，在浙南闽北毗连区域到底藏有多少老木拱廊桥呢？据廊桥学者刘杰调查发现，仅为一百余座。其中，福建宁德市拥有五十四座，是中国拥有木拱廊桥最多的地级市，下辖的寿宁县十九座，是中国拥有木

福建屏南县千乘桥

拱廊桥最多的县；浙江丽水市现存约二十六座；福建南平市现存十二座；浙江温州市拥有六座；其他地区不足十座。数量上，闽北更多；质量上，浙南更优。这些廊桥大部分始建和重建年代在 1911 年之前，部分重建和始建于 1949 年之前，也有少数重建于 20 世纪八九十年代。如果剔除 1949 年后新建和重建的部分，那现存的老木拱廊桥就已不足百座。

2012 年 11 月，"闽浙木拱廊桥"正式被列入《世界文化遗产预备名单》。列入名单的木拱廊桥一共二十二座：福建屏南县的万安桥、千乘桥、龙津桥、广福桥、广利桥，浙江泰顺县的北涧桥、溪东桥、三条桥、文兴桥，浙江庆元县的如龙桥、咏归桥、半路亭桥，浙江景宁县的大赤坑桥、章坑接龙桥、东坑下桥，福建寿宁县的鸾峰桥、杨梅州桥、大宝桥，福建政和县的赤溪桥、后山桥、洋后桥，福建周宁县的三仙桥。

可以说，这些历经风雨仍得以保存的木拱廊桥都是国之瑰宝。

木拱廊桥，绝版的营造技艺

一座木拱廊桥的营造，大致有选桥址、砌桥台、起拱架、铺桥面、造廊屋等工艺流程，建造工序非常繁杂，由石匠、木匠、油漆匠等多种民间艺人共同完成。木匠技艺是木拱廊桥建造技术的核心，以梁木穿插别压，不费片铁寸钉，只用榫卯衔接。木匠的主要工具有鲁班尺、斧头、角尺、墨斗、锯、刨、凿、木马架、篾缆、交马等十多种。

木拱廊桥的营造技艺复杂，建造工艺最为顶尖，是世界桥梁史上的绝品。它绝在拱架的核心技术——以数百根较短的木材，通过直木穿插，纵横相贯，榫卯对接，相互编织，利用建筑力学科学地解决了大幅度拱跨受力难题。在西北和西南地区，存在极少数伸臂式与木拱相结合的廊桥，在拱跨局部使用了一点编木原理，使它们看上去与浙闽木拱廊桥外形有些相似，但实际上是悬臂梁结构。为了区别这些廊桥，我们又将浙闽木拱廊桥称为"编木拱廊桥"或者"贯木拱廊桥"。

起拱架是木拱廊桥营造过程中，技术含量最高、工序最复杂、施工难度最大的重要环节。每座桥的跨度、高度都不一样，三节苗、五节苗的长度就不同，斜苗的斜度不同，榫头、卯眼的角度也不同。所有的计算必须绝对精确，不容出现丝毫差错，否则拱架就无法安装。拱架包括上三节苗、将军柱与大排架、上五节苗、上剪刀苗、"蚱蜢腿"与桥板苗等工序，所有木构件都采用榫卯技术进行连接，以达到"纵横相贯，穿插别压，相互承托，受力均匀"的效果。

作为木拱廊桥的翘楚之作，国内现存单孔跨度最大的明代木拱廊桥

福建寿宁县鸳峰桥

兰溪桥的技术构造是同类廊桥中的佼佼者。它全长 48.13 米、面阔 5 米、拱高 9.8 米、净跨达 36.8 米。除了一般木拱廊桥的木拱架由纵向三折边、五折边和"剪刀叉"各自与横枋木榫间均衡受力之外，还利用"青蛙腿"连接三折边和五折边系统，上下相互叠压穿插，左右环环相扣，拱桥与廊屋互为交锁，坚固无隙，牢不可摧，其桥体的构架原理在我国民间桥梁建筑史上堪称一大杰作。

　　我曾在浙江庆元县大济村见过一次造桥，三个木匠在主墨师傅吴复勇的指挥下正在拼接木料。拱架结构由上、下两层组成，下层为三根长圆木纵连成八字形拱架，上层由五根稍短圆木纵连成五折边形拱架，木头之间榫卯对接，一座簇新的廊桥骨架已在他们的手中搭建成形。这座新桥在视觉上的简约并不代表着技术上的简单——麻雀虽小，五脏俱全，它与兰溪桥的营造技术完全一致，也是用木头榫卯紧密衔接而成的。

　　吴师傅从拱架上利索地爬了下来，热情地接受我的采访。他说："建造木拱廊桥，选料非常挑剔，最好的材料是油杉，50—70 年树龄，28—32 厘米直径，每根木材以长度 12 米最佳。油杉具有防腐的功能，要保护好树膜，树膜如同人体的皮肤一样，破坏后也就失去了防腐功效。桥两端拱趾支撑在块石垒筑的桥台上，或者直接建筑于两岸山崖之上。为了保护梁柱不受风雨侵蚀，还要在桥上建廊屋，桥身两侧安装挡雨板。桥建造好后用生桐油上漆，在桥面上铺石头稳固桥身，还起着防水和防火的作用。连续完成上百道工序后，一座木拱廊桥才算是竣工。"

　　在浙南一带，不少木拱廊桥以块石和条石铺设桥面。首先在桥面板上铺一层箬叶，再铺一层木炭，然后再填一层砂石料，最后砌筑桥面砖或卵石缀面。桥面与桥面板之间有隔离层，可以增加通风透气的效果，防止桥面板受潮腐烂，又增加了桥体自重，增强了廊桥的稳定性，同时起到防火作用，十分科学合理。

建桥世家，为木拱廊桥的传承立下不世之功

　　木拱廊桥在浙南闽北的大量存在，除特殊的地理因素、历史原因和风俗民情之外，一个非常重要的原因是，这一带生活着多个以营建木拱廊桥为生的家族。正是这些传承有序的廊桥世家和众多的廊桥师傅不断地造桥，不断地创造出家族的辉煌历史和个人的荣耀，才使得木拱廊桥精彩地活在这方山水中。

在浙闽一带，很多桥上梁架密布着"梁书"，记录了捐资人、建造工匠、建桥董事、择日先生的名字，更加详细的还会将建桥的缘由、经过记载下来，或镌刻在石碑上，或誊写在梁架上。一抬头，我们就可以与这些百年前的陌生名字遭遇，只要有"梁书"，就能追溯到廊桥的主墨师傅，即木拱廊桥拱架的建造者。

这一带不少古廊桥梁上的墨汁记录着主墨师傅张姓，与之配套的落款地名是福建周宁县秀坑村。秀坑古称"下荐"，他们也就有了一个专属名称——"下荐师傅"。第一代"下荐师傅"可追溯到清朝乾隆年间的张新佑。从仙宫桥梁上的墨书可知，张新佑最早于乾隆三十二年（1767）就建造了寿宁县城的仙宫桥，直到嘉庆七年（1802），他还主持修建了拱跨达到 33.5 米的景宁梅崇桥。在数十年的造桥生涯中，张新佑在子弟和同村的张氏族人后辈中收下十多个徒弟。在他的悉心教导下，张氏造桥家族开始开枝散叶。在之后的漫长岁月里，张氏家族足迹遍布闽东北与浙西南。随着"梁书"面积不断地扩展，他们逐渐成为浙闽交界一带著名的造桥世家。

张氏有着无与伦比的绝技——建造大拱跨和高落差廊桥。他们不仅水平高、口碑好、诚信度强，而且队伍庞大。张氏一族合力而出，分工明确，有木匠、石匠、泥水匠，木匠又有主绳、次绳、普通木匠、锯匠之分。大兵团作战的张氏家族，其造桥速度也远比其他匠人快。凭借着这些优势，他们很容易就击败其他竞争者，甚至到数百里之外去抢占市场。这也是我们今天依旧可以在各地频频遇见张氏杰作的一个重要原因。

杨梅州桥是张氏家族营造的经典廊桥之一。1937 年，福建寿宁县坑底乡民准备建造杨梅州桥，用以连接寿宁与泰顺两县的交通。董事会请来当地造桥大师傅吴大清，但吴师傅一到现场就打起了退堂鼓。原来杨梅州桥要建在深谷中，桥堍搭在悬崖绝壁上，桥面距离水面深约二三十米！在当时，没有高超的搭建脚手架水平、丰富的经验和过硬营造技术的师傅根本没有办法进行高空作业。董事们一商量，慕名邀请了秀坑第四代"下荐师傅"张学昶担任杨梅州桥的主墨师傅。在吴大清师傅和乡民众目睽睽之下，张学昶带领队伍开始进行立体作业：水面上的匠人将上游漂下来的木料打捞起来，脚手架上的匠人将木料吊到半空，木匠师傅在空中架梁……笨重的圆木经过巧手编织出一张巨大的弧形拱架，剩下的廊屋建造工程就交给了吴大清师傅。杨梅州桥的顺利建成，为张氏赢得了极高的声誉，也奠定了其木拱廊桥营造第一家族的地位。

张氏家族的修桥历史延续了两百多年，主持新建、迁建的木拱桥达四十六座之多，包括景宁梅崇桥、庆元兰溪桥、屏南千乘桥、屏南百祥桥、古田公心桥、寿宁张坑桥、周宁石竹坑桥等拱跨超过三十米的名桥。在无情的水火侵袭中，秀坑村登龙桥、景宁章坑接龙桥等十五座木拱廊桥依旧如长虹一般跨山越水，飞临在人间。

除杰出的造桥手艺和精益求精的匠心之外，"下荐师傅"还恪守信用。《中国木拱桥传统营造技艺》一书中收录了三十一份张氏的造桥契约，从一个侧面证明了这是一个将信誉视为生命的诚信家族。历经新、成、茂、学、明、世、必、昌八辈人的传承与接力，他们成为矗立在"彩虹"之巅的造桥家族。

与张氏家族并驾齐驱的是寿宁小东村的徐-郑家族，发端时间稍晚于张氏，第一代肇始于木拱廊桥营造大师傅徐兆裕。传至第五代徐泽长，由于后继无人，便将造桥技艺传给外甥郑惠福。作为徐氏技艺一脉相承的传承人，郑惠福继续发扬光大，一生主持营造了十一座廊桥。郑惠福的儿子郑多金从十九岁开始跟着父亲建桥，逐渐成为当今最著名的主墨师傅。郑多金再将技艺传授给弟弟郑多雄，郑多雄再传给儿子，如今已经传至第八代。徐、郑两家世居小东村，因而被称为"小东师傅"。代表作有泰顺薛宅桥，景宁白鹤桥、大赤坑桥，福安潭溪桥，寿宁红军桥、鸾峰桥、杨溪头桥等，其中鸾峰桥和杨溪头桥的拱跨达到了惊人的37.6

福建寿宁县杨梅州桥内景

米，为世界上单孔跨度最长的木拱廊桥。

浙闽现存的木拱廊桥中，约有五分之一出自这两大造桥世家之手。在这一带负有盛名的建桥家族还有寿宁吴氏、屏南黄氏等。与古代各种手工艺传承一样，造桥技艺多在父子和家族中一脉相承。他们没有图纸，只有口诀，甚至在密室中传授绝招，这些祖辈流传下来的技术和自己总结出来的经验将成为子孙后代的铁饭碗。所以，这一区域有不少传承数代的造桥家族。

在浙闽毗邻区域，除了造桥世家，历史上有名的建桥大师傅有黄金书、吴光谦、吴大清、项树本、肖朱锋、郑盛金、周连寿、陈乃避、林道鸿、胡睦汉、林沧、董直机、任斯年、叶清芳等。直到今天，寿宁的郑多雄、泰顺的曾家快、庆元的胡淼、吴复勇等木拱廊桥营造师傅依旧活跃在各地，他们甚至将木拱廊桥建到了国外。

桥庙结合，人神共享的精神空间

早在《史记·孝武本纪》中就有记载，"越人俗信鬼，而其祠皆见鬼，数有效。昔东瓯王敬鬼，寿至百六十岁。后世谩怠，故衰耗"。唐代陆龟蒙《野庙碑》亦记载"瓯越间好事鬼，山椒水滨多淫祀"。这一带村落里大多有社庙，有社庙必然供奉着各种神灵。在风水思想的影响下，廊桥要么扼水口要冲，要么居天堑之险——在地形上界于山川河流之间，在人们心目中又处天地人神交流之位，这使得廊桥也成为祭拜各种神灵的理想场所。

　　浙闽廊桥大部分桥屋里设有神龛，比如福建寿宁存留的六十六座廊桥当中有五十一座设有祭祀场所，福建屏南县存留的六十一座廊桥当中有五十三座设有神龛。有的神龛设在桥屋中间，有的偏居桥屋一旁，有阁楼的廊桥，也会将神龛设在楼上。有些廊桥供奉着众多神像，如浙江泰顺南溪村南溪桥神龛内供奉着马仙姑、马仙姑娘家阿爸、马仙姑夫家阿爸、叶都元帅、行雨龙王、五显灵官、土地公、千里眼、顺风耳等多达九尊神灵，他们济济一堂，活灵活现地注视着来来往往的乡民。

　　福建政和县锦屏村水尾桥，始建于清咸丰八年（1858），光绪九年（1883）再建后，村民请来真武大帝坐镇神龛。大帝手持斩妖神剑，一脸杀气，怒目圆睁，仿佛要撕碎人世间的一切邪恶。与大帝怒气冲冲的形象形成鲜明反差的是，一对金童玉女安详地肃立左右。村民不管真武大帝是何方神圣，也不管他主管什么神职，就将他视为茶叶的保护神。每逢茶市开市，或农历三月三、五月五，茶农们就提着装有供品的竹篮，早早地就聚集到桥上，燃烛焚香，摆上茶点、果品、糍粑、金银纸元宝等祭祀物件。有意思的是，祭祀早、中、晚三次井然有序地进行，早晨祭早茶神，中午祭日茶神，夜晚祭晚茶神，并由当地土道士担任主祭。做道场的土道士被村人认为是凡人与神灵对话的"翻译"和交流的传声筒，身着黄衣道袍，头戴道冠，手持铜铃，口中语调高低错落，忽而急促、忽而绵长、忽而高呼、忽而低语、忽而默不作声，满脸高深莫测的模样。道士说的是当地方言，语速快时，如同飞流直下的瀑布，不停地碰撞着岩石，发出激荡声；语速慢时，如同婉转的溪流，悠悠地从桥下流淌而走。我疑惑地向村民打听道士说些什么，他们告诉我，只听得懂一句话:"茶树茶树快快长,茶叶长得青又亮。真武大帝多保佑,锦屏产茶千万担。"道士转着圈子,铜铃当当当地响着,善男信女们跪了一地,虔诚地上香、敬酒、献茶,念念有词。在袅袅的轻烟中,我看到了他们被烛光映红的脸,如同抹上一缕霞光。

福建政和县杨源乡坂头村的花桥,建于明正德六年(1511)。该桥正中有五层镂花斗拱,钩心斗角,层层绽放,看得人眼花缭乱。桥上绘有九十六幅壁画,珍禽异兽,繁花似锦,无不栩栩如生。当然,花桥最大的特色还是桥庙结合。桥廊上供奉着九个神龛,正中主神龛为观音大士,左边是魏虞真仙,右为许马将军,林公天王、福德正神、真武大帝、天王菩萨左右次之,而桥北头神龛则是通天圣母。一条不长的桥,挤满了形形色色的神像,即使称其为河上庙宇亦不为过。

寿春桥是福建寿宁县一座毫不起眼的木拱廊桥,不足二十米长的桥上供奉着多尊神像。桥中是观音,右侧是临水夫人;桥南面一座很旧的神龛里,中间端坐着三眼灵官,右侧陪祀土地神,左侧陪祀文昌君。横梁上挂着一些落满灰尘的锦旗和大大小小的牌匾,花瓶里插满了黑乎乎的塑料花,供桌上是一个个装着水果、饼干、干果的供盘。一个喜得贵子的乡民,挑着一担祭品来还愿,男人笑呵呵地在供桌上摆放起鸡、鸭、猪头、果品、老酒,烧上高香,燃放鞭炮;一个年轻的女子跪在垫子上,重重地磕了三个响头,口中喃喃地念叨着,她念的是当地方言,语言虽然带着闽地的山风硬气,但是我从她一脸的虔诚中可以猜到——感谢观音菩萨赐子,希望菩萨保佑她的儿子健康成长。

浙江景宁县东坑镇上下水口各坐落着一座木拱廊桥,乡民直截了当

地将它们称作"上桥"和"下桥",在长度、高度、规模、形态上都相当
接近。上桥神龛中曾供奉着"千里眼"和"顺风耳"。这两尊小神是妈祖
跟前的侍从仆人,虽然是道教中的守护神,但是地位低下,远远不及众
多廊桥上供奉的观音、平水大王等神仙。在闽北很多廊桥中供奉着的千
里眼和顺风耳,姿态、神态虽各不相同,但皆以披头散发、狰目獠牙的
形态出现。千里眼右手叉腰,左手持掌向前,掌心上有一竖立的眼睛。
与千里眼不同的是,顺风耳左手叉腰,右手弯曲指向耳朵。浙江廊桥中,
多供奉着法力无边的大神,或者守土有责的地方神和土地神,与福建毗
邻的东坑上桥供奉着这两尊小神,显然是受了妈祖文化的影响。神龛还
在,塑像已一扫而空,只留下一场空荡荡的想象。

　　浙南、闽北廊桥的平面布局中,不仅桥上设有神龛,而且桥两侧常
常会出现一座或者多座庙宇,桥与庙宛如孪生同胞,形成了"桥庙一体"
的连体景观。这些寺庙里,虽然没有藏区寺庙那样的转经习俗,但是借
由廊桥却呈现出另外一种形式的转经:虔诚的信徒一遍遍地低头弯腰小
碎步走进廊桥,跪在神像前不停地磕头祷告,他们的脚步终生不停歇地
在桥上来回走动——此时的廊桥如同一只经筒,他们的每一个脚步,每
一次行走,都如同为廊桥诵一遍经,转一轮经筒。只是,他们一辈子也
没走出经筒的直径。

浙江景宁县东坑上桥

浙江景宁县东坑下桥

2

徽 州 廊 桥
水上的徽派建筑长廊

　　人们在关注徽派建筑时，目光多聚焦于民居与祠宇。绵延不绝的粉白马头墙如洪波涌起，黑色的檐瓦勾勒出朵朵浪花，这些是徽州建筑的基本属性。然而，人们有时会忽略徽派建筑之一的廊桥，它们或点缀在村落当中，或横亘于山水之间，将黑瓦和白墙延展到水上。石拱券和马头墙，粗犷与细腻，明朗与素雅，徽派建筑元素完整地移植到了徽州廊桥身上，"青砖小瓦马头墙，回廊挂落花格窗"的情调在廊桥中四处可见。民居是徽州人的家庭单元，廊桥是徽州人的公共单元，白墙黑瓦组成的廊屋里演绎出的是徽州人动人的生活故事。

石拱廊桥，徽派建筑的经典

　　"欲识金银气，多从黄白游。"徽商叱咤风云四百年，一代代外出经商，带回大量的财富。他们常常购田置业，建深宅大院，修祠堂，竖牌坊，同时也慷慨解囊，出资修桥铺路。加上民间集资建桥的传统，古徽州地区（今安徽黄山市、宣城绩溪县和江西婺源县等地）涌现出大量廊桥。虽历经岁月的侵袭，却仍幸存着休宁县拱北桥、秀阳桥、云溪桥、三棵树桥，歙县长生桥、贤源观音桥，徽州区环秀桥、镇洪桥，屯溪区

江西婺源县理源桥

乐寿桥，祁门安阜桥、桃源廊桥，黟县屏山桥、婺源花桥、理源桥、题柱桥等数十座有古典风雅情调的廊桥。

徽州廊桥中，最精美的当属石拱廊桥。它们与徽派建筑一脉相承，桥上建有砖砌廊屋，粉墙黛瓦，飞檐翘角。廊屋内牌匾林立，楹联密布，诗赋绕梁，常伴有精雕细镂的木雕、砖雕、石雕，充盈着郁郁文气。

在徽州石拱廊桥中，北岸廊桥无疑是其中的翘楚。它坐落于徽州歙县北岸棉溪河上，建于清康熙四十九年（1710），为三孔石桥，长33米，宽4.7米，廊屋高5米，砖木结构，是规模最大的徽派石拱廊桥。北岸桥两侧立有高耸的马头墙，这是徽派建筑的标配。马头墙指高于两山墙屋面的墙垣，循屋顶坡度呈水平阶梯形递降，形状酷似马头，所以称"马头墙"。在发生火灾时，高大的马头墙起着隔断火源的作用，所以又有"封火墙""防火墙"等称谓。马头墙有一至五级之分，最高级别的五级马头墙，俗称"五岳朝天"。在徽州的寻常百姓家最常用的是三级马头墙，俗称"连升三级"；徽州廊桥上最常见的也是三级马头墙，突显了徽州人对功名的渴求。

漏窗是北岸桥的一个特色，廊屋两侧各开八扇。正面窗花图案砌出龟背纹和梅花纹，象征着延年益寿和冰清玉洁；背面花窗造型为满月古瓶、桂叶、葫芦等，有着平平安安、叶落归根、招财进宝等多重寓意。人置身在山水中显得卑微而渺小，那么，我就借廊屋的花窗，收纳山水，将天地缩小，将自己放大，窗外一切美景皆为我所有。这或许就是壶中有天地的意境。通过一扇扇造型各异的花窗，徽州人完成了心理转换。设计师在桥上别具匠心地辟一个大敞窗，敞窗外建美人靠；也许是怕村人看不够小窗，设计者大胆地牺牲风水观念，开辟一面墙，供村人在此揽清风明月、数飞雁游鱼。这表明北岸人并不死守成规旧念，他们将精神上的审美与视觉上的审美有机地结合了起来。廊桥的设计者或许是豁达的隐士，或许是才华横溢的读书人，他以各种窗的方式表达自己开放的处世观。每一个开窗都恰到好处，不大不小，不多不少，明明用心之至，却宛若天成，把文人雅士的氛围渲染到极致。一扇扇窗，不仅仅是装饰之用，更暗藏着古人的理想和诉求；表达的境界远超现实寓意，不由得让人惊叹古人浑圆的心智和豁达的情怀。

地处村头、村尾的廊桥两侧一般植有老树，可以说，树是廊桥的标

安徽歙县北岸桥

歙县北岸桥内景

配之一。桥头种什么树都是有讲究的，比如香樟树寓意"香火旺盛"，石榴树寓意"榴开百子"。这些树无非是祝福村落人丁兴旺，祈福村落兴旺发达。在北岸桥北端西边石阶边也长着一株石榴。它斜逸而出，只开花却不结果。难道不知不结籽的石榴寓意着绝后？北岸先人当然知道那只是危言耸听的迷信，留下一首"石头生石榴，石头养石榴。开花不结榴，后人留不留"的打油诗，略可参透他们内心的豁达和自信。

　　只开花不结果的石榴并没有影响到北岸吴氏的兴旺，随着石榴的花开花落，吴氏演变成当地一大望族，特别是到了近代，众多吴氏徽商扎根上海，在经济领域中多面开花，形成了实力雄厚的徽商财团。发家致富后的吴氏家族营造出一座街巷纵横、大屋林立的富庶村落。今天的北岸村，还遗留着百余幢明清至民国时期的古民居，见证了那个"花开富贵"的时代。

　　古徽州人有一句名话，叫"前世不修，生在徽州。十三四岁，往外一丢"。从走出廊桥的那一天起，人就像蒲公英的种子一样随风飘向了四方，从此踏上危机四伏的商路，不知道自己什么时候才能回到家乡，还能不能回到家乡。一家人在廊桥上挥泪告别，廊桥成了他们望远盼归的物化象征。顺着廊桥延伸出去的石子路，留下他们艰辛的脚印，仿佛在默默诉说徽商的酸甜苦辣。在廊桥的开窗上，花瓶和满月是常见的图案，花瓶代表平安，祝福"往外一丢"的徽商平平安安；而满月则代表团圆，对于家人来说，早日平安归来团聚才是他们最大的心愿。

北岸桥供老人休息眺望的飘窗

"流水别墅"，遍布徽州大地

徽州石拱廊桥以中小型居多，比如三棵树桥、安阜桥、云溪桥、淙潭桥等。它们大多坐落在水口，桥下波光粼粼，四周水汽升腾，两侧烟树葱茏，山峦起伏环绕，透着朦胧婉约的意境。

休宁县三棵树桥，名字饶有趣味。顾名思义，指桥头生长着三棵大树。事实果然如此。这让我想到大江南北很多以"三＋某物"命名的地方，比如三堰头、三桥村、三房村、三路居、三门岛等。三棵苦槠树与廊桥相伴两百五十多年，桥却建于明代，显然比树龄更长。然而，当地人"本末倒置"地称呼着，似乎早已忘却它那文绉绉的名字，"三棵树桥"显得既亲切又贴切，让人一下子就记住了它的名字。桥与树合为一体，让廊桥变得富有韵律、富有生命力。三棵树桥利用裸露在河床中的岩石为座基，将桥墩垒砌在岩石上。这种因地制宜的做法节省成本，也较挖基础建墩更结实耐用。在三棵树桥的前方，绵延的青山连着山脚的村落，白墙黛瓦上升起袅袅的炊烟，一切显得如此诗情画意。

安阜桥坐落在祁门县大坦村的大坦河上，建于明嘉靖年间（1522—1566），长三十余米，廊屋高十五米。这座单孔石拱廊桥连接着安庆，是徽商出入徽州的重要通道。安阜桥西侧两层楼阁，东侧一层廊屋，就单体建筑而言，西高东低，打破了传统徽派建筑的对称格局，让人看起来有些碍眼。然而，当你把安阜桥放到大环境中去审视时就会发现，它完美地融入周边景致——西侧山丘向着廊桥方向缓慢降低，安阜桥顺势延续了山体下降的节奏，将桥与茂林修竹连接到了一起——这一切看起来非常和谐与合理。安阜桥浸润在翳郁的山色之中，如同一幅刚刚收笔的泼墨山水图轴，仿佛还带着笔尖的湿润。当年，微风徐徐吹过桥檐的风铃，叮叮当当，清脆的金属敲击声如同历史的回响飘荡在山林野地。静听松风阵阵袭来，飞鸟噗噗地振翅，野虫啾啾鸣叫，泉流激石发出泠泠水声，大自然的各种声音不绝于耳。

美国建筑师赖特创造性地在匹兹堡郊区的瀑布之上营建了一幢别墅，流水从房底下哗哗流淌出来——这就是举世闻名的"流水别墅"。当世人惊叹于赖特别出心裁的设计时，早在数百年前的徽州地区，无数石拱廊桥就已静悄悄地站在或急或缓、或大或小的溪流上。远远望过去，这些

安徽休宁县云溪桥

白墙黑瓦的水上徽派建筑何尝不是流水别墅？只不过美国匹兹堡的流水别墅是私宅，而徽州廊桥是水上的公共空间。徽州先人借鉴苏州园林的造景手法，将青砖瓦房和马头墙搬到了石拱廊桥上，在廊屋外墙开方窗和风窗洞以移步换景，人与自然就此结合得天衣无缝。

徽州，最长的廊桥和最短的廊桥

徽州众多挺拔巍峨的石拱廊桥，彰显了徽州人的雄厚财力和审美情趣。在这之外，也不乏其他类型的廊桥。江西婺源县彩虹桥是一座始建

安徽休宁县三棵树桥

于南宋的木平廊桥，至今已有八百多年历史，以长度、精美程度、科学性等著称，被誉为"徽州第一桥"。

步入彩虹桥，一副嵌字对联清晰可见："清景明时彩画长辉唐旧邑，华装淡抹虹桥常映小西湖。"桥上的楹联，通常多见刻于两边的石柱上或者是悬挂的木板上，内容多是描述桥的位置、环境、特征、气势，以及颂扬建造者的业绩等，像此联将彩虹桥的名字、所在的清华镇以及当地名胜小西湖的名字一一嵌入的并不多见，可见撰联人的心思缜密、慧眼独到和构思奇巧。

对联点出婺源县建于唐朝，它是古徽州六县之一（今属江西省上饶市）；但是，对联没有说明彩虹桥的建造时间。当我有些纳闷时，一眼看到供奉着大禹的神龛。大禹像的两侧各摆放着一方乌黑的牌位，其中一块牌位上写着"胡济祥"三个字。能够与治水英雄大禹王一道接受村民的祭祀，可见他的身份非常特殊。询问了同行的当地作家傅菲后，得知胡济祥是南宋时的一名得道高僧，正是他化缘捐造了彩虹桥。原来，出生于婺源县清华镇的胡济祥时常见雨季涨水时，洪水冲垮村里的木桥，造成桥毁人淹的悲剧，于是立志为乡人募资建桥。历经三年艰辛的化缘，再经过四年建桥，一座长达 140 米的木平廊桥横空出世，呈现在乡民的眼前。一座桥高高地站了起来，在波涛间摇晃的船换作平稳的大道，两侧的美人靠如同一双双大手扶起了在风浪中战战兢兢的过河人，那些原本随时都有可能失却的生命此刻安稳地行走在大桥上，原本惴惴的喘息变成了舒展的欢笑。

据说，在瓦匠盖上最后几片青瓦时，清华镇瓦蓝的天空中惊现一道灿烂的彩虹。胡济祥认为这是吉兆，于是将桥命名为"彩虹桥"。还有一种说法认为，彩虹桥名取自李白诗句"两水夹明镜，双桥落彩虹"。不管是哪一种说法，彩虹桥的诞生都带着一份淡雅的诗意。

世世代代的乡民不仅牢记胡济祥的功德，也不忘主持建造廊桥的主墨师傅胡永班，他的牌位也荣耀地跻身神龛，四时八节接受乡民的香火。胡永班在设计彩虹桥时，下水观测流量后发现，如果墨守成规地按照等距布列桥墩，那么其中一只桥墩将恰好置于流量最大的位置，这对于保护桥墩是非常不利的。于是他将桥墩间距参差地设立在河流当中，从而避开了汛期洪水的流向。彩虹桥最大墩距为 12.8 米，最小墩距为 9.8 米，河面主流量经过的地方墩距较大，流速稍缓的地方墩距也稍小，从而最大限度地减弱了洪水侵袭。这种实干的工匠精神是桥墩千年永驻的最大保证。虽然桥墩间距参差不齐，但在一百多米宽的溪面上并不觉得碍眼，反而挺新奇。彩虹桥的桥墩砌成半个船形，迎水面尖锐如船首，整座桥墩呈流线型向后延伸，三角形的桥墩足以消解奔腾而来的洪水冲击。桥墩条石的砌法也非常讲究：条石左右镶嵌，上下交错叠加，条石之间的缝隙非常小，整个桥墩结合成坚不可摧的整体。彩虹桥的设计建造证明，早在宋代，徽州人就掌握了准确、详细的水文资料和高超的建桥工艺，从而为建造大型桥梁奠定了基础。

安徽屯溪区乐寿桥

江西婺源县彩虹桥送水面

江西婺源县彩虹桥迎水面

现在的彩虹桥建于清代，正如对联中所书的"清景明时"——从南宋始建，历经明、清两代修缮。走在木板桥面上，那些上百年的桥板被柔软的脚掌磨去了厚厚的一层，呈现出凹凸不平的沟槽。桥板的缝隙处，流淌出一条幽幽的清华溪。

溯清华溪而上，距彩虹桥不远处，有个山水相聚的"小西湖"。明嘉靖年间，徽派篆刻创始人何震，邀请自己的老师文彭乘竹筏游览清华溪。一路上，山缠着水，水环着山，山水相连，满眼苍翠。文彭是明代书画大家文徵明的长子，著名篆刻大家，他一路沉醉于水光山色，不停地赞叹道："此乃小西湖也！"小西湖由此得名。

如果说彩虹桥是徽州廊桥的巨无霸，那么徽州为数不少的简陋廊桥，它们静卧在街巷中正如小家碧玉一般。被宋代理学家朱熹誉为"江南第一村"的呈坎，有一座始建于元代的环秀桥，桥上搭着只容得下几个人休息的亭子。婺源双河桥是一座短得不能再短的廊桥，桥两边各有一户人家，可以说是徽州的"袖珍廊桥"。在徽州，不管廊桥大小几何，每一座廊桥都连接着烟火人家，每一座廊桥都承载着浓浓的大爱。

社会各阶层，爱心架起连心桥

徽州文化的核心内涵在于深厚的儒家思想，朱熹的理学渗透进徽州人的生活日常，成为他们处世的指南。儒家文化最讲究"忠孝节义"，其中"义"是一个宽泛的概念。对于普通民众而言，修祠、筑桥、铺路、建亭等公益事业就是义的主要表现方式。因此，徽州人对造桥有着高涨的热情，他们认为这是积善积德的重要举措。

南宋以后，徽商崛起，"往来淮楚间，起家累巨万"。衣锦还乡的徽商，捐出一座座廊桥：元代徽商许友山，修任公桥，建高阳桥；明嘉靖年间，徽商佘文义独资造桥，后人便将此桥称为"佘公桥"；清代徽商许克云捐建唐模村高阳桥……长久以来，徽商一直是造桥的主力军，他们以行善积德的许友山们为榜样，捐献出辛苦打拼积攒下来的银两，架起一座座或大或小的爱心桥，建起一座座梦幻般的徽州廊桥。从徽州通向杭州的路山水迢迢，风雨来临时，廊桥是行人避风躲雨的保护伞；天气炎热时，廊桥是行人避暑乘凉的好地方；路人饥渴难忍时便停下来，坐在廊桥和凉亭中歇息，就着一口清茶啃一口干粮。

除徽商之外，官员、读书人、普通民众，甚至是薄命女子都积极捐献资金。呈坎村的"环秀桥"系罗环秀遗孀程氏于元初始建。相传明弘治年间，一位寡妇临终前，请求歙县知县帮助自己在练江上游建一座坚固的石桥。原来，她的丈夫在经过练江木桥时，不幸遭遇垮桥而命丧江底。她发誓要建一座坚固的石桥普度众生，也要用桥来铭记那段刻骨铭心的爱情。苦命的寡妇捐出一辈子省吃俭用的钱财以及丈夫留下的家产，但距一座大桥所需的资金还相去甚远。她的义举感动了众人，大家纷纷解囊相助。历时数年，建成一座 268 米长的大型石拱桥。这就是徽州大名鼎鼎的太平桥。

当地人感激这位寡妇，又把太平桥叫作"寡妇桥"。徽州有许许多多寡妇捐资的桥，从某种意义上而言，这些桥也似一座座人世间绝无仅有的贞节牌坊，浓缩了徽州女人的韶华、大义、名节，收藏了那些我们无法知晓的辛酸、伤感和痛楚。我们无从打听这些寡妇的姓名，古代妇女

安徽徽州区环秀桥

的社会地位低下，她们的姓名很难在家谱中流传下来，即便是受到朝廷的旌表也只能在父姓前冠以夫姓再加上一个氏字，这就是她们留在世上的潦草印记。但是，通过捐资建桥的善举，她们让一座座崭新的桥延续了自己的生命。

如同一个人，桥也是有寿命的。人可以通过生育进行传宗接代，桥也可以在一次次修缮后延续生命。徽州潜口镇唐模村的高阳桥廊屋内靠南山墙上嵌有一石碑，详细地记载了清嘉庆十七年（1812）重修筹资情况。那些模模糊糊的名字密密麻麻地挤在一起，将徽州人的大爱凝固在一座桥上。正是他们的爱心接力，才将一座座廊桥传承到了今天。

3

闽　赣　粤

风格各异的绝美客家廊桥

　　闽赣粤三省毗连地区（江西赣州、福建古汀州、广东梅州、广东潮州及周边区域）是传统意义上的客家地区，在土楼、围屋、九井十八厅等客家民居的盛名掩盖下，人们极易忽略客家人的另一项杰出创造——客家廊桥。那些散落在山间村落的座座廊桥，凝聚了客家人的智慧、大义、团结和永不服输的精神，寄托着他们对美好生活的愿望和憧憬，它们是客家人绝美的精神画卷——赣南最长的廊桥玉带桥、典型的风水桥太平桥、飘逸着浓浓书香的云龙桥……这些美丽的客家廊桥，是客家人智慧的结晶，也是他们灵魂的栖息地。

石拱廊桥，客家廊桥中的翘楚之作

　　赣南地区是客家文化的摇篮之一，此地廊桥并不密集，但座座精彩绝伦，如信丰县的玉带桥、安远县的永镇桥、石城县的永宁桥和龙南市的杨村太平桥等。其中，尤以石拱廊桥见长。有的雄浑壮丽，有的小巧玲珑，可以说赣南石拱廊桥不管是工艺还是形式都独树一帜。

　　我们驾车从信丰县城出发，一个小时之后，车子拐入一段正在维修的土路。一路找不到路标，信号也消失了，电子地图出现了空白。询问一位行色匆匆的老乡，他随手一指，说是在虎河下游不到一千米的地方。我们决定弃车步行。沿着虎河河滩顺流而下，一脚深一脚浅地跋涉了一段，再折进一条弯曲狭窄的小道，道路尽头却只有一座废弃的小水电站。哪里才可以找到那座在各种书籍中频频现身的廊桥呢？就在我们一筹莫展之时，同行的摄影师想出一个妙招——放飞无人机去寻找玉带桥！随着吱吱的鸣叫声，无人机升到了三百多米的空中。它在 U 形的山谷中来回盘旋了一圈，从摄影师的手机屏幕里，我看到一个熟悉的弧形身影。对，那就是玉带桥！我们立即回收无人机，沿着植被茂盛的山道一路小跑过去。树与树之间交叉覆盖，形成一条绿色的廊道，转了几道弯，丛林的尽头豁然开朗，心心念念多年的玉带桥赫然出现在前方。

从碑文上看，玉带桥建于清乾隆五年（1740），全长 81.8 米，是赣南最长的廊桥，也是信丰通往广东兴宁、和平的交通要道。玉带桥横跨虎山河拐弯处，依水势而筑，犹如一条玉带飘在河上，故得名"玉带桥"。一般廊桥选址无非几个要素：河床较窄、水流平缓、堤岸坚硬、风水上佳。玉带桥坐落在虎山河九十度转弯处，两山对峙，两岸距离最窄，坚硬的山体延伸到水面，无须建引桥，节约了建筑成本，看似各方面的条件都非常好。但是，虎山河上游宽阔，经过九十度转弯后，河床明显收紧，水流变得湍急，而一过弯口，下游水面变宽，这里如同瓶颈一般。在此建桥，虽然降低了建筑成本，却带来了一个难以破解的困局——桥墩如何承受洪峰带来的巨大冲力？有利有弊，古人如何化弊为利呢？于是，设计者在桥墩上上做足文章，打破桥墩与桥堍在一条直线上的建桥模式，将桥墩灵活地筑在水流较缓处，从而避免与洪峰的"硬碰硬"。为了营造一个完美外形，设计师适当调整了桥墩的间距，当廊

江西信丰县玉带桥近景

屋在桥垛和桥墩上竖起之后，人们惊异地发现，一条线条饱满、呈弯弓状的廊桥飞越在虎山河上空。假如仅仅是这样还不够神奇，观看山势之后会发现，此处正好是"来龙去脉"的断开点，一座玉带桥连接起"龙脉"，满足了风水上的要求。"玉带"还寓意着吉祥美满，寄托着造桥者和沿岸乡民朴实而美好的心理追求。

闽西宁化县的石拱廊桥不在少数，规模较大的有藩维桥、聚福桥、张坊村廊桥、高潭桥等，下部圆拱如月，上部廊屋钩连，既壮丽又显清秀。宁化县最长的石拱廊桥是水茜桥，长达 80 米，宽约 5 米，坐落在水茜村的田野里，连接着乡野人家与绿水青山。水茜桥始建于南宋绍定年间（1228—1233），以后屡次复建，现桥为 1984 年村民集资修建。桥墩状若船形，垒砌方式非常科学合理。巨石采凿下来后，经过打磨抛光，成为大小一致的长条形，条石左右紧密相连，上下相互错缝叠砌。客家人砌桥墩最常用的黏合剂是石灰砂浆加糯米汁或三合土加糯米汁，做法是：先以木桶加锅上，接口，熬炼糯米成汁，随时用耙推搅，不使停滞。用

福建宁化县张坊村桥

瓢酌取，验视浓淡，候滴浆成丝为度，然后贮以瓦缸，备石工灌浆及拌和三合土之用。经过黏合剂的黏结填充，条石层层垒起，严丝合缝，工艺十分精巧。五只半圆形的拱券骑跨在四个桥墩上，使得壮美的廊桥平添一分丰神秀逸。

有些客家廊桥的桥墩工艺更加复杂：为了防止条石移位，左右相连的条石之间凿出对应的燕尾槽，形成头大腰细的形状，再将大小相仿的铁质燕尾榫嵌进槽中，如此重复就将左右的条石一一锁死，可确保桥墩百年无忧。

客家人的风水坐标，无形的精神乌托邦

在闽西、赣南、粤北还散落着众多石拱廊桥，如闽西永安市会清桥，连城县迎恩桥、后埔村水尾桥，武平县保定桥、大阳桥和邓坑桥，赣南龙南市太平桥，石城县永宁桥，定南县的初石桥，等等。客家地区的石

福建永安市会清桥

福建永安市会清桥内景

江西石城县永宁桥

江西定南县初石桥

江西龙南市太平桥

拱廊桥无论是从科学的角度还是艺术的角度看，都是中国石拱廊桥中的翘楚。身处客家地区深山峡谷或村落旷野的这些石拱廊桥，它们的出身背景不一、大小长短不一，但一致的是它们都具有十分突出的耐用性、工艺性和美观性，并且除实用功能之外，还飘逸着神秘的风水文化。

江西龙南市太平桥是客家地区最富人文色彩的廊桥，它的诞生与明代最耀眼的思想家有关。明正德十一年（1516），时任南赣巡抚的王阳明平定了广东北部的匪乱；第二年正月，王阳明回师路过龙南杨村时，在太平江的水口构筑了宏伟的太平桥，上有四通凉亭、四拱双层重叠组合，

龙南太平桥头

寓意着"四方平安"，以示"天下太平"。在我看来，这座貌似"凯旋门"的廊桥，显示出一派清风朗月的浩然正气，更像是王阳明"立功立德立言"的三立标志。王阳明深知，武力只能收一时之效，必须从心理上驯服这些性格桀骜、民风彪悍的山民，"训以儒理"才好统治，于是对客家人开始了循序渐进的教化：制乡规，订民约，办书院，兴社学，刻印儒经，传道授徒，等等。从此之后，赣南一带"市民亦知冠服，朝夕歌声，达于委巷，雍雍然渐成礼让之俗矣"。

太平桥除它的历史使命之外，还有一项重要的功能——贯通岚岭嶂和水口岭，紧紧锁住一江风水。可惜，明代的太平桥已毁，现在的太平桥重建于清嘉庆、道光年间。为了将一块神似水牛的石头拦在水口之内，更好地起到聚财的作用，新建的太平桥移至原址下游一百米处。新的太平桥长50多米，高度超过了17米，如同巨无霸一般站在江面上。这座由上下三个孔洞叠在一起的新廊桥，淡化了老桥文治武功的寓意，将风水的作用摆在了第一位。在客家人的浪漫主义思想中，这座太平桥不仅关锁水口，更主要的是拦住了这头神牛。当地有一则传说，桥上一孔可以卡住牛头，桥下两孔可以卡住牛的前蹄，这头神牛就跑不了了。这种独一无二的叠孔式廊桥，如同一副量身定做的枷锁，神牛无论如何也逃脱不了被囚禁的命运，于是一心一意庇佑杨村百姓"风调雨顺、五谷丰登"。

建于明洪武十年（1377）的连城县永隆桥，坐落在壁洲村水口处，是一座长达100米的石墩木伸臂廊桥。距桥百步之外，连着巍峨的文昌阁和天后宫，三座古建筑挤挤挨挨，错落有致，在眼前形成一组颇为壮观的宫殿式建筑群。除镇锁水口的作用之外，最让人称奇的是，永隆桥是一座按照仿生学原理设计的"蛇桥"。设计者大胆地将蛇的形态移植到桥上——桥头重檐歇山顶式阁楼形同蛇头，阁楼墙面上的圆洞形如蛇眼，漫长的桥身如同逶迤而来的蛇身，木柱和梁枋形同长蛇的筋骨，廊屋上的瓦片形同蛇的鳞甲，一段露天的引桥形成长蛇细细的尾巴。从远处看，永隆桥果然如同一条巨蟒从山谷盘旋而上，飞驰过溪，体态生动，形象十分逼真。设计者并不仅仅局限于桥的形态，而是将河流和风沙口错开，寓意着留住灵气，将财气拦在壁洲村里。

　　紫云桥坐落在福建大田县济阳村水口，是一座单拱跨越的石拱廊桥，桥上建有木结构亭阁式桥屋。紫云桥始建于明成化年间（1465—1487），清乾隆二年（1737）重修竣工时，正好有恩诏到来，于是命名为"紫云桥"。据说，明成化年间，当地乡绅涂轸九受观音菩萨托梦，出资在水口凿石筑起一座长 37 米、宽 4.5 米的廊桥。建成后，涂轸九在桥屋神龛中

福建连城县永隆桥

江西安远县永镇桥

供奉观音像，屋顶上镇着观音菩萨的一只宝器——葫芦状的净瓶，以答谢菩萨的点化之恩。有意思的是，桥下溪中卧着一块大石头，形如龟首，被当地人称为"金龟守水口"。自古以来，金龟被视为财富的代名词，这只朝着村落方向张望的金龟寓意着镇宝聚财。

客家廊桥中，绝大部分是风水桥，如福建清流县围埔桥、龙岩市永定区文溪桥、上杭县振兴桥、连城县后埔村水尾桥，江西会昌县荫桥、安远县永镇桥，等等，有的从桥的名字上直接表述了风水的含义。客家人以风水的名义，在村落的水口处建起了一座集山水、桥庙、古树为一体的有形的建筑乌托邦，也铸就了无形的精神乌托邦。而在这个乌托邦中，平安顺遂、兴旺富贵则是一个永恒不变的主题。

福建连城县玉沙桥

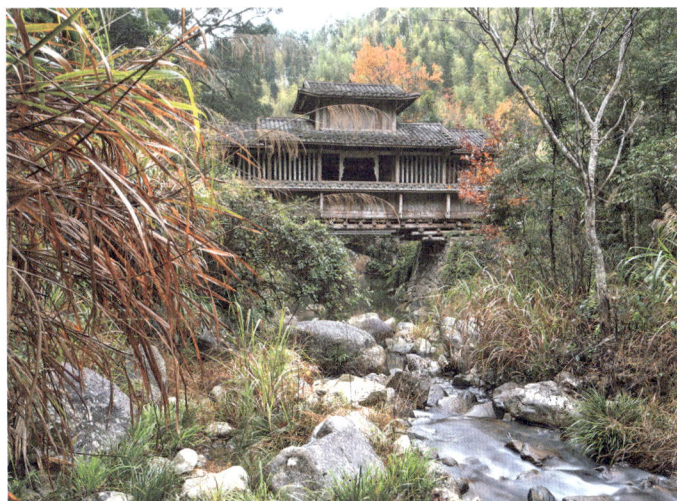

福建上杭县振兴桥

桥上浓浓书香，桥下"客家狂欢节"

在闽西连城县罗坊镇，一座始建于明崇祯七年（1634）、重建于清乾隆三十七年（1772）的云龙桥呈现在我的眼前。一头搭建在兀立的峭壁上，一头伸向平展的田畦中，一高一低的巨大反差打破了中国传统建筑的对称格局。桥的首尾两端各耸立着一座高敞的牌坊式门楼，翘起的飞檐好似昂扬的龙头，又因古桥周围常有云雾缭绕，桥身隐于其间，如同踏云飞翔的蛟龙，所以当地人给它取了一个诗意而霸气的名字——"云龙桥"。

客家人英才辈出，与其重视文化教育的传统密不可分。大凡客家廊桥选址，都选在村落的风水宝地上，最佳位置为主文昌的东南巽位，他们意图以此祈佑村落文运昌盛。在我走访过的廊桥中，云龙桥大概是最具匠心的客家廊桥之集大成者：六座花红色岩石砌就的桥墩托起长达81米的桥身，桥顶中骑着一座飞檐翘角的六角攒尖顶阁楼，阁楼一侧又陪衬着一座略矮的桥亭；高低不平的两个阁楼刻意出现在同一平面上，视觉平衡又一次被生生打破。建造者突显阁楼，难道说这里有什么隐情吗？我踏着一地光滑的鹅卵石走进廊道，再沿着木梯攀上楼阁。原来，第二层是祭祀文昌君的"文昌阁"，第三层是祭祀魁星的"魁星阁"，这两位主管地方文运的神灵被建造者高高托举在桥顶之上，以彰显出其重要性。凭栏远眺，远处暖暖人烟，脚下潺潺流水，周遭的青山一股脑儿倒影在青岩河上；河水已经够绿了，桥西古樟群团团绿影又倒映下来，水绿得如同青铜锈迹一般，衬照出廊桥的古旧色泽和那些飘逝的历史。

　　云龙桥既有一般廊桥所拥有的交通、祭祀、聚会、风水功能，还兼具文教功能。文昌阁、魁星阁、牌坊、斗拱、雕花、彩绘、匾额、诗篇，浓浓的书香飘逸在桥上的每一个角落。云龙桥为罗坊罗氏第十二世先祖哲甫主持修建——这个自我放逐的老夫子，却不乐意子孙后代隐逸山林，他在这个别具一格的建筑中注入了立志向学的精神，鼓励家族子弟通过科举获得人生的荣耀——这座桥正是他内心真实的写照。在他的倡导下，罗氏一族勠力同心，合族努力培育英才，再加上醇儒指教和子弟的刻苦攻读，罗氏在历史上出了不少飞黄腾达的官员和品学兼优的读书人。

　　在古代客家地区，通过科举考试进入仕途的毕竟是少数。人们提倡读书，一方面追求学有所成，另一方面也是为了在耕作之余提升自身的文化涵养。云龙桥完美地呈现了客家人"耕是立命之本，读为修身之策"的价值观。客家地区很多廊桥供奉着文昌君、魁星，也供奉有孔圣人、朱子或者当地卓有名望的乡贤的牌位，儒家文化和乡土文化以廊桥为载体滋养和教化着这一方士民。耕读时代虽然远去，但当地每逢高考，学生为了考上理想大学，大多还是会在考前到桥上走一趟，祈盼"人从桥上过，状元此时生"的洪福降临身上。有了祖先的庇佑，有了良好的心理暗示，他们便满怀信心地走向考场。

　　在云龙桥上，当地一罗姓老乡告诉我："正月十五是云龙桥最热闹的日子，我们在桥下举行一年一度的走古事活动。清朝的时候，我们的老祖宗才徵公曾经在外地当官，他把流传在北方的走古事习俗带回罗坊，就在我们这一带传播开来。"

　　"走古事"是一种类似于抬阁的民俗祭祀活动，融汇了客家文化之后，

福建连城县云龙桥

演变成一场大型民俗竞技运动，至今仍在连城、永定、长汀等县（区）盛行，被称为"客家狂欢节"。每到正月十五正午，客家人便将三太祖师菩萨轿、彩旗、宝伞置于中间，列队从云龙桥走入河床；鼓乐队先互相泼水，再将沿岸的观众泼湿；三响神铳之后，精壮后生抬着古事棚蜂拥下水，不顾天寒水深，争先恐后地逆水狂奔，后棚超前棚，前棚又超后棚，跌倒了再爬起，爬起来再跌倒，兴致异常高昂。至下午三时许，一年一度的"走古事"才在高潮中落下帷幕。可惜，我去的不是时候，只能凭借挂在廊桥上的大幅照片还原与想象当时的盛况。廊桥上走过来一个挑着担子的农人，打了个照面，似乎觉得有些眼熟——或许，他便是照片中某个绽放笑容的观看者。

　　散落在这一带的客家廊桥可谓一个大杂烩，什么样式都有。这恰恰映照出移民的文化特性：他们从中原大地聚集到华南、华东的闽粤赣交汇区，以此为试验田，描摹各地经典的廊桥样本，并鸠工庀材搭建出独具特色的客家廊桥群。客家人宽大的脚板跨过这些廊桥，走向华南广袤的大地，走向更为广阔的海洋。

福建连城县云龙桥走古事

4

湘　桂　黔

崇山峻岭中的侗族廊桥

　　多年前，我驱车千里，从广西兴安出发，经贵州黎平再到遵义。在这条发生过湘江血战的长征道路上，藏匿着绵延不绝的南岭山脉、奇异的喀斯特地貌和丹霞地貌、横空绝世的天生桥、茂密的原始森林等大量自然景观，也聚集着龙胜梯田、盐马古道、原生态的少数民族村寨等人文景观：自然与人文景观互相交织，历史与现实不停转换。如果要给这段路寻找一个地标，侗族廊桥无疑最为合适。这些廊桥或坐卧水口，或矗立村中，或连接两寨，一座座与侗寨标志性建筑鼓楼、吊脚楼民居遥相呼应。它们不仅连通了多彩的民族文化走廊，更是走廊中最为耀眼的建筑明星。

从广西到贵州，长征路上的"红军桥"

　　侗族是古越人的后裔，现总人口约为 300 万，居住区域大致在东经 108°至 110°、北纬 25°至 31°之间，位于湖南、广西和贵州三省（区）毗连交界处。这一带北有武陵山脉，东有雪峰山，南有越城岭，西有苗岭支脉，中有雷公山。这些崇山峻岭中，隐藏着形形色色的侗族廊桥。

　　进入广西龙胜境内，廊桥渐渐多了起来；再进入广西三江县、湖南通道县和贵州黎平县，数目庞大的廊桥开始显山露水——顺风桥、平等桥、孟滩桥、通坪桥、回龙桥、普修桥、回福桥、独蓉桥、永济桥、罗溪桥、岜团桥、普济桥……其中，一些廊桥还有一个响亮的名字——"红军桥"。

一问当地老乡才知道，原来这些桥曾经或是红军开会的场所，或是红军的宿营地，或是战斗遗址，或是张贴过红军的布告，或是留下了红军标语，当地百姓为了缅怀红军先烈，继承和发扬红军长征精神，便纷纷将这些桥更名为"红军桥"。很多廊桥依旧保留着红军战士离开时的模样，它们连同红军史迹，一代代在湘桂黔边民中流传下来，一座座犹如纪念碑，屹立在万里关山中。

到了龙胜县平等镇，首先映入眼帘的是全长94米的孟滩桥，90余根乔木接龙一般地横在桥墩上，每根尾径都在60厘米以上——这是我进入湘桂黔毗连区之后遇见的规模最大的廊桥。桥墩上爬满了碧绿的藤萝，岸边块石垒砌的堤坝上攀长着清香袭人的野花，廊屋的檐瓦上覆盖着苔藓，庞大的桥体倒映在水波上，随着波浪轻轻晃动，恍惚间，如同一轴清新雅致的水墨图。1934年12月10日至13日，第三军团的大批红军官兵从此桥上走过，向着湖南通道县进发。由此，它成为当地家喻户晓的"红军桥"。

龙胜县潘寨屯，如今还完整地保留着一座始建于清光绪二十一年（1895）的廊桥。如果没有后来的一场血战，或许它的名字依旧叫"顺风桥"。桥头立有一块新刻的碑，措辞字字饱含血泪，是对发生在桥上的事件的精准介绍。我抚摸着光洁的大理石，仿佛摸到冰冷而凛然的面孔，红漆字迹昭示着那个血雨腥风的时间点。1934年12月13日凌晨，夜宿

在桥上的一支红军收容队遭到桂军突袭。红军誓死不降，他们以桥为依托，不停地扣动扳机，呼呼的枪弹声如同山间刮过一阵激烈的狂风，十五名战士的生命骤然终止于桥上。村民将牺牲的战士合葬在桥头，如今坟头的树木早已郁郁葱葱，如同一支集结待发的队伍。

与前面两座备受瞩目的"红军桥"不同，在通道县坪坦河上，有一座短促的红军桥。若不是桥头并立的石碑引起我的注意，几乎就要与它擦肩而过。石碑记录了红三军团两名战士牺牲于此。长征路上，绝大多数牺牲者都难以留下姓名，这两名血洒征程的战士也不例外。我们无从考证他们浴血奋战的事迹，只知道最后一刻，他们以从容磊落的姿态离

广西龙胜县孟滩桥

开了人间。廊桥简短，如同他们的生命，却透出豪迈气概。

　　坪坦河上几乎所有的廊桥都与红军有关——1930年12月，红七军途经坪坦乡；1934年9月，长征先遣队红六军团过境坪坦乡；1934年12月，红三军团进驻坪坦乡。红军几番杀进杀出，几乎每一座廊桥上都曾响起红军结实的脚步声和嘹亮的战歌声。兴亡悲欢也好，荣辱成败也罢，都封存在廊桥的记忆中。我一次次站在桥上，细细聆听，似乎还能隐隐听到来自久远处的枪炮声。

　　追随着红军远去的脚步，似乎永远只能看到一个模糊的背影。如果说红军是以脚步来丈量信仰，那么我的重走长征路便是一次用脚步为红军点赞，以身体力行向英雄致敬！一路走来，数不尽的欣悦、疼痛、悲伤在涌动，头脑中不停闪烁着繁杂的思绪。那是一群什么样的热血青年呢？

一路上，除了红军桥，更多散发着浓郁民族气息的廊桥一一显现。在广西龙胜县地灵村和贵州黎平县肇兴村，各横卧着五座廊桥。在通道县有一条仅三十千米长的坪坦河，横卧着十七座大小不一、造型各异的廊桥，平均不到两千米就筑有一座廊桥。就在我为之瞠目结舌之时，发现单是龙胜平等河上就坐落着二十二座廊桥。据不完全统计，在湘桂黔交界的湖南通道，广西三江、龙胜、富川，贵州黎平、从江等地的崇山峻岭之中，竟然隐藏着数以百计的侗族廊桥！

侗桥，奇思巧构的天作之桥

廻（回）龙桥坐落在通道县坪日村，一见到它，便给了我锤击般的震撼。80 米长的身躯跨越坪坦河，犹如巨龙浮游过河。这座极具创造力的廊桥，无论从年代、规模、设计、工艺还是艺术性而言，它都是侗族廊桥的翘楚之作，而且此桥设计不按照常理出牌，让人心中油然生出三个疑问：桥呈新月形，划出一道优美的弧线，为什么会采用这种高难度的建造方式？桥背北面设齐檐柏枋板壁，桥西南设齐胸栏板，桥向南开窗，北侧封闭桥窗，廊屋采光明显受到影响，这样的设计出于什么目的？西边半座桥采用伸臂梁和木拱相组合的伸臂式木拱梁架（也被称为"悬臂式木拱梁架"），东边半座桥采用伸臂式木梁架，难道此桥是分两次建造的吗?

那一天,廻龙桥上人影稀疏,围绕着它,我在时光残痕中寻找蛛丝马迹。面对着它,静下心来,无人打搅我的冥想。旷野一片寂静,只有立在廊屋顶端铜鸟嘴里的簧片在风中呜呜呜叫。我听见自己心跳的声音轻轻跌进坪坦河暗哑的流水中,在丝绸一般平滑的水面上溅起朵朵浪花。

我登上廻龙桥西侧的小山,俯视廻龙桥:它不是朝着东西两侧同时弯曲,靠近西侧的主桥体是笔直的,在靠近桥体东侧时才展现出弧度;而桥堍和桥墩始终处于一条直线。也就是说,廻龙桥形成了墩直廊曲的格局。廻龙桥坐拥坪日村水口,有着拦截风水的寓意,也有着关锁、镇魔、祈福等寓意。事实上,这种弯曲正是出于风水布局的考虑。这条弯曲的廊桥被侗家人视为一条回头龙,桥头方向正对坪日村,暗藏着神龙回头看村护寨的寓意,寄托着侗家人对"国泰民安"的美好期盼。坪日村水口过于宽大,侗族先人为了不使想象中的"财气"外流,便封闭廊屋所有朝北的窗口。现实中,这种构造可以阻挡冬天西北风的侵袭,在廊桥上歇息的旅人和行人不至于在寒风中冻得瑟瑟发抖。朝南的廊屋辟出敞亮的通窗,以便村民欣赏水光山色,眺望自己生活的村子和田野。

在沙滩上,我打开仪器,开始测量河床宽度、两岸高度、廊桥的跨度以及水流速度。通过这些参数,终于揭开了桥体不对称的秘密:笔直的坪坦河流经廻龙桥时向东回环,西侧水流加速,采用工艺更难的伸臂式木拱梁架,净跨达到19.4米,拱架两端各三排圆木从斜刺里杀出,向着三十度角的斜上方层层挑出伸臂,从而提高了廊桥拱架的高度和跨度,便于洪峰到来时保护廊桥;中间的桥墩高大结实,迎水侧的金刚墙远远

湖南通道县廻龙桥

伸出，将洪峰对桥墩的冲击力化解到最低；左侧的沙滩不是主河道，故
而采用工艺难度较低的伸臂式木梁架。我一直在思考，加一个木拱结构
并没有增加太大的建筑成本，为什么工匠要在一座廊桥里使用两种结构？
初始状态的廻龙桥也是这样的结构吗？

　　廻龙桥始建于清乾隆二十六年（1761），其后历经数次修建；规模最
大的一次是在 1931 年；1974 年维修时，改木墩为石墩。据当地老乡介绍，
1931 年的一场特大洪水冲垮了廻龙桥东段桥身，重修时却找不到会建伸
臂式木拱梁架的师傅了，只得退而求其次，建起一段伸臂式桥身，形成
今天这种一桥两结构的形态。此外，廊桥中一般只设一座神龛，而廻龙
桥内分设文昌阁、武圣殿、土地祠，村民们将这些司职不同的神佛一道
请进桥内，期待着他们能够共同护佑村寨风调雨顺、平安永驻。

湖南通道县普济桥

　　同处坪坦河上的普济桥，没有精致的亭台楼阁，桥身刷上了侗族人喜爱的白色，配上黑色的廊瓦，黑白分明的普济桥显得素雅大方。这座外表看似平凡的廊桥，精妙的结构不禁让人拍案叫绝。普济桥始建于清中期，现桥建于光绪二十一年（1895），与廻龙桥西段一样，是一座木伸臂梁和木拱相组合的廊桥——木伸臂梁深深地插进两岸桥堍内，根部以大石弹压，然后叠梁再压大石，如此反复直至两岸伸臂合龙。为了不影响坪坦河上船只通航，侗族工匠穷其所能，不断加大单孔跨径，长度最后定格在 19.8 米，成为湖南省单孔跨径最大的廊桥。湖南省目前尚存近百座木伸臂廊桥，但木伸臂与木拱构造相结合的只有廻龙桥和普济桥。它们的结构与甘肃渭源县的灞陵桥、云南云龙的通京桥大致相同。不同的是，普济桥廊屋没有采用弯弓状，而是采取平脊，不枝不蔓，看上去

广西三江县岜团桥

相当厚实沉稳。

广西三江县岜团寨是一个不显山不露水的侗族村寨，寨内满眼木板房、吊脚楼和高大的鼓楼，沉浸在浓密的树影和芭蕉疏影当中；巷子中时不时传来鸡鸣犬吠声，仿佛依旧沉浸在百年前的农耕时代。苗江河绕寨而过，50米长的岜团桥就飞架在深谷中。就长度、工艺而言，岜团桥在侗桥中并不出类拔萃，年代也不久远，但它造型奇特，人畜分道，人行道高，畜行道低，上下高差1.5米，形成双层结构的"立交桥"。这种人与畜各行其道、互不打扰的人性化设计在福建北部、湖南南部、古徽州地区等地也有发现，但是规模、长度都远不及岜团桥，而且国内所见的人畜分道廊桥都是单层，作为国内最大的人畜分道廊桥，岜团桥还是唯一将人畜两层分道的廊桥。

　　廻龙桥、普济桥、岜团桥只是其中的佼佼者，像这样别出心裁的侗族廊桥不知凡几。数百年来，历代侗家造桥师傅不断注入新的手法，不断吸取外来的先进理念，巧妙地将各种不同造型、结构的廊桥架设在侗乡大地上。可以说，正是设计者和施工者的不凡慧眼、高超手艺以及虔诚的匠心，才营造出这方浪漫的天地。

伸臂式，伸向江河的巨无霸

　　侗族廊桥多数为木平梁式，确切地说是木平梁伸臂式，注重水平分划，桥身平直修长。如果说浙闽廊桥胜在木拱工艺，徽州廊桥美在石拱，那么侗家廊桥则以长度和高度称雄。

　　贵州黎平县被誉为"天下侗乡第一县"，这里始建于清光绪八年（1882）的地坪桥是侗族廊桥的代表作之一。南江河流经地坪寨的水口时，河流发生九十度转折，桥就卡在转折的河湾上。地坪桥长56.88米，廊顶宝珠到水面的垂直距离达22米，它仿佛一把巨锁锁住了两侧断开的山脉。

　　地坪桥设计尤为合理，一座距离水面高约10米的石墩，将桥分为一大一小两个孔洞，左孔净跨为13.77米，右孔净跨21.42米，打破了传统的美学对称观念，看上去显得不太协调。这是由于河流急转弯处流量非常迅猛，设计师有意将桥墩筑在河床正中偏左10余米处，从而避开激流，使得桥墩得到了最大化的保护。可是，20多米的跨度超过了木料所能达到的长度极限。这难不倒侗族工匠，他们按照传统的伸臂式架桥手法，在桥埭和桥墩上各加二层伸臂梁，用于承托主梁，伸臂梁及主梁的两端均以横枋榫连，其间又加横木连成一体。经过层层外挑，从而使右侧桥孔的跨度缩小到 15 米以内，成功地解决了大跨径难题。地坪桥为大跨径侗族廊桥的营造提供了范本。

廊桥摄影师吴卫平曾告诉我，桥上有一位老者，一年四季，从早到晚，都会守在桥上，为路人沏上一杯杯清茶。可惜，我去的时候，并没有遇到老人，也无从打听老人的去处。当我有些惆怅时，桥对岸的学校演出结束了，一群侗族妙龄女子走上桥来，姑娘身穿亮丽的服饰，正好与灰黑色的桥体形成了鲜明的对照。夕阳透过桥窗斜照在姑娘袅娜的身姿上，阳光衬出姑娘精致的眼睑，她们的眸子亮着硬币一样的光泽。清风拂过桥窗，姑娘头顶的银饰发出"窸窸窣窣"的轻响，和着桥下潺潺的水流声，伴着姑娘远去的碎碎足音，那一刻如歌如画。

当我来到河滩上，仰望这座由坚石、横木垒起的空中堡垒时，它的

贵州黎平县地坪桥

湖南芷江县龙津桥

崔嵬程度使我大吃一惊，20多米高的身影压在我的视线中，不禁晃了一下眼，一步踉跄，"扑通"一声跌坐在河中。正当我狼狈不堪地爬上岸，同行的摄影师葛蔼也不慎滑倒在了稻田里。我们相视一笑，为了地坪桥，值得！

　　距离地坪桥300多千米外的湖南芷江县，有一座全长246.7米的龙津桥，它比四座地坪桥长度总和还多出19米，绝对是廊桥中的巨无霸！龙津桥横贯在城外的舞水河上，16座船形桥墩托举着巨大的桥身，七组五层廊屋和八组三层廊屋层层叠叠、檐角飞扬、高低错落，木构架到廊屋顶端最高处达到18米，远远看过去仿佛一把巨大的锯子将水天拦腰锯断，一种跌宕的雄性美奔放在芷江县城上空，不禁让人心潮澎湃，亢奋的情绪也跟随着廊桥的跨度呼之欲出。它甚至比著名的意大利佛罗伦萨廊桥还雄伟。这一长串数字一点都不让我觉得枯燥，它们组成了我能看到的龙津桥，这一道横截在江面的长线距离告诉我，它拥有一项吉尼斯世界纪录——世界上最长的风雨桥！

　　在这一区域，气势宏大的廊桥比比皆是，著名的如洞宫花桥、回龙桥、会清桥、镇安桥、岜团桥、普修桥、程阳桥、孟滩桥等，也有少数超过百米的大型廊桥。从远处望去，这些气势雄浑的廊桥黑压压地横亘在江河之上，如同龙盘虎踞一般守护着一方方水土，它们既充分地呈现出侗乡建筑的气度，又淋漓尽致地体现出中国园林建筑艺术的精华。

侗族廊桥不因长度而疏略了精度，工匠们在廊屋里外做足了文章，将廊屋装点得极富民族色彩。众多廊桥屋顶上建起了亭阁和鼓楼，一组或者多组六角攒尖桥亭突起，犹如一群大鹏准备展翅高飞，尽显灵动之美。很多桥的廊屋间脊、阁楼翘角及宝顶上塑有龙、鸾凤、鸳鸯、仙鹤等神兽和神鸟，以及葫芦、宝瓶、宝珠、八卦等吉祥物。廊内通道和廊外飞檐上均有眼花缭乱的雕刻、绘画、书法、彩塑，横梁、立柱、窗棂色泽鲜艳，显得一派富丽堂皇。一座桥上聚集了多到令人眼花缭乱的艺术作品，侗族人又将廊桥叫作"花桥"。他们常说："鼓楼通天，花桥接地。"接地的花桥不仅接通两岸村寨，更接通侗家人心。

一座廊桥，一条热闹的长街

许多侗族廊桥，不仅仅是村落最好的社交、娱乐、祭祀场所，有的廊桥还衍生出了集市。柴米油盐的人间烟火和精神彼岸的香火共聚廊桥上，形成了独特的廊桥景观——桥市。对于桥对河两岸和附近乡村的百姓来说，廊桥是必经之地，也是最方便的集合处，设在桥头或桥上的"桥市"便逐渐形成了气候。

三江县程阳桥长达 78 米，乍一看如同海市蜃楼一般，或是成群聚集的仙楼琼阁，实则市井气息浓郁。程阳桥地处程阳八寨的交通要道上，集市那天，桥内摆设着长长的摊位，俨然一条热闹的商业街。桥上人满为患，集市就延伸到两侧桥头甚至街巷。农民出售青菜、鸡蛋、猪肉、鲜鱼等农产品以及山货和蜡染、刺绣，小贩贩卖竹制品、木制品和农具，他们一边热情地招呼着顾客，一边不停地讨价还价，整座廊桥人声鼎沸。桥边小吃摊点生意十分兴隆，我在这里尝到了有名的侗家小吃"酸鸭"，一口咬下去，酸辣可口，味道鲜美，又有嚼劲，吃来满嘴生香。

自古以来，龙津桥号称"三楚西南第一桥"，事实上也是西南第一桥市，一座桥就是一条长街，迎面而来是让人目不暇接的闹市生活和市井烟火。桥上店铺林立，人潮涌动，人声鼎沸，市集中的喇叭广告声、讨价还价声竟然掩盖了江水流动的哗哗声，以至于有的外地人到了龙津桥还在打听龙津桥在哪里。由此可见龙津桥桥市之繁荣，甚至让人生出"不识庐山真面目，只缘身在此山中"的感慨。

在侗乡行走，不仅是程阳桥、龙津桥一样的大型廊桥兼备贸易和货物流通的商业功能，几乎每一处地处交通要道的廊桥都是大大小小的集市场所，规模堪比当地集镇的主要商业区。有些桥与镇里的村里的主要街道连成一体，形成了世俗世界的延伸。这些廊桥还是村民娱乐、聚会和休闲的场所，不少廊桥兼作演唱侗族大歌和演奏芦笙的表演场所，一些廊桥会举办盛大的庙会，廊桥逐渐演变成了侗乡人重要的文化空间，他们对廊桥的依赖性甚至超过鼓楼、神庙等公共建筑。这些廊桥的桥屋下，既照耀出数百年来的文风雅事，又映照着一地百姓的生活世态。

广西三江县程阳桥

程阳桥上的民间手工艺人

5

湘　渝　鄂
桃花源中的"廊桥家族"

"晋太元中，武陵人捕鱼为业。缘溪行，忘路之远近。忽逢桃花林，夹岸数百步，中无杂树，芳草鲜美，落英缤纷……"

这是陶渊明对武陵山区的诗意描述。湘渝鄂毗连地区的武陵山脉纵横数万平方千米，在这片神秘的桃花源中，散布着百余座各色廊桥，其中最有特色的当数土家廊桥。土家廊桥外形相似，技法一脉相承，既与汉族、苗族、侗族等民族文化相融合，又保持着鲜明的土家族符号。在这里，廊桥还有一个更具诗情画意的名字——"凉桥"。桥的周围是山水萦回的大美景致，桥上是架空的精神世界，桥的尽头是安居乐业、丰衣足食的俗世生活。

土家廊桥，素面朝天的极简主义者

土家族主要分布在湘、渝、鄂、黔四省（市）交界的武陵山区，他们生活的区域正是陶渊明笔下的"桃花源"。这些曾被称作"武陵蛮"的土家人生活在中国最富诗意的地带，他们通过精巧的技艺，将土家干栏式建筑搬到了桥上，以疏密有致的桥柱分隔空间，似隔非隔，隔而不断，将山水引入桥中，创造出充满诗意的土家廊桥。

湖北来凤县龙家桥

　　恩施土家族苗族自治州位于湖北省西南部，地处鄂渝湘交界处，下辖两个县级市和六个县，面积 2.4 万平方千米，是土家族、苗族、侗族等多民族的聚居区。在这一区域，有咸丰十字路廊桥、利川毛坝廊桥、鹤峰董家河廊桥、来凤龙家桥等数十座土家廊桥存世，而十字路廊桥则是其中的佼佼者。

　　十字路廊桥横贯在十字路口村的野猫河上，长 44.8 米，宽 4.2 米，通高 8.78 米。在廊桥下游百余米处，卧着一道水坝，水位抬高后，河水仿佛踩了一脚刹车，水流变缓变宽，从而保护着桥墩和两侧的堤坝少受激流的冲击。桥上是两层楼阁式的廊屋，正中有一座破屋而出的庑殿顶亭阁，四条青龙翘首仰望四方，嘴里含着红色的宝珠，四条龙尾绕成阁顶，顶上托着一只宝葫芦。它们栩栩如生地盘在屋顶，仿佛随时都将腾空而飞。廊桥正中供奉着一方灰扑扑的神龛——神灵早已不知去向，只剩下一只香炉，里面积着厚厚的香灰。虽然神龛已经空荡荡的，但那里仍然是村民们的精神空间，每月初一、十五依旧有不少上了年纪的村民在桥上烧香祈祷。廊屋横梁上落有一行字迹——"中华民国五年丙辰三月修建"。民国五年即 1916 年，由此可知，新生的十字路廊桥在野猫河的水波间又站立了百年。事实上，十字路廊桥初建于清嘉庆年间，后历经多次修缮，1916 年的那次只是最后一次大规模修建。高大的刺槐树密密麻麻地簇拥着廊桥，枝叶从桥头伸进视线里。绿色让古旧的廊桥生出一些生机，如同一个老者看到了自己年轻时的生动模样。

龙家桥桥口、台阶

湖北咸宁县十字路廊桥

　　秀山土家族苗族自治县位于重庆市东南边沿，东与湘西接壤，西南与黔北相连，地处武陵山区中心地带。据不完全统计，重庆市拥有五十多座各式廊桥，秀山县又是重庆拥有廊桥最多的县，享有"武陵山中廊桥之乡"的美誉。

　　五龙村天生桥是秀山知名度颇高的一座土家廊桥，桥名与桃花源一样烂漫；两岸连畦的田野里，稻花刚刚开放不久，香气在四下飘浮，似乎有着"稻花香里说丰年"的意趣。天生桥背靠五龙山，横跨溪口河，长56米，宽7.5米，高8.5米，是一座四墩五孔的双檐长廊式平梁廊桥。桥的两端各建有一座威武的砖墙石门楼，门额上刻有"天生桥"三个古韵悠扬的大字。天生桥诞生于清光绪二十九年（1903）。历经一百多个寒暑，桥廊上的木头表面显现出一副饱经沧桑的样子。踏上天生桥的桥板，仿佛穿越时光长廊，走着走着，就从浮华的外界走向了不知今夕是何年的"桃花源"。

　　此刻，五龙村在晨光里睁开蒙眬的睡眼，炊烟四处袅袅升起，整个村落上空笼罩着烟气和水汽，看上去一片雾蒙蒙。村后高耸陡立的大山从云雾深处钻出来，慢慢聚拢到眼前。廊桥似乎尚未醒来，修长的身影卧在水波上，将明净的水面隔成了两段。晨起的农人扛起锄头穿过廊桥，熟人之间打着招呼，农人身后的牛踩着木板，可以感受到桥板在微微晃动。过了许久，三三两两的老者来到桥上，坐在桥凳上，倚着美人靠，一边喝着茶一边聊天。一个老者远远地坐在角落里，闭着眼睛收听音乐，

重庆市秀山县天生桥

天生桥桥头

嘴里发出"呜呜"的哼唱声。几个老太婆聚在一起纳鞋底，拉着家常，发出阵阵欢笑。

　　土家族人喜欢将廊桥称为"凉桥"。九间桥位于恩施市双河乡校场坝村，始建于清嘉庆三年（1798），长 30 米、宽 4.6 米，为双孔石梁廊桥。桥上建有九间廊屋，当地人称为"九间凉亭"。一个"凉"字让人想象在炎热的夏夜里，凉风习习，微波荡漾，土家族人聚集在桥上纳凉；或高谈阔论，或家长里短，或呢喃低语，或嬉戏玩耍，道不完的尽是乡情、亲情与爱情。

　　在土家族聚居区，廊桥大都以杉木为主要建筑材料。在梁柱上凿出无数大小不一的孔眼，榫卯对接，斜穿直套，不费一铁一钉却坚固无比。可能是受经济条件制约，也可能受土家族人实用至上的原则影响，这一带更多的是古朴素雅的廊桥，比如宣恩县的姚家湾桥、汪家寨桥、将科桥、将军桥、红军桥等多座廊桥。它们相对较短，廊桥上少有繁缛的木雕、砖雕、石雕和层层叠叠的斗拱、花瓣一样开放的藻井，桥饰非常简洁大方。大部分土家廊桥没有上漆，通体灰黑，如同一个个不施脂粉的小家碧玉，素面朝天，却天生丽质。它们不动声色地融在自然之中，不事张扬地隐于村落之间，将土家人的极简主义放大，反倒现出莫名的诗性。

莫道土家廊桥"土"，土家廊桥的文化内涵并不落后。在很多廊桥上会挂有寓意深远、意境唯美的对联，书法俊秀疏朗，笔力精到娴熟。一路走来，一路吟诵，桥上满是琅琅书声，充盈着浓浓的诗意。在巴东朱砂廊桥的桥头挂有一则上联："茶献黄芽，茅屋空山延诗客。"它静候文人骚客续接下联，直到一身斑驳，依旧独悬桥头。

钟灵桥，土司建造的传奇廊桥

湘渝鄂毗连处大部分区域在历史上属于土司的领地。土司专指"世有其地、世管其民、世统其兵、世袭其职、世治其所、世入其流、世受其封"的土官。大大小小的土司在这一带留下不少土司城、土司府、土司官寨等建筑，恩施唐崖土司城、湘西永顺老司城以及贵州海龙屯遗址甚至在 2015 年入选《世界遗产名录》。那么，在众多的土司建筑遗产中有没有留下土司建造的廊桥呢？查阅资料后，我发现重庆秀山县司城村

湖南龙山县凉亭桥

有一座清光绪年间土司捐建的钟灵桥。

　　雍正四年（1726），清廷为了加强中央集权统治，开始对西南地区进行大规模的改土归流，将土司自治改为流官管理。乾隆元年（1736），清廷始置秀山县，结束了秀山地区的土司建制。秀山管辖权收归中央后，

土司这一世袭的官名已经不复存在。既然秀山土司建制一百多年前即已裁撤，这个土司又是从何而来？又是如何捐资建桥的呢？

带着一系列的疑问，我从秀山县城出发，沿着 326 国道向西南方向行驶十多千米，再拐入县道，跨过平江，不久便到达司城村。这是一座

重庆市秀山县客寨桥

传统的土家族村寨，村里还保存着一座建于清代的土司府。土司姓杨，从元代开始，杨氏一族便掌控秀山的西南部，管辖时间长达三百多年。可是，我并未在司城村找到钟灵桥，一连询问好几个当地老乡，他们回应我的都是一脸茫然。

直到遇见一位退休的杨老师。他告诉我，钟灵桥在距离司城村一千米开外的客寨村，现在叫"客寨桥"。他还告诉我："钟灵桥早在元代就有了，是司城村的杨氏土司所建，是一座三孔石拱桥。到了清代道光年间，一场特大洪水将石拱桥冲垮。为了延续土司家族在秀山的威望，也

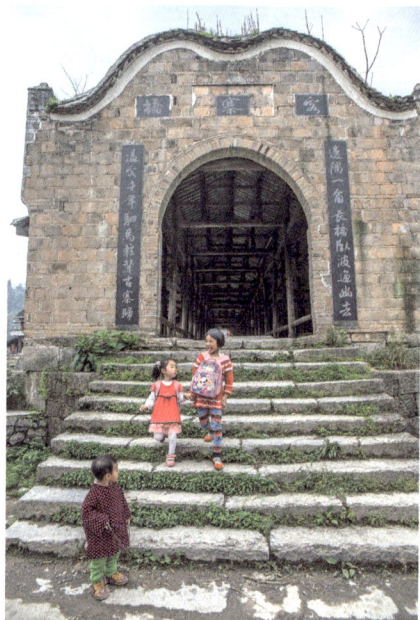

秀山县客寨桥桥头

是为了行善积德，当时杨氏掌门人对钟灵桥进行了重建。杨氏的土司官职虽然没了，但当地人还是习惯于称杨氏掌门人为土司老爷，也有人将杨土司捐建的桥称作'土司桥'。"

　　到了客寨村，一眼就瞥见平江上横跨着一座身姿高耸、线条饱满的廊桥，桥头石碑上明明白白地刻着"客寨桥"三个大字。与冲毁前的石拱桥不同，这是一座五座桥墩的木平廊桥，长度近 60 米。桥上建有三重檐硬山式廊屋，采用土家族传统的干栏式结构，迎水一面三层檐，背水一面两层檐。

重庆市忠县两河桥

　　客寨桥背后，流传着一个在当地广为人知的故事：两个在武陵地区颇有名望的建桥师傅得知杨土司要造桥，便上门应聘，要求承接建桥工程。土司难取高下，于是提出一个方案——两支队伍从南、北同时开建，谁先到达平江中间界线，就能得到整座桥的报酬。土司的这一决定，无非是想让其中一家知难而退，或者是引入竞争机制，使得廊桥更快更好地建成。想不到这两个师傅犟上了，他们不假思索地应承下来。他们不愿意退出，是想趁此机会打垮对方，独享一座桥的报酬。随着土司一声令下，两支施工队伍铆足全身的气力，夜以继日地赶工。

　　一只只桥墩立在了江面上，一根根木梁架在了空中，一块块桥板向着江心伸展……出乎杨土司的预料，原本预计两年才能竣工的廊桥，不到一年就将合龙。但是，此时问题出现了：两支队伍闷头抢工期，各干各的，缺少协同，桥梁的走向出现了偏差。当他们几乎同时接近中线时，发现两边的木梁错缝太宽，大梁无论如何都无法合龙。斗智斗勇了一年的两位师傅顿时傻了眼，他们没了争强好胜的心气，一同到土司府去赔罪认罚。杨土司问明情况后，并没有责怪他们。他沉思了片刻，让他们在桥中间建一座亭子，两边的木梁架在亭子上。依照杨土司的金点子，一栋飞檐翘角的桥亭在桥中间矗立起来，大桥得以顺利合龙。

我眼前的廊桥并没有故事中的桥亭。询问当地老者才知，原来桥廊正中还真有一座桥亭，只是六十多年前已被拆除。当我站在桥南廊屋出口处，沿着桥面的石板路向北张望，一眼便看到头，我可以感到桥梁略微带有一点弧度，但不存在桥在中间转折的情况。这不禁让我对这个故

重庆市酉阳县迴龙桥

事的真实性产生怀疑。或许当地人觉得，一座雄伟的廊桥必须要有一些经典故事才能证明它的传奇。事实上，作为"土司"建筑遗产，这座桥本身已经足够传奇。

各色廊桥，跨越在喀斯特地貌上

当你在湘渝鄂毗连地区神秘幽深的喀斯特地貌上，游走绝壁峰丛间时，数量可观的土家族廊桥便扑面而来，不时也会有造型奇特的石拱廊桥留下惊鸿一瞥，名气大的如重庆忠县两河场两河桥、重庆丰都县新建村锡福桥、湘西凤凰古镇的虹桥等。

位于重庆合川与四川华蓥交界的界桥五星廊桥，清道光二年（1822）由川渝两地人共同捐资修建，四墩五孔，长 60 米、宽 6 米、高 5 米。现在以五星桥中线为界，桥南属重庆市，桥北属四川省。桥上原有六户人家，四川、重庆各三家，开有药店、杂货店、青菜铺等店铺，前些年集体搬离。一直以来，两地人都将它视为共同的财产，2007 年被列为四川省文物保护单位，2009 年被列为重庆市文物保护单位——一桥跨越两省（市）的廊桥在中国不多见，一桥双"省（市）保"的廊桥更属罕见。

我第一次去五星桥，中午在桥南吃饭。店主告诉我："五星桥曾是广安、岳池、华蓥与合川、重庆往来的必经之地，解放前很热闹，每天有几十架轿子、滑竿过桥。打日本、老蒋的时候，游击队之母'双枪老太婆'陈联诗由重庆运枪弹回华蓥山，多次经过五星桥。"四川人出了名的爱打麻将，令人惊讶的是，他们居然将麻将打到了五星桥上。桥上是"哗

重庆市合川区五星桥

重庆市丰都县人民运动桥（王剑摄）

湖南凤凰县虹桥

凤凰县虹桥桥头

哗"的洗牌声，桥下是"哗哗"的流水声，两种声音汇集在一起，步调一致，显得非常和谐。

沈从文在《膝回生堂的今夕》里曾写道："那桥上有洋广杂货店，有猪牛羊屠户案桌，有炮仗铺与成衣铺，有理发馆，有布号与盐号。我既有机会常常到回生堂去看病，也就可以同一切小铺子发生关系。我很满意那个桥头，那是一个社会的雏型，从那方面我明白了各种行业，认识了各样人物。"文章中频频出现的大桥就是湘西凤凰古镇的虹桥。由沈从文的笔下可知，当时的虹桥是古镇最热闹的商业聚集区。今天的虹桥依旧如此，桥上商铺林立，游人摩肩接踵。

虹桥是一座始建于明洪武年间（1368—1398）、重建于清康熙九年（1670）的石拱廊桥，长 112 米、宽 8 米、高 10.2 米。砂岩条石砌出的巨大桥身压在沱江上，朱红色的桥体映照着沱江，远远望去宛如天上的彩虹落到江上，将水面漂染得一片通红。每一座古城似乎都有古桥，每座古桥又都是古城建筑的精华。虹桥是凤凰古城最古老、最耀眼、最华丽的建筑明星之一，古城古八景也全部围绕在它周边，一江潋滟的澄波，映照出四周明媚的风光景致。桥接之处，左右各有一山，下游正对青龙山，三山皆有寺庙楼阁。虹桥接通三山，也接通了诸多寺庙，可谓契合佛教所说的"普度众生"了。虹桥脚下是埠头，一级一级地伸向沱江。想当年，苗乡人将一袋袋洋货和南货从船上卸下，又将一筐筐山货装到船上，随船飘向远方。

除了石拱廊桥之外，不得不提一座结构与美国旧金山大桥类似的廊桥——丰都县包鸾镇的人民运动桥。它横跨包鸾河，从桥名便可得知这是一座带着时代烙印的廊桥。果然，在桥头竖有一块纪念碑，镌刻有"庆祝运动桥成功纪念""人民力量""丰都县第二区农民协会赠"等字样。这是一座建于土改运动期间的木结构廊桥，如果没有这块碑文，无论从哪个角度看，此桥都与古桥无异。人民运动桥长 28.8 米、宽 5.2 米、高 4.5 米，虽然规模不大，但是设计得非常巧妙，居然是一座吊桥。据当年参加建桥的师傅讲述，桥上最长的横梁有二十多米，是由几十个青壮后生费尽周折才从山上搬运过来的。这些木头的生命从土地上结束，又在水面上重生。它们放弃自己的个体，组合成一个集体生命，焕发出新的生机和光彩。

廊桥传承到明清时期，随着石拱技术的发展，坚固耐用、不易损坏的石拱桥开始大量出现在武陵山区，不过造价低廉、取材便利的木廊桥依旧是乡民的首选，木构廊桥仍是主流。在常人眼里，这些外表和内里差不多的廊桥，具有类似性，仿佛只是不停地复制。其实这些貌似重复的桥没有一座是相同的，那些千变万化不仅在于桥的长短高低，还在于它们因地制宜的创造性，更在于与自然山水的诗意并行。它们尽情地伸展在遍布奇峰怪石的喀斯特地貌之中，掩映在万树山壑之间，栖息在激流险滩上，风姿绰约，仪态万千，"藏在桃源人未识"。

6

大 江 南 北
成 群 廊 桥 剩 几 何

　　除"浙南闽北""徽州地区""闽赣粤""湘桂黔""湘渝鄂"等成规模的廊桥群之外，在大江南北，还分布着一些规模较小的廊桥群，更多的廊桥沧海遗珠般洒落在各地，我们无法准确计数。或许不经意之间你就会与它们邂逅，而它们，也在用独特的建筑语言，诉说自己的前世今生。

江南北国，廊桥的各种诗意相遇

　　在江苏南部、浙江北部这片传统意义上的江南水乡地带，分布着不少景观廊桥和亭桥。它们以石拱、石平桥为主，著名的有江苏苏州拙政园小飞虹廊桥、同里三亭桥、木渎朱家小廊桥，上海青浦区朱家角镇惠民桥，浙江嘉善县西塘镇送子来凤桥、宁波市镇林村万安桥、绍兴市柯桥区华舍村后殿廊桥等。杭州西湖上也点缀着不少亭桥，小巧玲珑，亭亭玉立，精致典雅，每一座都是古人留下的精品力作，成为点缀在湖上的朵朵奇葩。

　　江南文人借园林寻找理想的"桃花源"，半亩荷塘，水榭亭台，通幽曲径、咫尺山林……甚至将缩小版的廊桥也搬进自己的栖身之所。它们犹如一朵朵盛开的花朵，在园林主人的心中一一绽放。在江南园林的代表之作苏州拙政园中，山水萦绕，亭榭回廊，石拱桥、石板桥恰到好处地接串其间，但最有特色的是一座名为"小飞虹"的廊桥，也是苏州园林中唯一的廊桥。这座桥实际上是架在水池上的游廊，一边连着从倚玉轩过来的长廊，一边通向得真亭。从建园算起，小飞虹至今已有五百多年历史。

"小飞虹"取自南朝宋鲍照《白云诗》"飞虹眺卷河，泛雾弄轻弦"。桥体为三跨石梁，微微拱起，呈八字形；三间八柱，线条清晰；石柱、石梁简洁大方；桥面两侧栏杆由万字木格组成，万字纹连续不断，寓意着万福不断；廊檐下饰以倒挂楣子，也是连续不断。桥与岸相接，廊与亭相连，路与陆相通，它不仅是连接水面和陆地的通道，而且构成以桥

江苏苏州市小飞虹桥

江苏吴江区同里镇三亭桥

为中心的独特景观。小飞虹纤细的身姿倒映在水中，朱红色桥栏将流水染得红艳艳，恰似一道卧水飞虹。一座小巧玲珑而古雅精美、色彩艳丽的廊桥仿佛喧宾夺主，在园林中显得格外引人注目。

明代画家文徵明与园主王献臣交往甚密，王献臣经常邀其宴饮、赏游拙政园。嘉靖十二年（1533），应好友王献臣之邀，文徵明撰写了一篇《王氏拙政园记》碑记，其中就记载有小飞虹。文徵明对小飞虹有着一种不寻常的偏爱，曾写下"落日倒影翻晴波""朱栏光炯摇碧落"的赞叹诗。

江苏昆山市同里镇四面环水，有近五十座美轮美奂的古代桥梁，其中三亭桥是唯一的廊桥。三亭桥的建造式样很是别致：石块砌筑的桥墩由河岸两侧伸展进入水中数米，上面架有条石为梁；四根直立、四根斜立的木柱支撑着三个青瓦廊顶；两边的廊顶略小，为歇山顶式样，中间的较大为攒尖顶式样，尖顶装有一枚宝珠钮。远远看去，三亭桥犹如三个戴冠的谦谦君子，正在谈经论道。

江南亭桥中，最为著名的当属建于清乾隆二十二年（1757）的扬州五亭桥。为了迎接乾隆皇帝第二次南巡，在巡盐御史高恒的主持下，当地盐商纷纷捐资，在瘦西湖上仿照北京北海的五龙亭和十七孔桥建成五亭桥。这座桥平面作 H 字形，在四个角上建四座单檐方亭，在中间修一座重檐方亭。五座亭桥如同出水莲花，绽放在湖面上，远远看去仿佛小蓬莱一般，既具有皇家的开阔大气，又透着江南的钟灵毓秀。中国著名桥梁专家茅以升曾评价道："中国最古老的桥是赵州桥，最壮美的桥是卢沟桥，最具艺术美的桥就是扬州的五亭桥。"

五亭桥是个特例，更多江南亭桥的图样被送进京城，与它们相似的身影频频出现在北京颐和园和河北承德避暑山庄。湖岸逸出簌簌柳花，湖风飒飒浅唱，远方峰峰岭岭，近处亭台桥阁，湖上楫声桨影，桥上凤箫声动，波光晃晃悠悠，倒映着色彩斑斓的桥体，它们完美地融入园林之中。在颐和园昆明湖畔的西堤上，几乎被满目烟柳包围，乾隆皇帝将沉浸在柳色中的第六桥命名为"柳桥"。"月上柳梢头，人约黄昏后"，一个"柳"字让人充满了想象，但这座柳桥其实是克隆了杭州西湖"柳浪闻莺"的片段及意境。荇桥、豳风桥、镜桥、练桥、柳桥等亭桥出水芙

江苏扬州市五亭桥

北京市颐和园柳桥

蓉一般地点缀在园内，它们既起到通连的作用，又合理地分隔了水面空间，增加风景进深。

　　河北承德避暑山庄，一株株残荷的身影映照在湖面上，在寒冬中显得分外肃杀。与成片残荷相伴的是湖上的主要建筑——"水心榭"。这座皇家园林中的廊桥始建于清康熙四十八年（1709），桥上列着一对重檐四角攒尖式方亭，中间为进深三间重檐水榭，琉璃瓦、红色栏杆、廊上彩绘的倒影锦缎一样交织在水中，在清冷中显得热烈而奔放。

　　这些北国亭桥与江南园林亭桥长着兄弟一般相似的面孔，坐落在皇家园林中，虽然显现出尊贵气派，但没有骄纵之气，细细品赏也不失文人雅趣。作为实用型向景观型发展的典范，它们坐落在水网地带就是普通的交通建筑，身在园林又立时充满了诗情画意和浪漫色彩。

滇西廊桥，"南方丝绸之路"上的飞虹

　　英国人霍尔在《东南亚史》中写道："公元前二世纪以来，中国的丝绸从缅甸经印度到达阿富汗，远及欧洲。"这条道路是中国古老的国际商

北京市颐和园豳风桥

河北承德市避暑山庄水榭廊桥

承德市避暑山庄水榭廊桥牌坊

贸通道之一，被称为"南方丝绸之路"。它由成都经雅安、西昌，到云南昭通、曲靖、大理、保山，翻越高黎贡山至腾冲，再从德宏进入缅甸转道泰国、印度、中东。云南西部是"南方丝绸之路"上的重要节点，一座座廊桥飞架在澜沧江上，贯通了被江水截断的道路。当年，多少马蹄声响彻桥面，多少人踩着木板走向那些遥远的国度，寻找属于他们的光荣与梦想。

一张 20 世纪初发行的明信片中，出现了一座弓背的廊桥。在明信片上方，扭动着一行法文，大意是说"这是云南的一座吊桥"。这座当时人眼里的吊桥就是云南单孔跨径最大的伸臂式廊桥——通京桥。它坐落于云龙县大包罗村，又被称为"大包罗桥"，现名"解放桥"。

20 世纪初，清王朝寿终正寝，中国迎来民国新纪元。在中国天翻地覆之时，西南边陲的云龙县一如既往地沉浸在世外桃源的宁静当中。明

信片的发行地是当时东南亚越南、老挝、柬埔寨等国的宗主国法国，这个西方帝国一直虎视眈眈地盯着我国西南边陲之地，对云南的山川地形、军事、政治、经济、文化等了如指掌。一张小小的明信片，透露出殖民者的居心，也让我们见识了通京桥的旧颜。

通京桥始建于清乾隆四十一年（1776），重建于道光十五年（1835），长40米，跨径29米，采用木方交错架叠，从两岸层层向河心挑出，中间用长12米的五根横梁衔接，上铺木板组成桥面；桥上覆盖曲形廊屋，两侧有裙板遮挡，内设木凳，供行人歇息，桥两端建有牌楼式桥亭。通京桥距离北京万里之遥，取这样的名字明显有些牵强，是不是其中另有深意呢？

一打听才知道，原来清代白羊厂银铜矿运银通道经过此地，当地人管白银叫"金子"，也就是钱的意思，所以叫通金桥。白羊厂开办于乾隆三十八年（1773），鼎盛时期年产白银四十一万七千二百两。为方便搬运

云南云龙县通京桥

白银矿石，官、商出资将藤桥改建廊桥，取"财通京城"之意，定名通京桥。当地老人说："当年大包罗村是古商道上的一个重要驿站，马帮运银的路线从白羊厂经通京桥到达大理、昆明，最后运到京城。通京桥也是'盐马古道'的必经之处，那时经过通京桥的过路人和骡马相当多，成天听到马蹄踩在桥面木板上发出沉闷的声响。"今天的通京桥已经不是交通枢纽，它最大的功能是满足大包罗村民及附近乡民的出行。至于为什么叫"解放桥"，我想这应该是 1949 年后更的名吧，就像很多城市中都有解放街、解放路、解放桥一样。

　　同属云龙县的顺荡村也有一座伸臂式廊桥——彩凤桥。传说桥梁合龙时，彩凤绕桥飞舞，因此取名"彩凤桥"。彩凤桥长 33 米多、净跨径 27 米、宽 4.7 米、高 11 米多；桥身采用圆木交错架叠的方式，从两岸桥墩层层向河中心挑出，如同斗拱一样伸展，在两端斗拱相距 9 米时，再用五根横梁衔接；上铺木板组成桥面，并于桥身上覆盖房顶。彩凤桥

云南云龙县彩凤桥

彩凤桥内景

云南云龙县惠民桥

是顺荡盐井等"五井"井盐外运的重要通道，廊屋中立有一通清乾隆
四十七年（1782）的《云龙州官告示碑》，将官府颁布的过桥规定一一刻
勒其上，告诫行人、马帮必须严格遵守，否则必遭严惩。

　　云龙县地处横断山脉南段澜沧江纵谷区，怒山山脉、云岭支脉等绵
延群山纵贯县域，落差大、流量猛、冲击力强的澜沧江及支流沘江穿境
而过，到处是被江水切割得破碎复杂的地貌。在这些纵横交错的高山河
谷中，廊桥是极其重要的交通建筑。通京桥、彩凤桥、永镇桥、检槽桥、
杨柳桥、惠民桥等二十余座云龙廊桥，越过山河的阻隔，跨过时间的天
堑，一直走到今天。站在检槽乡的检槽桥上，我看见一支驮着货物的马
队从对面的山边走来，马背左右各驮着一只鼓鼓囊囊的货袋。马匹"嗒
嗒嗒嗒"地踏着石阶走进廊屋，马蹄踩在木板上发出沉闷的回响，马头

云南云龙县永镇桥

上的铜铃"叮当叮当"地晃动着。领头的是一匹健硕的褐色马，赶马人穿着牛仔衣，脚穿军绿色的胶鞋，手上扬着马鞭，他们步伐一致，从眼前不紧不慢地走过。

在腾冲市龙川江上，飞跨着永顺桥、通济桥、民福桥等多座廊桥。其间，最为知名的当属野猪箐桥，长达 40 多米，与江面垂直距离有 10 多米。历史上，它是南下翻越高黎贡山的过江要道。野猪箐桥学名"成德

永镇桥古匾

永镇桥底部结构

永镇桥内景

桥"，因为常有野猪出没而得名。该桥最早为藤桥，再改为铁索桥，最后改建成一座伸臂式廊桥。与浙闽地区廊桥多用杉木不同，野猪箐桥的建筑材料取自当地生长的有着"植物黄金"之称的楸木。古代木构建筑多以榫卯连接，绝大部分廊桥不需寸钉片铁，铁器在廊桥上是十分少见的构件。野猪箐桥的桥梁以圆木叠压固定，梯级支撑，罕见地以铁链牵拉，建起来省工省料，修起来便利省时，还有很强的抗洪能力，创意十分巧

云南腾冲市永顺桥

云南腾冲市通济桥

云南腾冲市野猪箐桥

妙。野猪箐桥坚固异常，虽经数百年的风吹雨打、人走马踏，仍像巨龙一样稳跨江上，静静地注视着过往。

伸臂式廊桥是这一区域特色最为明显的廊桥。廊屋呈现出弯弓的弧度，远远望去如同木拱廊桥一样，所以又被称为"伸臂式木拱廊桥"。桥两端建有牌楼式桥亭，在建筑风格上参照白族照壁的做法，墙面上精心绘制各种吉祥图案。从结构特征来看，它们与陕西、甘肃一带的廊桥有血缘关系；从建造技术来看，它们又吸收了浙闽木拱廊桥的养分；从廊桥建造年份迟于上述地域的角度可以做出推测，这一带的廊桥可能与明洪武年间大量的军事屯垦移民影响有关——移民带来了各地的廊桥建造手法，又融入白族等民族的文化和当地地域文化，从而影响和推动了云南廊桥的发展。与其他地方不同的是，滇西廊桥主要功能就是交通，并不承载宗教和祭祀功能，廊桥中几乎找不到神龛和佛像，乡民也不在廊桥上祭祀。

据不完全统计，云南尚存几十座廊桥，大致分布在云南西南部的大理州、文山州、保山市、普洱市等地，县一级最多的是（大理州）云龙县、（保山市）腾冲市、（文山州）广南县等地。廊桥的数量、质量和知名度与云南的石拱桥相比处于劣势。虽然石头远比木头坚固，但木头具备更强的可塑性，建有廊屋的廊桥如同一片枝繁叶茂的森林，可以为乡民遮风挡雨，它们远比石桥更具人文情怀，更受乡民喜爱。

云南西部地势复杂，河谷幽深，水流湍急，在没有钢制脚手架、电动工具、机械起吊设备、精密水平仪器的时代，工匠们凭借自己的经验、胆识、智慧、无与伦比的创造力，以及团队精神和敬业精神，在高山峡谷之间，在田间地头，在激流险滩中，架设起一座座各色廊桥。廊桥是匠人们的匠心演绎之作，是他们人生中最重要的礼物。滇西的廊桥上留存不少能工巧匠的姓名，可惜的是，在廊桥翻修和重建过程中，很多廊桥没有完好地保留前人的遗迹和信息，后人往往在大梁上刷一层漆，重新写上建桥师傅的姓名。他们或许更看重桥的质量，名字是质量和信誉的保证书，而那些过往的老桥在完成历史使命的同时，也宣告老一代建桥师傅的使命已经完成，新一代的师傅们接过接力棒，承担起新的责任。随着岁月的流逝与变迁，多少建桥的能工巧匠都淹没在历史的长河中，他们的姓名封存在厚厚的油漆之下，只留下无与伦比的精彩。

川陕甘，中国廊桥的发祥地

川陕甘毗连地区（含四川绵阳市、广元市，陕西汉中市，甘肃陇南市，等等）是峰峦叠嶂的大巴山脉，山高路陡，河流湍急；这里是一块极易被廊桥追寻者忽略的地区；这里的廊桥带着初始印迹，短小精悍，简洁干净，少有华丽的装饰——猛然让人想起，这里才是中国廊桥的发祥地。

"蜀道之难，难于上青天！"即使在交通极其艰险的四川北部也有不少廊桥，其中绵阳市的廊桥数量较多，有安州区五福桥，盐亭县来龙桥、回龙桥、迎禄桥，梓潼县弥江村弥江桥，三台县观桥镇观音桥，江油市合益桥、红军桥，平武县松桥，等等，它们隐藏在千山低缺处，清幽谷壑间，百步九折的山溪上。

五福桥坐落在绵阳市安州区千佛山，是一座建于明末清初的木平廊

四川江油市合益桥

桥。五福桥的名字来自它所在的五福村，而五福村取自"福禄寿喜财"五福临门之意。如果仅仅是"五福"，无非又是一句寻常的吉祥祝福语，然而它还有一个昵称——"姊妹桥"。原来，两座大小、高矮、宽窄几近相同的廊桥共同利用一块卧于茶坪河中的天然巨石作为桥墩，两桥相隔六米，仿佛一对坐在石头上的亲姊妹，正在促膝谈心。它们的身影倒映在翡翠一般碧绿的清溪中，如同照着波光在梳妆打扮，尽情地显露出天姿之美。2008 年"5·12"大地震，五福村李家茶园五十多户房屋全部倒塌，神奇的是，近在咫尺的姊妹桥却安然无恙。救援物资从廊桥上源源不断地送到灾民手中，它成了灾民的救命桥，真可谓名副其实的福桥。

　　1939 年，中国营造学社学者刘敦桢教授考察四川西部灌县（今成都都江堰市）古建筑时说："至玉堂场，稍憩。附近桥梁，俱施廊屋，如吾乡制度，又多以木架代石墩，且各间之梁，无托承其两端。"至少在八十年前，四川中部还有不少廊桥存在。可惜的是，现在只有都江堰蒲阳兴隆桥、蒲阳桥，成都市温江区崇江桥，乐至县会龙桥，简阳市利济桥等为数不多的廊桥顽强地挺立下来，成为弥足珍贵的物质文化遗存。

甘肃陇南市和陕西汉中市的廊桥虽然数量不多、规模较小，并不显山露水，但不乏精巧之作，如甘肃陇南市文县铁楼乡康庄桥，宕昌县鹿仁藏族村鹿仁廊桥，陕西康县云台镇中山桥、大南峪镇窑坪桥、药铺沟村三功桥、团庄村龙凤桥，安康市紫阳县高桥镇东河桥、西河桥，等等。这一带的廊桥以挑梁式木平廊桥最为著名，其中尤以文县石坊村的合作化桥最为精彩。

2009 年 5 月初的一天午后，文县石坊村村民冯志文带着我们走进村边一条羊肠小道。他走得飞快，一下子就把我们甩在身后。当我们气喘吁吁地登上白水江一侧的悬崖，看到对面是重峦叠嶂的大山，山间飘浮着朵朵白云，顺着山势逶迤飘飞，幻变出奇丽的云雾奇观。顺着冯志文手指的方向望去，合作化桥从云雾中钻出来，关卡一样据守在眼前。冯志文告诉我们："这里北面有泥山，南面有张家山，东面有杨家山，西面有柳元山，群山围绕，通往阴平关只有走合作化桥一条路。"

阴平关自古扼守"陇蜀咽喉"，其险要程度堪比剑门关，多少次朝代的兴亡更替与这座廊桥紧紧地联系在一起。合作化桥古称"阴平桥"，最早为铁链式吊桥，魏国伐蜀以后桥址多次变迁：明末被匪寇焚毁后重建，清康熙四十一年（1702）复建木桥，咸丰六年（1856）重建玉垒关木桥，

四川安州区五福桥

1949 年 12 月，败退的国民党军队为了阻止解放军追击将桥焚毁，1955 年按照古法重建为合作化桥。

除此之外，别具一格的还有陕西安康市高桥镇的东河桥、西河桥，高桥镇的得名便与这两座廊桥有关。两座廊桥始建于清乾隆六十年（1795），一座跨越西河，一座跨越东河，相距百米之遥。桥下的河水在镇前相拥成权河，流向不远处的任河，最终汇入汉江。它们的结构、大小大致相仿，跨度约 15 米，宽不到 3 米，两侧设有木栏杆和长木凳，供过往行人休息。两座廊桥是高桥镇的地标性建筑，为了便于区别，乡民们按照廊桥所在方位细分为东河桥和西河桥。它们与这一带的廊桥有些差异，主要体现在桥头：两端建有青砖砌成的拱门，门顶为官帽形的马头墙，既飘逸着淡淡的民国风，又透着些许徽派廊桥的影子，廊屋的结构还是清代的味道——不大的廊桥，却呈现出多种时代的印记。

《紫阳县志》中对高桥有着翔实的记载："高桥，在县南内权河，一跨西河，一跨东河，乾隆末杨道仁倡建，嘉庆九年周桂重建。道光三年，周泰兴倡建石桥。道光七年，庞泰然捐修西河桥；十二年，周一刚捐修

甘肃文县康庄桥

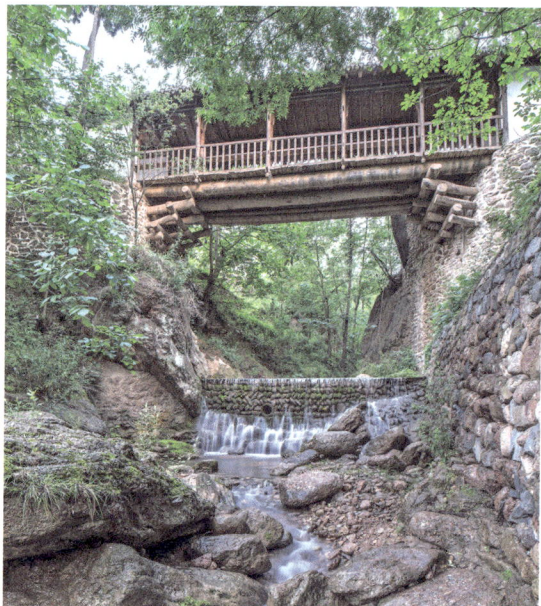

甘肃文县龙凤桥

甘肃文县合作化桥

陕西紫阳县西河桥

陕西紫阳县东河桥

紫阳县西河桥内景

东河桥。光绪乙巳年，武生金玉堂、左伦忠词募补修。"县志记载的最后一次大修在光绪乙巳年（1905）。当时，清政府的国门早已被西方列强轰开，"西风"吹拂到大江南北，大量西洋风格的建筑在各地涌现，远在陕西的紫阳也未能置身事外。或许，西式拱门便是在这次修缮过程中植入的西洋格调。其实，在两桥廊屋的横梁上还记录了民国十年（1921）的一次维修，修补总监、帮办、经理、首仕、木匠及捐修人士的名字有序地排列在梁上。或许，拱门的改造来自这次维修。可以确定的是，这是后世在修缮廊桥的过程中不断添加时代元素的缘故。透过一只小小的门洞，高桥人看见了外面世界的精彩，外面人窥见了高桥人审美情趣的变化。

（美）克劳德·皮肯斯拍摄的不知名的廊桥

高桥历史上最后一次大修时，美国人克劳德·皮肯斯才五岁。1936年，三十六岁的克劳德·皮肯斯作为一名牧师，与其他传教士一起深入到中国西部地区进行考察研究，从河南、河北、山西到达陕西，再深入甘肃、宁夏、青海、内蒙古等地，行程远涉西藏。克劳德·皮肯斯拍摄了大量的黑白照片，记录着中国内陆各民族的风土人情和苍凉的自然风光。聚焦到皮肯斯眼睛中的还有数座廊桥，其中两座位于青海省循化撒拉族自治县，它们矫健地横跨在黄河上游的支流上。两座廊桥均为悬臂挑梁木结构梁架，小桥斜八字撑，大桥多重挑梁，两桥皆有两座斗拱式枋门，廊屋与桥面以 X 形圆木交叉连接。它们具有斜拉式吊桥的技术特点，又具有西北建筑的特征，既实用又美观。我们无法知道它们的建造年代、建造者、桥名等任何讯息，它们只在历史中留下一道惊鸿靓影。

皮肯斯不忘给自己合影留念，戴白盔、打绑腿、骑白马，一副风尘仆仆的模样。他的合影对象是一座刚刚走过的廊桥。可惜的是，那座不知名的廊桥早已消失在滚滚波涛中。幸运的是，这几张烟黄的照片让我们知道，廊桥曾经深入到黄河上游的青海省循化县。

全国廊桥何其多，但是在虹桥横空出世的山东和河南却难以寻觅廊桥的靓影。为什么在中原大地上没有出现集聚的廊桥群？或许有以下几个原因：一是这些区域的河流过于宽阔、流量过大、水位过深，河流经常泛滥改道，在生产力低下和科技水平落后的古代，先人们无力修建大规模的廊桥；二是这些地方缺乏建造廊桥所需的巨量木材，从南方运送建桥所需的粗大杉木成本又过高；三是这些区域文化发育较早，早在唐宋时候就开始建造更利于保存、更为坚固的石拱桥，比如隋代的赵州桥、

浙江杭州市西湖玉带桥

浙江永康市西津桥

浙江兰溪市通洲桥

金代的卢沟桥等。

当我们的目光由中原投向华北，再由华北转向西北、西南，环顾中华版图，廊桥的触角四处可及：福建省东部、中部地区至今仍有大量的廊桥存世；浙江中部有武义县熟溪桥、永康市西津桥、兰溪市通洲桥等不少大型廊桥，浙东也有为数不少的各类廊桥；在湖南中部、湖北东南

浙江奉化市金山桥

奉化市金山桥内景

等地分布着数量不等、规模不一的廊桥；广西富川县拥有数量众多的瑶族风格石拱廊桥……我们欣喜地发现，在山西大地上，散落着襄汾县洪济桥、沁源县灵空山仙桥和恋桥、洪洞县广胜寺分水廊桥，即使远在青藏高原的拉萨，也有一座清代廊桥，它们的存在让中国廊桥的版图得以进一步扩张。

浙江松阳县普济桥

浙江松阳县红军桥上的牛腿

广西富川县环涧桥

广西富川县双溪桥

广西富川县龙归桥

广西全州县虹饮桥

广西富川县青龙桥

广西桂林市花桥

山西介休市绵山天桥

山西沁源县灵空山仙桥

美哉斯桥

廊
桥

它们与山水交织，
描绘出一张张古意盎然的画卷，
映现着典型的东方审美情趣。

1

庆　　元
浙闽夹缝里的"廊桥王国"

说起"廊桥之乡"，人们多会想到浙江省的泰顺，福建省的寿宁、屏南。但很少有人知道，偏居浙西南一隅的庆元，是中国廊桥数量最多的县，现存寿命最长的木拱廊桥、单孔跨度最大的明代木拱廊桥、廊屋最长的单孔木拱廊桥都在庆元境内——历经风侵雨蚀，境内尚有近百座各式廊桥。这个以宋帝年号为名的古县，这个名副其实的"廊桥王国"，为何长期不为人所知？又是什么神奇力量，为庆元留下了这么多廊桥？

双门桥，唤醒了沉睡千年的记忆

北宋仁宗天圣二年（1024）的一天，浙南处州（丽水古称）一个叫大济的小山村，一群工匠在济川溪上热火朝天地忙碌着，他们正修缮着一座古旧木桥。随着桥柱、桥板、风雨板、大梁、廊屋搭建完毕，一座上屋下桥的木构桥梁横跨在了奔流的溪水之上。

这座长十多米的木桥未用一钉一铆，全靠榫、桁紧密衔接——这就是建筑学家所说的廊桥。主墨工匠在横梁上工整地写下"大宋天圣贰年甲子"的落款，当他吹干墨汁的时候，一定没有想到，这行字竟成了后世追溯庆元廊桥起点的宝贵资料！

此桥名临清，出资修桥的是当地的大族吴氏。其始祖吴崇煦于公元1004年迁入此地，期望子孙有经邦济世之才，因此为村子取名"大济"。繁衍生息二十年后，吴崇煦的两个儿子分别于1024年、1034年考中进士。族人为宣扬这一盛事，又在廊桥的两头各竖一座木坊，村落的三种公共建筑——廊桥、社庙、牌坊遂连成一体。为激励后人进取，族人将临清桥改名双门桥，取"双门进士"之意。

据大济村《吴氏宗谱》记载，吴氏先祖吴崇煦迁入之前，大济村就有临清、甫田两社。社坛设在临清桥和甫田桥上，逢每月初一、十五以及各种节气，村民都会到桥上祭拜神灵，香火相当旺盛。也就是说，早在吴氏将临清桥改名为双门桥之前的二十年，它就已经存在了——此桥即为庆元有史料记载的最古老的廊桥。

大济是个依山傍水的古村，从外围看，它与周围村落似乎并无二致。当我走进其中，才发现内部别有洞天：两座精巧的木拱廊桥分别立在村子进水口和出水口处，一条笔直的砖砌古驿道从桥头穿过，比肩而建的扁鹊庙、接官亭、吴氏宗祠、民宅等古建筑接踵而来，街道下方还暗藏有一条神秘的古地道。比建筑更让我吃惊的，是大济吴氏的科考辉煌。大济村便是吴敬梓在《儒林外史》中屡次提到的进士村，从宋至明，该村涌现了26名进士，非进士出身进入仕途者有100多人！据族谱记载，抗金名相李纲的母亲是大济人，朱熹和王阳明也曾到此讲学。一千年时光不知拽走了多少人间生动鲜活的故事，只有双门桥在光阴中显得格外平静与暗哑。

吴氏伯仲双双蟾宫折桂，成就了"双门桥"；今天的双门桥经过历代

庆元县大济村双门桥

的重建与修缮，依然矗立在溪上，见证了庆元廊桥的起步，也见证了吴氏一门的荣华岁月。随着耕读时代远去，大济村辉煌不再，名字隐于浙南山水之中。能再次唤起记忆的，唯有那从宋代就屹立在村中的廊桥了。

"浙江屋脊"，隐藏着近百座各式廊桥

南宋宁宗庆元三年（1197），朝廷析龙泉县松源乡等地置庆元县，治所驻松源——自此，一个以皇帝年号命名的新县诞生了。对这段史事，明《庆元县志》这样记载："宁宗庆元三年，吏部侍郎胡纮请于朝，以所居松源乡置县治，因纪年（庆元）为名。"

庆元偏居浙江西南一角，是浙地通往闽、赣地区的南大门。在地图上我们可以看到：庆元是离浙江省会杭州最远的县，它所辖区域被福建寿宁、松溪、政和三面包围。宋代以前，庆元虽有官道穿梭，北上处州、杭州，南通建宁、福州，但由于山高林密、地形险峻，人口还十分稀疏。随着两宋之际大批官宦、商贾、民众南迁，山重水复的庆元成了一处能

够安身立命的"世外桃源"。

浙江地势图犹如缩小版的中国地势图——总体西高东低,浙西南隆起最高。浙江省海拔最高的地区,几乎集中于庆元一县。所以,庆元堪称"浙江屋脊"。"世界屋脊"青藏高原有著名的"三江源"地区,庆元也有自己的"小三江源":瓯江、闽江、福安江的源头从百山祖山区发源,然后向北、西南、东南三个方向发散,形成树枝状水系,巨大的落差营造出奇异的景观带。有诗云:"徘徊行曲千盘岭,道路坎坷雾迷障。"足以证明这里的地形险要。这里又是"中国生态环境第一县",森林覆盖率达 86% 以上,构造出一个完整的生态体系圈。庆元虽没有大河,但是几乎每个乡镇、村落都有溪水流经,全县大小溪流竟达 926 条之多。封闭的山地,蜿蜒的溪水,既为迁徙之民提供了安身的家园,又为众多廊桥的出现创造了条件。

驱车进入庆元,一进入竹口溪所在的峡谷,山势一下子就竖了起来。车子追逐着竹口溪峡谷一路蜿蜒向南,峡谷如一条撕扯开的裂缝,公路贴着峭壁穿行,随处可见激流险滩以及鬼斧神工的嵯峨危峰。高山从两侧压过来,天空拢成一长条,两侧高树交柯,藤萝恣纵,除了墨绿还是墨绿,几乎看不到其他色彩。山溪在薄明的光线中喧嚣着,落差高时水势湍急,平缓时水流婉转。这段山谷是庆元众多峡谷中的一条——南北走向的洞宫山脉和东西走向的仙霞岭在此遭遇,地壳猛地隆起——在这封闭的夹角以南,就是庆元。这一带正是浙江省地形最复杂、环境最闭塞、位置最偏远的区域,坐落着海拔 1929 米的江浙第一高峰黄茅尖、海拔 1857 米的第二高峰百山祖,周围还簇拥着二十多座海拔超过 1500 米的山峰。层出不穷的山脉将庆元海拔拎到浙闽最高处，庆元成了名副其实的"浙江屋脊"。

不知翻越了多少道山岭，我才来到竹口镇的溪边，一座叫后坑桥的廊桥赫然出现。这是一座集亭台楼阁、拱券门、美人靠、小花窗为一体的木拱廊桥，雄浑中带着几丝柔美，绚丽中带着几分古雅。随后，我在庆元继续行走，阜梁桥、山后坑桥、袅桥、咏归桥等一座座或高耸或低平的廊桥争先恐后地冒出来……它们或横跨险滩绝壁，或静卧村落之中，或镶嵌于青山，或与街市牵手……纵横之间，廊桥与山水融为一体，构成一幅幅"廊桥流水人家图"。此时，廊桥的隐秘之美从宏大的山水中跳了出来，它们是山水中的主角，它们成为最突出的人文景致。

此前关注廊桥，我们首先想到的是浙江泰顺，福建寿宁、屏南，那是很多人印象中盛产廊桥之地。然而，事实告诉我：庆元古廊桥数量远超其他县。据清光绪《庆元县志》记载，当时全县有廊桥两百三十多座；直到现在，庆元仍有近百座古廊桥存世，数量居全国之首。

此外，庆元廊桥还有多个"之最"：有确切纪年、现存寿命最长的木拱廊桥——如龙桥；有全国现存单孔跨度最大的明代木拱廊桥——兰溪桥；有廊屋最长的单孔木拱廊桥——黄水长桥。其中，如龙桥是木拱廊桥中第一个国家级文物保护单位。木拱廊桥的营造技艺最复杂，是世界桥梁史上的绝品。据《中国木拱廊桥建筑艺术》一书统计，全国现存老木拱廊桥仅一百余座，庆元有十座。庆元自宋以来，始建于各个时代的廊桥都有，各类廊桥品种齐全，廊桥谱系非常完整，是当之无愧的"廊桥王国"！

廊桥发展，与香菇产业密切相关

　　这个以王朝年号命名的县域，虽然只有八百多年历史，但是廊桥时间从双门桥、甫田桥开始，跨越宋元明清至民国，在全国首屈一指。木拱廊桥、石拱廊桥、平梁式木廊桥、斜撑式木廊桥、伸臂式木廊桥在这里均能找到，它们千姿百态地契在山川中。走过多座廊桥之后，我发现一个奇异的现象，即现存的廊桥和消失的廊桥与庆元县香菇产区大致重叠，这难道仅仅是个巧合吗？

　　八百年前，一个叫吴三公的庆元人发明了原木砍花法，成功栽培出世上最早的人工香菇，庆元就此成为世界香菇培植技术的发源地。吴三公身后被抬上神坛，成为乡民膜拜的"菇神"。兰溪桥侧的"西洋殿"，主祀菇神吴三公，红脸、长须，双目炯炯有神，胯下骑黑虎，手执金鞭法器。但是，在庆元人心中，还有另一尊菇神，甚至庆元之所以出现如此密集的廊桥群，也与他有着密不可分的关系。

　　到了明初，在国师刘伯温的促成下，庆元、龙泉、景宁三地香菇得到朱元璋的皇封，特许三地香菇经营专利权，庆元香菇产业就此空前繁荣，庆元菇商走遍大半个中国，形成以香菇种植和贸易致富的庆元菇帮。刘伯温的故乡青田县与三地同属处州，惠及桑梓的善举让菇民感恩至今，他们尊刘伯温为香菇祖师，与吴三公同祀。四时八节，香火在国师神位前袅袅升起，他俨然成为菇民的保护神，他的画像在火光中跳着一抹亮丽，他的面前叩着一个个响头，一桩桩许愿浮响在耳畔，也不知道他为菇民办了几桩？

那个时候的庆元成为商贾云集的地方，财富的聚集为修建廊桥提供了充裕的资金，不少廊桥由菇民捐建，也有发迹的商人、衣锦还乡的官宦或为报答家乡或为攀比显富而建。明代庆元廊桥异军突起，浙闽各地的能工巧匠云集在僻居浙江一隅的庆元，建造技术登峰造极。伴随着工匠的吆喝声和榔头的敲击声，一座座廊桥在山水中延伸……

统计数据也表明，庆元是明代廊桥最多的县。庆元现存廊桥很多始建于明代，与香菇业的繁荣不无关系。今天我们还可以看到明代庆元廊桥的扛鼎之作，像如龙桥、兰溪桥、步蟾桥、袅桥等。而以如龙桥和兰溪桥为代表的木拱廊桥，成功解决了在大流量、大河面上大跨度拱架结构技术，为后世留下了经典范本。

相传兰溪桥由菇农建造，建于明万历二年（1574），全长48米、净跨36.8米、拱高9.8米，飞在青山碧水之间，是我国现存单孔跨度最大的明代木拱廊桥。兰溪桥中间高，两头低，两侧向上反曲，形如大鹏展翅，廊桥和倒影吻合成一对圆弧，红色风雨板在阳光的照射下闪烁着璀

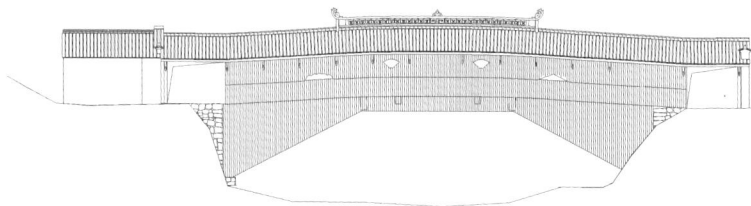

浙江庆元县后坑桥线描图（姚家飞供图）

璨之光。四百年前，在完全凭借人力的情况下，要把这么多粗大的木料井然有序地横架在宽阔的溪流上，建造难度可想而知。

关于兰溪桥的故事，民间流传着这样的说法：一位香菇客在兰溪落难，被人逼债，无奈之下向当地一位富商贷款，并将老家青溪潭旁的良田作为抵押。合同到期，兰溪商人没收到欠款，就跑到庆元青溪潭，只见水面有彩锦浮泛，认定是块风水宝地，便将祖先骨骸葬在此处。得到风水庇佑的兰溪商人此后发了大财，当香菇客还钱时，商人说得到宝地足矣，香菇客于是就把这笔钱捐造了廊桥，取名"兰溪桥"。这则故事早已深入庆元百姓心中，以因果善报来的结局诉说着香菇业与廊桥的传奇，以口口相传教化着一代代菇民从良从善。

庆元菇民普遍信仰道教神祇以保佑自身的安全并祈求产业的发展。菇民外出闯荡时，他们来到兰溪桥边的西洋殿朝拜吴三公，带着神灵的保佑，背井离乡，跋涉于浙、闽、鄂、云、贵、川、陕等省之间。至今，每逢农历七月十六到十九日为西洋殿"香期"，十里八乡的庆元菇民都要来此聚集祭祀，演二都戏（地方戏），耍香菇拳（地方武术），同时洽谈香菇生意，交流生产技术。菇农不仅离家种植香菇时要上桥许愿，平安回乡时也要到廊桥上还愿，有的还要唱还愿戏。我在庆元濛淤桥中邂逅了一场"二都戏"——这戏是为了祭祀而演给神看的——农民演员摆开架势，罗衫、水袖、折扇、花钿、小碎步必不可少，火光映着每一张朴实的脸。那戏曲保留着唐宋古韵，乐声犹如"大珠小珠落玉盘"，将我带入一方神秘的境地。

我登上西洋殿后的高山，俯瞰西洋村全景：苍茫的群山、清澈的溪水、绚丽多姿的兰溪桥、宏伟的西洋神殿，组成了一幅精美绝伦的景观图——这画面的主角是一座绝美的木拱廊桥与一位传奇的平民神仙。虽然建造的是一座廊桥，但留给后人的却是一个集水利、交通、宗教、美学、景观、传统文化为一体的完整建筑体系，廊桥几乎就是庆元人的精神图腾。

月山村，"桥王国"里的"小王国"

月山村，地处庆元县南部的重山深处，与号称"八闽大地"的福建仅数山之隔。一条举溪在村前荡开优美的曲线，村后背靠的半月形山倒映溪中，形成"半月沉溪"之势。

在约两里的举溪上，历史上曾经有十座大大小小的廊桥。历经几百年的水火相侵，这里依然坐落着五座形态各异的廊桥。或如宫殿般壮丽，或似腾龙出水，或如长虹凌水，或如缺月欲圆，加上顺流而建的吴文简祠、圣旨门、复旦亭、白云寺、马仙宫殿、荐元塔等古建筑相互辉映，小小山村，隐然藏着一股龙吟虎啸的气势。

国宝如龙桥就坐落在举溪上。抬眼可见廊屋正脊上有"明天启五年修造"的记录——它已有近四百年的历史，那古老的桥身、舒缓的翘角和张开的弧度，如同一张凝重的脸在欢笑中化为灿烂。内部藻井的如意斗拱层层叠加，幻化成一朵朵盛开的青莲，造型巧夺天工。站在桥上，时间在这里仿佛是凝固的、静止的，只有脚底下传来细微的哗哗流水声音，让人觉得时间此时可以用流水来替代。

　　翻开明代留下的《举溪记》，里面有文说："由下溯上又见一桥，若飞若舞……以其从州县来，故曰'来凤'。"伫立在月山村进水口的来凤桥与下游的如龙桥遥相呼应，其最早与如龙桥一样，都是木拱廊桥，后遭焚毁，清道光年间重建，改为石拱廊桥。在清澈的溪水映照下，桥拱与倒影合成一个大圆，虚虚实实，互相映衬，水从桥洞缓缓流出，这意境之美，恰如桥上对联所描绘的："水从碧玉怀中出，人在青莲瓣上行。"出水口位置，与如龙桥相邻不远处，是月山村跨度最大的廊桥——步蟾桥。步蟾，意为"步入蟾宫"，既暗合"进入月山村，必经此桥"，又寓意科考中"蟾宫折桂"。跨出步蟾桥，沿举溪的支流云泉涧拾级而上，抬

庆元县兰溪桥

兰溪桥内景

头可见一座小巧玲珑的袖珍廊桥——白云桥，总长度只有八米，廊屋为重檐歇山顶，四角飞翘，造型别致。出白云桥，往举溪下游走，两岸尽是水作稻田，溪水旁分出的涓涓细流上矗立着更袖珍的廊桥——秆坑桥，总长六米，净跨只有两米。

月山村十分讲究风水：半月形的后山长满毛竹，寓意着"月亏即盈"；村落中间建有一座复旦亭，日出为旦，日月合在一起寓意着"日月同辉"；村民居住在东方，寓意着前途兴旺，如旭日东升；荐元塔矗立在南偏东方位，主文昌，寓意着子孙后代文运昌盛；正南方五行属火，举溪从南方流出，以水镇火，庇佑村落免遭火灾；神佛住在西方，所以云泉寺在西；祠堂坐落在北方，作为村落的靠背庇佑吴氏后人。长长短短、形态各异的廊桥静卧溪中，兼具交通、宗教、景观等功能，更被视为调理风水的建筑——来凤、步蟾两桥镇守着进出水口，形成廊桥锁关格局，如龙桥如宝带束溪腰，白云桥通往云泉寺，寓意着普度众生。站在高山俯瞰，村落和后山抱成一轮圆月。有古诗赞美眼前盛景："半月烟居半月山，松篁荫翳抱东环。"

设计这一盛景的是曾任南明政权兵部司务的月山人吴懋修。举水西边，站着他的青石雕像，一副金榜题名的得意神情。这与在阵前冲杀的死士形象差距过大，不像"治国平天下"的文人，也不像无欲无求的隐士，更不像对故国充满苍凉怀想的前朝遗民。当年吴懋修站在举水边，心中一定升腾起比"风萧萧兮易水寒"更为绝望的歌吟。那时，南明业已倾覆，他对光复明朝的大业失去了信心，满腔热血化作一潭冰冷的死水。他将反清复明的慷慨激昂注入故乡的规划与建设中，对月山村重新

浙江庆元县月山村如龙桥

月山村来凤桥

月山村步蟾桥

　　进行了规划，带领族人专心致志地营造故国遗村。

　　明清鼎革之际，月山村在乱世中出奇地繁荣，刀锯在树木上的砍伐声、斧凿在石头上的敲击声于深山中长盛不息。重新规划村落风水布局，亲手参与设计"举溪八景"，主持营造吴文简祠和修缮多座廊桥，吴懋修所做的一切，直到今天依旧铺展在月山村这幅山水长卷上。漫不经心之间，我们仍然可在月山村遇见那些苦心孤诣的设计。一跨入吴文简祠，首先可见一个由四块长条石板围成的四方形天井。天井采用的是绛色石板而不是民间最常见的青石板，门楼柱子不用青石柱础，而是罕见的木头柱础，或许只因为"青"的读音与"清"相同，一下就会勾起他的亡国之恨。天井中间竖铺一块绛色的条形石板，顶端、下部与横向石板并

月山村白云桥

不连接，石板四分五裂，似乎是刻意为之。这种方式在浙西南一带也非常少见。或许，这寓意着山河破碎，面对亡国的结局，他深感上愧朝廷、下愧先祖，只能以此表达自己深深的哀伤与无奈。

吴懋修只是乡绅阶层的个中代表。庆元虽然闭塞，却完整地承袭了朱熹的理学思想，深受理学浸染的乡绅的影响力远比其他地方突出。这些乡绅大多精通儒学理论和风水学说，而且有浓厚的乡土观念。为了给家乡营造良好的风水环境，他们要么亲自参与廊桥设计，要么出资或者劝捐造廊桥，同时也可以通过修建廊桥传导儒教信仰，维护地方风气和教化民众，建立"仁义礼智信"的社会价值观。数百年来，传统价值观和审美观以廊桥为教本一直引领着普通民众，廊桥深深植入了庆元人的日常生活，这也是在浙江省最偏僻、地形最复杂的庆元县，廊桥却得以大量保存的一个重要原因。

我造访过十多个省份的数百座廊桥，很少看到一个村落的古廊桥像月山村这样品类繁多。五座大小、长短、高低、形制不同的明清廊桥，器宇轩昂地散布在举溪水上，涵盖了木拱廊桥、石拱廊桥、木平梁廊桥、八字撑木梁廊桥，此外还有多座没有廊屋的石拱桥、石板桥、矴步桥遥相呼应。百米一桥，两百米一廊桥，石阶古道、小桥流水，伴着袅袅炊烟，合奏出一曲恬淡的田园牧歌。廊桥，将月山村的水与陆融为一体，映照着月山人浓厚的耕读情怀。这些风格各异的廊桥，在举溪上横卧了数百年，与周围的祠堂、古塔一起，见证了山村人的迎来送往、谈情说爱、祭祀祈祷、商贸交易……廊桥建造者的初衷不会单纯是为了便于交通，很可能是作为景观桥设计建造的。在孟元老的《东京梦华录》

中，记录着北宋最繁华时，都城汴京东水门外七里至西水门外的汴河上有十三座桥，每千米平均密度竟然不如月山村。或许，月山村才是中国古廊桥分布密度最大、品种最丰富的村落。斗大的月山村，在中国廊桥的版图上开始变得光彩耀眼。

即使位于发达的海滨省份，庆元廊桥在现代化进程中仍然可以"独善其身"，得以大量保留。除提及的名桥之外，相当精美的还有垅桥、半路亭桥、安溪桥、蛟龙桥、余地桥……然而，我走过三十多座廊桥，除了当地人过桥，几乎难觅外来造访者。相邻的泰顺廊桥已是"天下谁人不识君"，而庆元廊桥却还处于"养在深山人未识"的状态。如此精彩的庆元廊桥，为何如此远离喧嚣？

庆元文联主席范敏姿给了我一个答案："在庆元，廊桥是村落最重要的活动场所，老百姓在这里交流、娱乐、乘凉、休息，廊桥是我们日常生活的组成部分。我们并不想过度地宣传廊桥，而是更加注重修缮和传承。名气从来就是一把双刃剑。名气大了，廊桥就要被过度开发，不利于保护；人多热闹了，我们的生活就会受影响。我们怕这样的矛盾会发生在庆元身上。"

泰顺廊桥
遗落人间的"虹"

　　不同的地域文化，塑造出风格各异的廊桥。泰顺廊桥是中国廊桥家族中独具性格的一支，它们散落在浙闽交界的一隅山地上，无论是雄伟壮观还是精致小巧，抑或是富丽堂皇、朴实淡雅，都给人一致的感觉，那就是精美绝伦、灵动飘逸。一条条涂着红色大漆或不施粉彩的木拱廊桥，舒展的弧线划过天空，犹如一道道飞虹飘落人间。

三条桥，最早的泰顺"虹"

　　我从泰顺县城出发，去寻访位于洲岭乡和垟溪乡交界处的三条桥。从省道转到县道再进入坑坑洼洼的机耕路，一路颇费了些周折。车子停在机耕路尽头，踏上左侧一条淹没在杂草中的羊肠古道。顺着山石、卵石铺就的古道艰难行走了半个小时，一路翻山越岭，不停地下坡，终于在峡谷转弯处遇见了三条桥。此时，早已大汗淋漓，双腿微微打战。

　　地处深山僻野的三条桥素面朝天，深褐色的桥体与山体岩石近似，如同山居隐者一般清雅。黑白两色作为廊桥底色，非常契合三条桥的历史韵味。其实，古时的三条桥地处连接浙闽两省的要道之上，顺着古道往南行走不到十千米就进入了福建境内。可以想象，当年三条桥上人来人往、项背相望的场景，如今已是空谷足音，一个多小时里，竟然没有一个人经过。三条桥的桥头挂着一块"威灵显赫"的古旧牌匾，与一座新建的简易观音庙形成呼应。庙中香炉里堆满了香灰，说明每月初一、十五还是有众多香客到此进香祭拜的，这让冷清的三条桥多出了不少生气。

三条桥陷在寂静中，清风吹过满山的松林，枝叶之间不停地厮磨着，发出沙沙的轻响。时不时，松林深处传来叽叽喳喳的鸟鸣声，鸟儿拍打着翅膀发出的扑啦啦的声音，以及桥底下叮叮咚咚的水流声。廊屋上的瓦楞草在风中凌乱地摇晃着，显得十分可爱。拱体附上爬山虎之类的藤葛，可谓葱茏翠蔓。桥塬顶部长满了青苔，如同绿色的灯芯绒一般。这一切，让三条桥充满了勃勃野趣。倚在桥栏上，几间廊，咫尺窗，却仿佛拥有了整片天空和山峦。

在桥板上，不知道什么年代、不知姓名的先人题写有一首《点绛唇》："常忆五月，与君依依解笑趣。山清水碧，人面何处去？人自多情，吟吟水边立。千万缕，溪水难寄，任是东流去。"凝神静气，一字一字读

泰顺县三条桥

着，多情人是谁？谁又在多情？我不知不觉地陷入到无边的怅惘当中。

三条桥长 26.63 米，距离水面高 10 米，在泰顺木拱廊桥中并不算出挑，它之所以引人注目乃是因为一片旧瓦。今天的三条桥重建于清道光二十三年（1843），再往前追溯是建于南宋绍兴七年（1137），而据泰顺《分疆录》记载，道光年间修建时曾发现"贞观"旧瓦。有学者推测，早在唐贞观年间（627—649），三条桥就已经存在了。如此一来，三条桥极有可能成为泰顺县最早的廊桥。一片来自千年前的旧瓦，在引起学术争论之时，也牵动了众多造访者无边的想象。

北涧桥，人间最美的"虹"

我们经常会用"美丽"来形容一座廊桥，美丽的廊桥非常多，绝美的廊桥却屈指可数。泰顺泗溪镇下桥村的北涧桥便是其中一座，美不胜收，美得孤傲，美得绝伦。

北涧桥始建于清康熙十三年（1674），嘉庆八年（1803）重建，道光二十九年（1849）重修。51.7 米的拱形长桥横跨在北溪上，净跨达到 29 米，廊屋则有 29 间。我站在溪滩上，仰望北涧桥，桥正中重檐歇山顶的阁楼屋顶奋力向上反曲，形成大幅度的凹面，屋檐相交处突然翘得很高，形如大鹏展翅。两侧廊屋大幅度倾斜，呈现出饱满的几何状。

阁楼屋脊上塑着一对相对而立的青龙，雕得浑雄苍健，充满阳刚之美，一副跃跃欲飞的模样。双龙神态栩栩如生，眼珠格外清亮，须发一毫不乱，鳞甲细腻真切，在夕阳下熠熠生辉，看起来动感十足。

泰顺县北涧桥

北涧桥身深枣红色大漆，通体透红，红得酣畅淋漓，红得烂漫迷人，红得让人心醉。当北涧桥红色的桥身炽热地倒映在水面上，如同夕阳照临，整片水面红彤彤的一片，透出一股凄艳的美。真正的夕阳正从廊桥的西面缓缓落下，余晖漂染过桥身，此刻的廊桥露出美人迟暮一般的苍凉。

北涧桥东侧植有一棵一千两百年历史的大樟树，以及一株千余年历史的乌桕树。长长的枝丫伸展而来，黑压压地覆盖着桥身，原本黑暗的桥身内部变得更加黑暗，如同历史的黑洞。桥头古街铺着一长溜的鹅卵石道，如同大地的骨骼，它们的表面被草鞋、布鞋、皮鞋摩擦得几乎可以映照出人影来，密密匝匝的石子点缀着路面，仿佛一条时光的长河。行走在石子路上，凹凸感真实地从脚掌下传递而来。光阴何似？我们的脚掌与前人的脚掌在此重叠，我们真切地感受到百年前古人曾经同样的感觉，时间在这里重合，却都成为历史的组成部分。

从桥窗里透过来的光线给人热切的感觉，好像那里面是一个充满着无限想象力的世界。事实上，那是下桥村人的精神世界。泰顺廊桥中间多设有神龛，供奉的菩萨、神仙可谓是五花八门，常见的有观音、平水大王、土地神、文昌君等，祭祀日期通常是祭祀对象的生辰、重要节气、每月初一和十五，祭祀活动非常热闹。北涧桥正中的神龛中端坐着观音菩萨，两侧挂着森森帷幔，神龛四周精雕细刻，描红绘彩，显得一派富丽。我去过北涧桥多次，有一次正值初一，桥上前前后后来了不少祭祀的村人。林起普老人安静地等着前面的人祭拜，等香客一一将祭品收走后，他和老伴摆上供品，不停地磕头。他告诉我，他家就住桥东，他每天都会到桥上走走，但是到了初一、十五，他们还是习惯祭拜一下菩萨。

北涧桥也是一个俗世之地。桥头连接着老街，以前经营南货、土布、洋布、中药材、食品和茶叶，如今依旧店铺林立，小贩们经营着各种买卖。就连桥上也摆着地摊，摆满各种土特产，以及香烛和供品。小贩王宇琳告诉我，正月生意还行，大概有两三千元，平时生意一般。反正在家待着没事做，不在乎收入好坏。北涧桥仿佛集市一般，人来人往，讨价声、问候声、交流声，声声入耳。

东、南、北三溪在北涧桥正前方交汇，形成一处宽阔的水面。溪水清澈见底，水底水草随波轻轻摇摆，不时有鱼儿嬉戏。村民有在桥下放生的习俗，从不捕捞，鱼越聚越多，形成了一道风景。走过长长的矴步桥，在泗溪对岸回望北涧桥，它如同大鸟展开翅膀，准备振翮飞翔。此时，成群的鸟儿从樟树顶上飞起，它们忽高忽低地掠过眼前的水面，又哗啦啦地振翅飞向空蒙的远山，羽翎在阳光中闪动着金色的光晕，直到消失得无影无踪。

在下桥村和白粉墙村交界处还有一座木拱廊桥——溪东桥，大小及模样与北涧桥相仿。因同处泗溪镇，所以两者也称被为"泗溪姐妹桥"。

溪东桥始建于明隆庆四年（1570），历代多次重修，长 41.7 米，建有 15 间廊屋，宽 4.86 米，净跨 25.7 米。它像一张虚引的巨弓，拱桥如弓臂，水波如弓弦，岸边一杆杆高树如一支支箭，仿佛力士随手张弓搭箭，就可以将高树嗖的一声射上了天。

　　站在桥头四处眺望，我看到一幅与廊桥形成呼应的山野景色：狮子峰、将军峰相对而出，一溪碧水在累累乱石间淙淙流淌，卵石、青石、山石垒砌而成的千年古道穿桥而过；眼下的古村鸡犬相闻，炊烟正从青山绿水间袅袅升起……

　　《清明上河图》中的汴水虹桥如今早已荡然无存，值得庆幸的是，从北涧桥、溪东桥的结构、形态、气势、美学、跨度上都能找到虹桥的影子。两道长虹一上一下横卧村口，如同彩虹一般照亮古老的下桥村。

　　我与廊桥拍摄者和研究者吴卫平、陈寿灿、王剑等老师聊起中国最美的木拱廊桥，他们不假思索地吐出三个字——北涧桥。著名的廊桥研究专家戴志坚在《中国廊桥》一书中，对泰顺廊桥的定位是——"中国最美的虹桥应数泰顺的木拱廊桥"。至于泰顺哪一座木拱廊桥最美，他也给出了非常肯定的答案——北涧桥、溪东桥。为什么很多专家、学者会认为北涧桥是最美的廊桥呢？

　　走过不少泰顺木拱廊桥，我发现一个现象：其一，泰顺廊桥的一大特色是廊屋，其复杂多变的屋顶造型，飞扬流畅的线条，轻盈灵动的檐角，形成了别具一格的美；其二，大多数的木拱廊桥拱架比较高，与之相呼应的就是桥的坡度大，廊屋更加翘曲，远远看上去如同大鹏展翅或者鹰击长空——那种弯曲的弧度仿佛是一双无形的巨手挤压出来的，充满着力度和弹性；其三，许多廊桥身上涂着红色大漆，流光溢彩，如同条条彩虹飘落在人间；其四，不少廊桥身处乡村，连接着田畈和山野，桥头古木簇拥，意境悠远，闪烁着唐诗宋词般的灵秀。北涧桥，同时拥有这些要素，从而编织出绝美的"人间彩虹"。

仙居桥，长空过飞虹

从泰顺通往景宁的古道上，矗立着一座四十多米长的木拱廊桥，原本身处繁华商道，后因公路的修建和交通干线的改道而变得没落，如今独处荒郊野外，与高山峡谷为伴，如同一个孤老于山野的隐者。

仙稔乡，仙居村，仙居桥，一处神仙居住的地方，单单名字就充满着诗意和想象力。桥如名，名如桥，一见到仙居桥，的确让我大吃一惊。一桥巨木在天空中伸展，在天空中交会，虚幻的天空被桥填实了。红色的桥身飞跨在空中，有一种居高临下的冷艳。

此时，晨光逐渐退却，山风澎湃，云雾渐散，阳光挤进峡谷，山色一半明媚，一半阴暗，仙居桥将明媚和阴暗拉拢在一起。阳光渐渐地移了过来，洒在廊桥上、水面上、树木上、溪滩上、草木上。在阳光的助力下，水面上的廊桥倒影更加明朗，廊桥和倒影吻合成一对圆弧，丰满的弧度有着犹如折扇展开般的画面美感。红色风雨板在阳光的照射下闪烁着璀璨之光，它使桥体从阴暗的色泽中剥离而出，成为发光体，变得雍容华贵。一群水鸟拍打着翅膀，贴着水面划出一道美妙的弧线，飞过廊桥上空，在我头顶嘀叫着。倒映在水面上的仙居桥随着水鸟的飞动而抖动起来，呈现出乱红飞渡的景象。这不是精心营造的情景，这种无意中的创造成就了廊桥景观的绝色之美。

此刻，我的心境变得阔达辽远，一下子就理解了古人常说的"宠辱皆忘"的意境，我也读懂了诗人观景时胸怀日月山川的人生大境界。

仙居桥始建于明景泰四年（1453），弘治、嘉靖年间重建，今天看到的仙居桥重建于清康熙十二年（1673）。那是一个战火纷飞的年代，清朝入关才29年，承平未久，在整个南方又生战端，地处浙闽交界的泰顺此时成为"三藩之乱"的战场，耿精忠的部队正全速进攻浙江。就在

泰顺县溪东桥

这样一个乱象丛生的年份里，身处万山丛中的仙居村人不管身外事，他们不急不缓地聚集在村口，营造他们心目中最重要的建筑——仙居桥。由于溪流比较宽阔，河床切割较深，形成险峻深谷，山洪暴发时破坏性极强，不利于建桥墩，最理想的就是建造一座没有桥墩的木拱廊桥。

重建后的仙居桥长达 42.83 米，净跨 34.5 米，距离水面 12.6 米，面阔 5.3 米，十八间廊屋，庞然大物一般横在仙居村水口。试想三百多年前，如此恶劣的自然环境下，完全凭借人工力量，要把这么多粗大的木料井然有序地横架在溪流上，即使在今天也绝非易事。有人推测，工匠们在河床上搭脚手架进行施工。要知道在没有发明铁丝的古代，搭建水下、水上总高达十五六米的脚手架，并固定在流动的溪流上，这是一项几乎难以攻克的技术。另一个无法想象的是，上百吨的圆木及其附属构件如何搬运到工地上方。有人猜测，一部分木头从廊桥两侧平行的山道上运输，一部分木头顺着溪水漂流而下，再通过滑轮起吊。其实最不可思议的就是桥体的合龙。今天，我们动用大量机械设备才得以解决这一

泰顺县仙居桥

难题，可是在没有起重设备、没有电力、没有钢丝绞索的古代，古人靠一双手，靠无穷的智慧，用整齐划一的木头编造出一座巨大的木拱廊桥，真是让人叹为观止！

文兴桥，一条畸形的"虹"

在泰顺廊桥中，有一座外形奇特的木拱廊桥，不管从哪个方向看过去，桥身左右总是不对称，连接部分并未形成完美的弧线，而是一边高一边低，看起来如同一个畸形的脊背。这就是筱村的文兴桥。

几乎每一座廊桥都有一个甚至数个传说，文兴桥也一样。文兴桥建于清咸丰七年（1857），长42.6米、净跨29.6米、宽5米。传说文兴桥的建造者是一对师徒，师傅与徒弟一左一右同时开工，在溪流中心点实现对接。师傅按部就班地建造，徒弟则为了使自己负责的一侧更加牢固，偷偷地加用了几箩铁钉，结果原本全部榫卯对接而不用一钉一铁的廊桥

泰顺县文兴桥

因此加大了重量，造成桥身向没有使用铁钉的一侧倾斜。到大桥合龙时，文兴桥的形状已经无法改变，形成了畸形。还有一个传说，故事主角变成了两位师傅从两岸对向同时开建，他们对于造桥方案各执己见，互不让步。当桥梁到中间合龙之时，才发现两边的高度不一样，于是出现了向一侧倾斜的形状。与此形成呼应的是，桥上供奉的是"桃园结义"中的刘备、关羽、张飞，是不是以此来告诫后人"团结就是力量"这个千古颠扑不破的真理呢？

事实真的是这样吗？廊桥研究学者刘妍仔细观察后发现，文兴桥之所以会出现变形，其实是设计时出了差池。在最重要的编织的部分，杆件比例没有协调好，出现了较大的缝隙。我们知道，一旦设计出现错误，重心偏差产生的载荷很有可能会压垮桥体。所幸的是，文兴桥正好处于可承受范围之内。设计偏差造成的后果只影响了桥的形状，并未影响桥的质量，所以文兴桥斜而不倒。

　　泰顺木拱廊桥虽然以木头编织而成，不用一钉一铁，但是异常坚固，其中还有一个至为重要的原因。作为廊桥拱跨的木料除粗壮、笔直之外，一定要里外都非常干燥。这些木头经过编排、对接、牵连、咬合之后，廊桥就成形了。听廊桥工匠介绍，建桥所用的木头一定要干燥才不会弯曲，建好后的廊桥由于受到水汽、潮湿气候的影响，遇到斜风雨的侵袭，洪灾时甚至还会遭到洪水的浸泡，原本干燥的木头遭受湿气后便膨胀起来，廊桥各部件的连接部就变得更加紧密，廊桥反而变得更加结实。

　　虽然桥头有些畸形，但并不影响文兴桥的美观，反而产生了一种类似于比萨斜塔一样的美感。比桥更美的是一则真实的故事：当地乡绅王光奕为了建造文兴桥，变卖了田地、山林、住宅等所有财产。当文兴桥告竣之后，王光奕也已经耗尽家产，并欠了一身的债，只好乞讨糊口。王光奕捐家建桥的事迹感动了乡人，大家凑起三担大米送给他。因建桥而心力交瘁的王光奕已经卧病不起，一斗米尚未吃完便去世了。为了纪念这位舍小家为大家的乡贤，乡民们便将王光奕的事迹刻勒在石碑上，立在桥头，永远与桥相伴，照亮着一个个后来者。

　　据统计，1949 年之前，泰顺有上百座各式廊桥。七十载风雨过后，泰顺的精品廊桥大多得以留存，除了人们耳熟能详的北涧桥、溪东桥、仙居桥、文兴桥、三条桥、文重桥之外，还有薛宅桥、南阳桥、刘宅桥、永庆桥、东洋桥、毓文桥、旗峰桥、三柱桥等三十余座廊桥。数百年来，它们从容淡定地看着溪流扬波鼓浪，阅尽世事沧桑，从历史深处走到今天，尽显泰顺廊桥的绝代芳华。

泰顺县文重桥

泰顺县南阳桥

同乐桥廊屋檐角装饰

泰顺县同乐桥

3

景　　宁
"畲桥"和"水上戏台"

中国廊桥最密集、最精彩的区域位于浙南闽北,与同一区域的泰顺、庆元、寿宁、周宁、屏南等县相比,拥有数十座各式廊桥的景宁县,却常常被忽视。难道说它的造桥历史、品种、品质、数量等各方面均落后于其他县吗? 作为全国唯一的畲族自治县,景宁有没有畲族工匠参与建造的廊桥? 畲族廊桥与汉族廊桥有何不同呢? 景宁廊桥为什么会被乡民们称为"水上戏台"?

木拱廊桥,人间长虹越天堑

大赤坑桥坐落在景宁县城西南十五里处的大赤坑村。村中流淌着一条叫大赤坑的山溪,桥以村名,村以溪名,溪、村、桥三者同名,似乎有几股力量将它们纠集在一起,成了一个不可分离的整体。

大赤坑桥始建于清嘉庆十五年(1810),长36.35米,宽5米,高11.3米,拱跨30米,作为景宁至沙湾、英川、庆元等地的交通枢纽存在了一个半世纪。它是景宁当地最负盛名的木拱廊桥之一,既有亭、台、楼、阁之雅致,又具有飞跃山川之苍茫气魄。时任景宁教谕的湖州人闵思端在为其撰写的桥记中有云:"雁齿排空,罿梁架木,云霞吐纳,倒影

景宁县大赤坑桥

大赤坑桥头前的古道

大赤坑桥内景

流光。凡行者止者，莫不履康庄而歌坦途。"这段文字既以景照人，又心中有景，有着收纳天地之气象。一百九十年后，当我走在桥上逐字逐句地品读时，依旧能够感受到闵教谕一番激荡的心境。道光二年（1822），乡人张纶捐资重建时将桥更名为"成美桥"，寓意"君子成人之美"。或许是乡人觉得"成美桥"比较拗口，不如大赤坑桥来得实在，又接地气，于是优雅而文气的"成美桥"只能流传于纸间。

在章坑村怀胜桥上，村民章祖琪推着板车过桥，车轮一路辚辚作响。我向他打听去接龙桥的走法，他告诉我，在白鹤电站那里还有一座廊桥，不知道名字，只知道是国家的。难道廊桥还有私人或者国家之分？我一脸疑惑地按照他的指点，驱车从村里出来，向左拐，进入一条狭长陡峭的山谷，再驶入白鹤电站，远远就瞥见山崖上飘过一座弧形的廊桥。我几乎失声惊叫起来！这座线条简洁的木拱廊桥飞跨在溪流上，如同飞过天空的一道彩虹。修长的桥身有着一气呵成的流畅感，仿佛一把折扇完全打开，将自己的身段张开至极限。下车后，我快步走到道路尽头，那里是一段废弃的渠道，散落着乌漆墨黑的乱石以及疯长的荆棘。目测廊桥的位置距离电站也就两百多米，沿着崖壁攀援而上，费尽九牛二虎之力终于登上廊桥。鹅卵石铺就的古道从廊桥开始延伸，兜兜转转荡向远方，而我攀登的崖壁就在道路的下方，不过数米之遥。

国家级、省级、县级保护单位的石碑排列在桥头，石碑上刻着桥名——接龙桥。我醒悟过来，章祖琪说国家的，其实指的是国家级文物保护单位。从碑刻的数据上看，桥高 19.6 米、长 38.5 米、净跨 30.7 米，但从仰视的角度，无论是长度还是高度都远远超过现实，显得相当伟岸，有着绝处逢生的壮丽感。站在桥上，环顾高山峡谷，山溪裹挟着浪花奔腾而去，顿生一种超我的境界，悲欢离合，盛衰轮回，都付于一笑中。廊屋的梁上留下大量的历史信息——正梁上书"中华民国陆年岁次丁巳王正月初六日酉时建造"，同时留有一副对联："腰作挂东坑源头达泰寿通衢，巨壑凭凌喜今日仍作雁齿排。"与对联对应的是梁上留下有泰顺、青田、景宁等县乡民捐款，印证了此桥是贯通浙闽两省数县的交通枢纽。

跨度，也称"拱跨"或者"净跨"，是衡量一座木拱廊桥营造难度的重要指标。中国木拱廊桥最长的单孔跨度为37.6米，景宁廊桥的拱跨虽然达不到这样的长度，但超过30米拱跨的大型木拱廊桥却为数不少，如

景宁县接龙桥

拱跨 30 米的大赤坑桥、31.1 米的大地桥、33.5 米的梅漈桥……脚板跨过一条条空中的道路，景宁木拱廊桥不论是数量、年代、质量都是首屈一指。全国目前已知的营造难度最大的木拱廊桥数量为一百余座，而在景宁绵延的山峦之间，矗立着十三座。也就是说，景宁一县就占据十分之一以上。除木拱廊桥之外，景宁还有四十余座其他类型的廊桥，总数位列浙江第二。

景宁是全国唯一的畲族自治县，畲族人口约有两万，畲族有不少能工巧匠，这里有没有留下他们参与建造的廊桥呢？畲族廊桥与汉族廊桥有何不同？

梁架之下，找寻隐身的畲族工匠

一打听，在平桥村有一座畲桥。我驾车一路沿着山道寻觅而去，可是，平桥村的白鹤溪上空空荡荡，了无廊桥的踪迹。于是，向地里劳作的村民打听畲桥的具体位置，村民告诉我，前些年因为建造白鹤电站，畲桥已经迁建到深垟村。

循着地图指引，颇费了些周折，终于找到迁建在深垟溪上的畲桥。只见此桥两块以岩壁作墩，虽凌空跨步，倒也不失淡泊宁静的气氛。从桥头碑文来看，畲桥长 37.4 米、宽 5 米、跨度 29.2 米，始建于清康熙三十一年（1692），道光十二年（1832）、光绪二十年（1894）两次重修。它的外表和构造与众多木拱廊桥并无明显区别，却拥有一个独特的名字——畲桥。为什么叫作"畲桥"？村民们也莫衷一是，有的说此桥为畲族工匠所建，有的说是畲族人出资所建。从桥头所刻的古碑文来看，似乎此桥与畲族无关。

当地摄影师徐立冰告诉我，"畲桥"只是俗称，它真正的名字叫"永安桥"。几乎每一座景宁廊桥背后都有一个或几个传说故事，有了传奇，廊桥变得神秘而生动。她向我讲述了一个关于畲桥的惊心故事：骄傲自满的徒弟自以为跟着师父学艺多年，技术已经学到家，心生挑战师父的想法。在畲桥主梁合龙时，他想借此机会在师父面前炫耀一番本事，为尽快出师做个铺垫。徒弟脱下轻便的布鞋，换上光滑的木屐，一步步走上光溜溜的木梁。脚下是深达数十米的溪谷，徒弟不禁有些心虚，勉强跨过几步后就头晕目眩，一个趔趄从桥上栽了下去。在一旁密切关注徒弟一举一动的师父迅速伸出手中的斧头，准确地钩住徒弟的腰带，救了徒弟一命。

复建后的畲桥并不在险峻的高山峡谷中，高不过二十余米，桥下的溪流平缓滑过，已然没有了当年师徒斗法的险境，让人难以想象伸手一钩的窒息场景。从徐立冰处得知，因为平桥村的居民以畲族人居多，人们误以为桥乃畲民所建，以讹传讹，留下一个足以误人思维的名字。甚至，畲桥还有一个让当地人深信不疑的传说。据说桥成之日，一条大蛇从桥上游过，村民认为非常吉利，遂以"蛇桥"命名。不管是叫"蛇桥"还是"畲桥"，它的学名"永安桥"从此彻底被人遗忘，即使在翻阅地方文献的时候，人们也难以将三个桥名联系在一起。

此畲非彼畲，畲桥并不是畲族人建造的廊桥，难道众多的畲族工匠真的会缺席廊桥的建造？我每到一座廊桥，便会在梁架下的字迹中仔细

景宁县畲桥

搜寻他们的踪影。

当我走进马坑桥廊屋，一仰头，正梁上一行清晰的字迹映入眼帘："石匠雷兰生，蓝贞生"。蓝、雷都是畲族大姓，这行字明确地告诉我们，畲族工匠参与了这座廊桥的建造。在马坑桥附近有一座龙潭桥，听说正梁上也留有建桥工匠的姓名——泥水雷日森。我在地图上并没有找到龙潭桥，村民告诉我，龙潭桥毁于2005年的一场山洪。梁架上那些工匠的名字也随着洪流滚滚而去，只留下一场空落落的感伤。

畲族人的风水观念深入到生活的每一丝肌理，也深入到建桥的每一道工序。"择日吉课"是廊桥营造过程中非常重要的一环，廊桥的选址，祭河"架马"，"发锤"起拱，南山伐梁、苗梁、栋梁的上梁等，风水先生都要挑选吉日良辰，并用红纸写成"择日吉课"。在建造过程中将严格按照"择日吉课"执行。

接龙桥先是由一个叫汤宝华的人来"择日",后来复选蓝宝成。历史在这里缄默着,不知道什么原因促使"桥董"合议重新换人。有一点可以明确的是,蓝宝成是浙西南一带名声响亮的风水师,他的另一个身份是丽水市(古处州府)第一个畲族贡生。蓝宝成不是畲族风水师的孤例,龙潭桥的择日先生便是畲族人雷景庆。除"择日吉课"之外,畲族风水师们借助手中的罗盘,借助丰富的地理和水利知识,坚信自己的慧眼,在最合适的地点,为一座即将新建的廊桥择址,从而将他们认为的潜行于山川的"龙脉"贯通,形成一条气脉相通的"巨龙"。

走访数十座景宁廊桥后,我发现不管是汉族人还是畲族人参与建造的廊桥,营造技艺、外形特征都大同小异。这说明两个民族的工匠技术、文化已经融为一体,不分你我。每一座桥的造型,每一个拱跨,桥上的一对对榫卯,窗棂上的每朵花格……在景宁廊桥的背后,隐藏着无数汉、畲工匠的建桥故事。当年那些宽阔结实的桥板,如今落满灰尘,故人的脚步已经远去。几百年后,只有日夜不歇的溪水依旧陪伴着一双双巧手拼接而成的廊桥。

大漈胡桥,一个木偶剧团的梦想

大漈村有始建于元代的"国保"时思寺、明代梅氏宗祠、清代护关桥等众多元明清古建筑,胡桥身在其间一点都不起眼。它长17.4米、宽15.3米,外形方方正正,无论从哪个方位看过去都很像一座建在水上的房屋。与众不同的是,桥里搭着一座古戏台,天花板上居然还饰有一方带彩绘、斗拱的藻井。

景宁县胡桥

　　胡桥内部有着近 300 平方米的空间，显得非常敞阔，它的主要功能已经由交通转变成村民看戏的场所。大漈村三千多人口，大部分姓梅，何来"胡桥"之说？我向当地人打听原委，年近半百的梅晓徐告诉我桥名的由来："几百年前，一位姓胡的外地商人到大漈开采银矿，目睹一个小女孩从木桥上掉进溪里被大水卷走，于是捐资建造了这座桥。大漈人感念他的功德，将桥命名为'胡桥'，以纪念这位心地善良的商人。"

　　2019 年 9 月的一天，我在胡桥上偶遇一场木偶戏演出。木偶戏在景宁也叫"傀儡戏"。木偶由偶头、笼腹、四肢、提线和勾牌组成，高约两尺，身着华丽的戏袍。木偶内设机关，表演时演员通过十多根线条操纵机关，随着演员扯动线条，木偶如同真人一样做出逼真的动作。演员潘水英和潘亮英在台上快速而有序地提、拉、牵、扯线条，手上动作快得令人眼花缭乱。潘水英清丽的唱腔在桥上响起，在藻井中回旋；潘亮英低沉的声音落地铿锵。话筒太贴近时，音响中传来咝咝的杂音，但是他们全然不顾，依旧忘情地表演着。舞台两侧，挂着两排木偶人物，它们如同忠实的观众默默地注视着演出。戏台正前方，摆放着一块木板，歪歪斜斜地写着八个字——"今天演出《借衣劝友》"。梅中利、潘昌有、梅佩林、梅新苗四人在后台吹拉弹唱，锣、喇叭、二胡、板胡、京胡、笛子、三弦、电子琴、大鼓、小鼓、竹板等乐器整齐地摆放在面前。他们一边盯着台上演员的动作，一边更换乐器，两方步调一致，配合得非常娴熟默契。

　　这不禁让人想起北宋孟元老的《东京梦华录》中，记载有"杖头傀儡""悬丝傀儡""药发傀儡"等傀儡名目。当年，木偶戏曾经是北宋都城炙手可热的戏种，如今，开封一带木拱桥早已不见踪影，木偶戏也鲜有其迹。而距离中原千里之外的景宁，不但保存了众多的木拱廊桥，木偶戏也一直流传至今，在高亢的唱腔中，仿佛让人寻着一个凋零的东京遗梦。

　　一场《借衣劝友》演下来，紧锣密鼓停歇后，廊桥恢复了平静。趁着演员们喝口茶水的空闲之际，我采访了演出的总策划、木偶剧团发起人——时年五十五岁的梅中利。从他口中得知，他们的剧团叫"大漈木偶剧团"，共有六人，白天大家都要在地里干活，只能利用晚上进行编剧和排练。经过多年的练习，现在可以上台演出的剧目有十多出。拿手的好戏有《木马择匠》《包公启臣》《说大漈好》，既有传统剧目，也有景宁地方故事，有的是跟着光碟学的，有的是县里文化馆的老师教的，有的是他们自己编的。农闲时他们经常在大漈及周边村里演出，而廊桥上的戏台是他们的首选。

让人难以想象的是，这台精彩的盛装演出居然出自一个平均年龄五十多岁的草台班子。问起演出收入，梅中利顿了顿，略带沙哑地说："每场的收入大致在八百到一千元，刨去演出成本，一人一次只能挣一百多元。而剧团的开支很大，每年都要购买和更新乐器、道具、灯光、服装，这点收入对我们来说是微不足道的。好在大家都不在乎钱，更在乎的是寻找一个共同的戏剧梦想。"

"水上戏台"，乡民娱乐教化的场所

古往今来，宗族的规矩、宗教的约束、戏台的教化，是淳化民风的文化手段。值得一提的是，景宁许多廊桥将三者结合为一，既有管理和保护廊桥的族规，又有神灵祭祀空间和戏台。每到喜庆节气，廊桥上人头攒动，村民们便扶老携幼拥到桥上看大戏，如同狂欢节一般热闹。即使到了今天，也有县文化馆文艺演出队、木偶剧团和草台班子在戏台上表演。

溪头底村有一座建于清乾隆五十三年（1788）的石印桥，长12.5米，西南较高，东北侧矮一截，打破了传统建筑左右对称的风格，看上去非常不协调。走进去才发现，原来西南侧两间为戏台，搭台唱戏处自然要高出一截；东北侧第三间供奉着佛龛，神佛与凡俗和谐共居于一处。廊桥正脊檩留有一行娟秀的字迹：大清乾隆五十三年戊申岁一阳月甲戌良旦鼎新建造谨题。脊坊上也书有一行字迹：赐进士第六桥标郎特授处州府景宁县方正堂口二级记录九次黄嵩龄捐俸建造谨题。廊桥中叠着斗拱，戏台正上方装着藻井，达到了扩音效果。可以想见，捐建廊桥的黄知县应该也是一个戏迷，他用心良苦地为乡民搭建了一个寓教于乐的场所。戏文大多讲述忠孝节义、礼义廉耻、诚信仁爱的故事，颂扬着人世间的真善美，鞭挞着虚伪与恶丑。生旦净末丑粉墨登场，在"咿呀咿呀哟"的唱腔中，完成了一次次不动声色的教化。

"中心桥"这个名字会让人产生一种错觉，似乎此桥地处街头闹市。事实上，它是我在景宁遇见过的最孤僻的廊桥。它坐落在远离县城的缪坑村，从县城驾车走东坑镇，经景南乡，在宽约三米的砂石路上行驶约半小时，进入一条更为狭窄的水泥路，仅容一辆小车小心翼翼地行驶。两个小时后，我们抵达大山深处的缪坑村。缪坑村是一座典型的空心村，整个村落几乎见不到人的身影，斜刺里冲出一条大黄狗，一路跟着我们狂吠，让村落在死气沉沉中显出几分生机。中心桥处于下水口的山坳中，桥上除供奉何八公及马天仙的神龛之外，还搭有一座戏台。我们找到村书记何加林，据他讲述，"中心桥修建于1928年，造桥的师傅是福建人，叫曹龙。村里人初一或是十五会来烧香拜佛，祈求家人安康，还有来自温州及福建的人过来拜祭。到了正月十五和农历六月初六，村里请戏班子过来唱戏，外出的村民也会赶回来看戏，那是村里一年四季中最热闹的时候"。

此外，梅坞村水尾桥、谢坑富安桥和柘湾村胡尾桥等廊桥上也建有戏台。后两座廊桥的戏台建在桥头，戏台与桥形成一个 T 字形，这样的布局更加适合村民看戏。这些小巧玲珑的戏台搭建在廊桥中，与交通、祭祀、风水等功能并存，形成了罕见的"水上戏台"群。

逢年过节之时，红白喜事之日，景宁乡民齐聚于一座座廊桥之上观

景宁县梅坞村设有戏台的廊桥（徐立冰摄）

看戏剧。几百年来，多少出假戏真做、真戏假做，在局促的戏台上演绎出一幕幕人间悲喜剧。恍惚间，檀板轻轻敲响，节奏渐渐加快，"嗒嗒嗒"，后台隐约传来了橐橐的靴声，一千年前的人物从后台掀开帘子走了出来。"啊呀呀"，拖着长音的开场白，一个兰花指，一张粉脸，几个小碎步跨越了千山万水。声声清脆，声声艳绝，台下的观众如痴如醉，从青丝变成白头，从白头变成一缕青烟，只有台词唱腔依旧，戏台依旧，仿佛这里什么事情都没有发生。

4

木匠师傅取出墨斗,拉出一根琴弦一样的墨线,固定在木料两头,一只手将墨线轻轻提起,只见他微微闭上左眼,右眼沿着墨线瞄准木料前方,随后一松手,"啪"的一声,墨线准确地弹在木料上,留下一条笔直的黑色线条。这条黑线决定了木料的长短粗细,决定了木料是做主梁还是辅助材料,也决定了木构建筑的质量。墨斗是木匠手中最具权威的象征工具,因而主要的建桥木匠被称为"主墨",也叫"绳墨"。寿宁有这么一个"主墨"家族,从清中期一直流传至今,不间断地延续了两百多年,创造了一项中国廊桥建筑史上的奇迹。

薛宅桥,一份建桥家族的原始档案

在浙江泰顺县薛外村薛氏宗族大门口,坐落着一座当地人所共知的廊桥——薛宅桥。顾名思义,薛宅桥就是薛姓村落或者薛姓宗族的桥。这座很有故事的廊桥始建于明正德七年(1512),历史上屡毁屡建,它的每一次重建都费尽周折。

万历七年(1579),一场突如其来的洪水冲毁了薛宅桥。苦于受资金的制约,薛氏权且在原处建起一座小桥,打算等资金丰裕之后重建薛宅桥，可是这座替代品也遭洪水漂没。到了清咸丰六年（1856），薛氏一族如同以往一样，开始集资重建廊桥。这一回又遇到对岸张氏的横加阻挠。原来，形状如同蜈蚣的薛宅桥连接着桥西的薛外村和桥东张氏所居的龟岩，当地人传说龟岩是龟蛇之地，蜈蚣是龟蛇的天敌，从风水上而言，张氏认为薛宅桥压制了龟岩的发展，所以出面抵制。薛氏越想越生气：早在张家到来之前薛宅桥就已经有了，我们只是将倒塌的桥建回去，总有个先来后到吧，凭什么屡屡阻止我们建桥？薛氏请来建桥师傅吴光谦，动手在原址上建桥。张氏见拦阻不成，便以薛氏越界建桥为由，一纸诉状将薛氏告到了官府。

这边旷日持久的官司还在继续，那边已传来噩耗——即将完工的廊桥坍塌了！桥木遭水漂尽，建桥的资金、木料都打了水漂。薛家人怨恨张家人，他们认为张家人的蛮横和捣乱导致工期不能按部就班来完成，主墨师傅只得加班加点赶工期，导致廊桥质量出现问题；又暗暗责怪主墨师傅吴光谦，觉得他的手艺不够精湛。薛家人团结一心，再次重建。这时，传来一个好消息，官司终于尘埃落定，官府要求薛氏"即日兴工，毋缓毋怠，如再有强横出头妄阻的必严办不贷"。

官府的判决让薛氏吃了一颗定心丸，他们请来这一带手艺最好的造桥师傅——徐元良。徐师傅不忙着下手，反复观察地势和水情后，决定抬高桥基。这样就带来一个问题，原本稍有弧度的上坡就变成了陡坡，需要铺设一段长长的石阶梯。这个方案给两岸通行造成了一定的困难，但桥的安全系数得到了提高。就这样，一座看上去中间弓背、两侧拱架斜坡角度超过30度、视觉不太协调却非常稳固的廊桥骨架搭建在锦溪上。

浙江泰顺县薛宅桥

1857 年 5 月，经过半年的稳扎稳打，长 51 米、宽 5.1 米、拱跨 29 米的薛宅桥历经劫难后重新建成！

在薛宅桥正中的喜梁（横梁）上，看到一行工整的字迹："寿邑小东绳墨徐元良。"其中寿邑指的是福建寿宁县，小东是寿宁县小东村。紧随徐元良名字之后的是徐斌桂，也就是主墨的副手。喜梁不是廊桥上最关键的一根木料，却是最具精神和地位象征的大梁，发起人、建造人、监造人等主要参与者的名字——誊写在上面。对于建造人来说，更多的不是荣耀，而是一份沉甸甸的责任清单，它公开地晾晒在桥上，关乎他们的声誉、尊严和名节。一旦此桥出现质量、廉洁和信誉上的事件，他们可能就会为此声名扫地。由此，"荣誉榜"变成了"耻辱榜"，严重地影响到他们的生意，他们甚至可能就此失去生计。所以，只要写上了主墨师傅的名字，这根横梁实际上就变成一张责任重大的质量保证书。可喜的是，这份质量保证书平安地晾晒了一百六十多年。

我查阅了徐元良的详细资料，他出自福建寿宁县一个至今已传承两百多年的造桥世家。徐元良是第二代传人，他的曾孙将建桥技术传给外甥郑惠福，郑氏从此开始传承徐氏的廊桥营造基因——这支家族由此被学界称为"寿宁小东徐郑家族"。据学者刘杰统计，"寿宁小东徐郑家族"至今传承了八代：第一代徐兆裕、第二代徐元良、第三代徐斌桂、第四代徐世智、第五代徐泽长、第六代郑惠福、第七代郑多金、第八代郑多雄。此外，郑氏家族历代从事廊桥营造的工匠还有郑福寿（清代）、郑岩福（1919—1999）、郑多希（1943—？）等人。

郑多金：人生如桥，桥如人生

离开薛宅桥，我直奔坐落在浙闽交界处的小东村而去，寻访当今最年长的主墨师傅郑多金。一百千米的道路，在崇山峻岭中兜出一个勺形的线路图，足足花费三个小时才到达偏居一角的小东村。

小东村没有因为地处僻壤而显得落寞，公路边建满了一排排崭新的水泥房。在一家小店门口，我向村民吴兴弟打听郑师傅的住处，他说郑师傅住在东山楼自然村，距离这里还有一点路。老吴热情地带着我前往郑师傅家，他说郑师傅的老婆也姓吴，与他是同一宗族，按辈分应该叫郑多金为姐夫。穿过街巷，我们来到一座古宅前，大门上钉着一块蓝色门牌。大门显得挺敞阔，门楣上伸出一双一尺长的户对，或许户主祖上曾是功名加身的官宦人家。老吴扯开喉咙喊了一声，少许，从右侧厢房中传来一声浑厚的应答声，一个挂着竹拐杖的老者从门后探出头来，对着我们眯眯地笑。

老人就是我要拜访的郑多金师傅，时年八十八岁（2016）。郑师傅听不懂普通话，由老吴代为翻译。当他得知我特意从浙江前来拜访时，欢快地打开了话匣子："我们家族造桥已经传了八代，祖师爷是徐兆裕。徐家传到第五代叫徐泽长，一辈子没有娶妻生子。他不想将祖传的造桥手艺断在自己的手上，于是传给了我的父亲郑惠福。我父亲是木匠师傅，在这一带建过几十幢房屋，做木的功夫很扎实，上手很快，没几年就成了远近闻名的造桥师傅。我从 19 岁开始，跟着父亲走南闯北四处营生，造了十一座廊桥。"

老吴对我说："郑师傅建的红军桥还在，你可以去看看。"

郑多金师傅显然听懂了"红军"二字，两眼放光。他抢过话题，聊开了红军桥："我父亲是主墨师傅，我是他的主要帮手，我们带着李家山村全体男丁干了一百多天，以创纪录的时间建好了红军桥。"

福建寿宁县杨溪头桥

顿了顿，他提起楼平村的另外一座红军桥。那座桥也是跟着父亲一起建的，他说前几年去看过，可惜已经拆了。多金师傅沉重地叹了一口气，拄着竹杖的手微微有些发抖。

当问起哪座桥最为满意之时，他略显迟疑："1967 年建造的杨溪头桥。当时，杨溪头村要建造一座桥，村里人请我父亲当主墨师傅。由于父亲卧病在床，就由我代为主持。这是我独立主持建造的第一座桥。"

在娓娓道来中，我似乎看到了风华正茂的郑多金，如同一个将军，指挥着千军万马，坚定信念，胸有成竹，左右调度。在他的号令下，选桥址、建桥台、测水平、立水柱架、支天门车、吊木料、造拱架、上剪刀苗、上桥板苗、架桥屋……一道道工序繁缛复杂，一步步紧密连接，一个个木构件纵横相贯，整个工程流转得井井有条。工匠们就像一个个娴熟的裁缝，对每一根木头进行裁剪，一座桥就在反复的裁剪中完成了。建成之后的杨溪头桥拱跨达到 37.6 米，与距此不远的鸾峰桥一模一样。这或许是巧合，或许是郑多金刻意而为之，以此向前辈致敬。当时的郑多金没有想到，杨溪头桥与鸾峰桥会并列中国单孔跨度最长的木拱廊桥。更没有想到的是，钢筋水泥桥梁的推广普及让传统木拱廊桥再无用武之地，踌躇满志的他从此无桥可建。这个天才造桥者，在现代工业文明面前，充满了英雄落寞的孤独感，真的让人不忍直视。

郑多金为人谦让，非常配合采访。想想几年前拜访某位廊桥营造师傅，捧出一本本红彤彤的、电视机一般大小的证书，沉沉地压在桌子上，动不动就说上过央视、接受过美国记者采访，以及自己手艺如何高超，两相比较真是天差地别。郑多金早在 1949 年前就参与多座廊桥的营造，

福建寿宁县红军桥

独立主持营造了当时国内单孔跨度最长的木拱廊桥，被业内誉为"最后一个依靠纯手工作业的大跨度木拱廊桥工匠"。郑多金绝口不谈自己高超的技术，反复强调自己是手艺人，建桥是谋生的手段。现在看到廊桥得到很好的保护，他已经心满意足了。

桥如人生，人生如桥。我在桥上看到的是风景，看到的更是郑多金的人生。不识字的郑多金没有留下营造廊桥的书籍和图纸，但是他留下一座座传世的廊桥，足以慰藉平凡的一生。

与郑多金师傅依依惜别，我专程前往犀溪乡李家山村寻找红军桥。在桥头，遇到从地里归来的周大岳老人。他告诉我，李家山村村民多姓周，姓李的很少；村名原叫"利山头"，后来阴差阳错变成了"李山头"。老周祖父周作摇出生于1914年，二十一岁时入党，成为一名地下交通员。红军桥坐落在李家山村北，南北走向，桥的北面是浙江，南面是福建，成为一衣带水的两省界桥。据老周述说，此地原来有一座木桥，为了阻断红军的退路，国民党军将之烧毁。1954年，政府拨款在此造桥，村里男丁全部出工，他的祖父和父亲也在其中。当年周大岳七岁，刚刚记事的年龄，每天跟着父亲到工地上玩。他清楚地记得，一排排粗壮的木头打到水底，大的木头用滑轮拉上去，小的木头人工抬上去，整座桥全是手工作业。

站在红军桥上，后溪由南向北流淌到浙江泰顺，顺着后溪往上游追溯就是福建寿宁。据寿宁朋友介绍，这条并不知名的溪流上，分布着数条样式相似的木拱廊桥，除红军桥外，还有三座坐落于坑底乡小东村、一座坐落于坑底乡杨梅州村，它们都出自这个造桥世家之手。

后溪，一部廊桥家族的传承史诗

前往杨梅州桥的公路左侧是陡峭的山崖，右侧是十数米深的溪流，道路虽然惊险，景致倒也相当幽深静谧。水泥路的尽头，出现一条砂石路，布满尖锐的石子，我生怕割破了轮胎，不停地打着方向盘，车子上下颠簸，底盘擦着石块发出嚓嚓的声响。在一个上坡路段，两辆温州牌照的车子正在小心翼翼地倒车。与他们闲聊了几句，他们也去寻访杨梅州桥，前方的山道让他们望而却步了。不知转过多少道弯，一块蓝色铁皮牌子出现在路边，显得特别醒目，上书"杨梅州桥"四个正楷大字。下了盘山公路，顺着一条简陋的石子路走了不久，终于见到藏身于峡谷中的杨梅州桥。

从桥头的碑文得知，杨梅州桥始建于清乾隆五十六年（1791），道光二十一年（1841）、同治七年（1868）两次重修，现桥为 1939 年募缘再重修。在桥正中的喜梁上，我找到周宁县张学昶的名字——他是鼎鼎大名的秀坑第四代"下荐师傅"，当时担任杨梅州桥的主墨师傅。在喜梁上还誊写着郑惠福的名字，他是当时主要的造桥师傅之一。此时，郑惠福出道时间不久，声望自然在张学昶之下。可以想象，当郑惠福站在二十来米的高空，脚踩着一根宽不过二三十厘米的木头，也就是一只脚掌那么长，低头一看，脚底下是深渊和奔腾的后溪，抬头仰望蓝天和阳光，上下都不停地晃眼。如果不是一个心理素质、平衡能力极佳的人，定然会心惊肉跳，不要说在木梁架上作业，就是站个几分钟都会双脚发抖、两腿打战、额头冒汗。可见，高耸的廊桥考验的不仅仅是高难的技术，也在检验一个人是否有良好的心理素质。然而，郑惠福却常年行走在高空，充满了自信和勇气。他与众多造桥师傅一起，起吊松木，编织木梁，榫卯对接，一双双巧手在峡谷中筑起这座长 42.5 米、宽 4.2 米、孔跨达到35.7 米的廊桥。

　　除杨梅州桥和郑惠福、郑多金父子主持营建的红军桥之外，在后溪上还有三座这支廊桥营造家族的杰作：清嘉庆六年（1801），徐兆裕主持建造的小东上桥；光绪四年（1878），徐斌桂主持建造的小东村大宝桥；民国二十八年（1939），徐泽长主持重建的小东村单桥。后溪，仿佛是一个流动的时间刻度表，一支有着技术传承的廊桥营造世家——"寿宁小东徐郑家族"此刻清晰地记录在册。

　　宏大的廊桥，娴熟的技艺，恰恰成为天造地设的一对。面对一座准备新建的廊桥，徐郑家族的历代师傅们从定位、备料、开工、营造到竣

福建寿宁县杨梅州桥

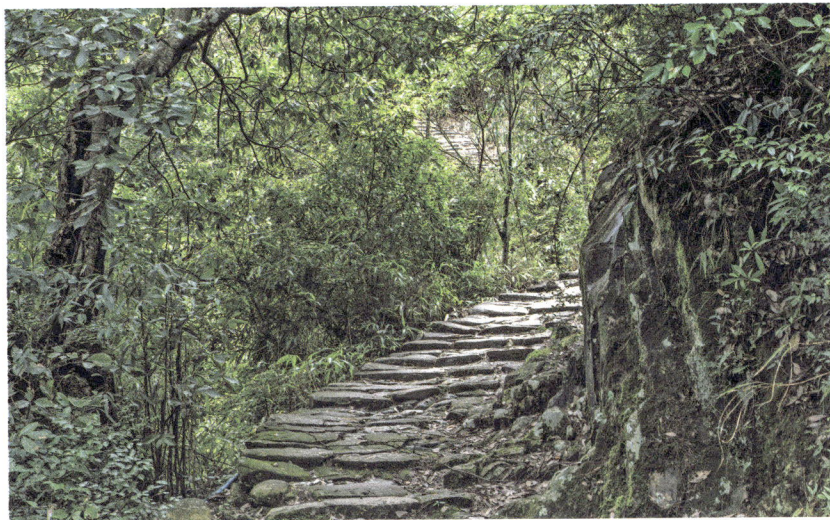

福建寿宁县杨梅州桥前的古道

工，整个过程中凭借的就是经验和眼力。他们没有图纸，没有先进的仪器，没有现代的起重设备，没有铁钉钢架，但他们目光精确到位，心中已经绘下一张张图纸，各个结构已经成形，只要一声令下，大桥的榫卯立即可以对接。一座由木、石、砖、瓦、土、漆等材料组成的巨大水上宫殿便矗立在眼前。

从清嘉庆年间至今的两百余年里，徐郑家族辗转浙闽两省十多个县，建起数十座廊桥。他们与同样传承八代的周宁"下荐师傅"并立，成为矗立在"彩虹"之巅的造桥家族。

继承衣钵，"徐郑"家族再出发

随着木拱廊桥越来越引起政府的重视和民间的关注，人们循着廊桥上的名字一路追溯到了郑多金。此时，郑多金被冠以"国内最年长的大拱跨木拱廊桥主墨师傅""最后一个依靠纯手工作业的大跨度木拱廊桥工匠"之名，获得"国家级非物质文化遗产代表性传承人"等称谓，"身价"也随之扶摇直上。可以说，仿佛一夜之间郑多金由一个普通的造桥工匠变成了国宝级的人物，当年英雄无用武之地的悲怆变成烈士暮年的壮心不已。

2001 年，中央电视台科教频道《探索·发现》栏目组到寿宁县拍摄《虹桥寻踪》专题片，专门对郑多金进行了采访拍摄。其间他重拾当年手艺，取料，编梁，穿插，榫卯对接，仅用六天工夫就完全按照古法搭建起一座弯弯的木拱廊桥模型。老吴当年见证了这一幕。当他看到郑多金一屁股坐在模型上时吓了一跳，随后却只见模型微微一晃，依然稳稳地立在原地。

在古稀之年，郑多金带着小他十多岁的弟弟郑多雄重操旧业，如愿地又建起了廊桥。2006 年，寿宁县开工建设牛头山水库，张坑桥和长濑溪桥需要进行易地搬迁，最终交由郑多金、郑多雄主持两座桥的迁建。从 1967 年到 2006 年，一晃过去了三十九年，郑多金终于再圆造桥梦。五年后，寿宁县西浦村口建起一座拱跨 20.5 米的木拱廊桥——飞龙桥。

手捧父亲郑惠福遗像的郑多金，
与弟弟郑多雄和侄子郑晖民合影

时年八十三岁高龄的郑多金此时的角色已由主墨师傅改为监造，郑多雄则由徒弟成长为能够独当一面的木拱廊桥主墨师傅，"徐郑"造桥家族的衣钵实现顺利交接。现在的郑多雄已经主持过十多座廊桥的兴建和修复，成为省级非物质文化遗产传承人。为了将儿子郑晖民培养成新一代的造桥接班人，郑多雄从最基础的锯木、刨木、拼板开始，手把手地带着儿子造桥。"徐郑"这支技术一体的造桥世家在历史长河中长途跋涉走了两百多年，如今他们依旧在前行。

郑氏之前的徐氏到底营造了多少廊桥，目前尚难以统计，我们知晓的有福建寿宁小东上桥、大宝桥、飞云桥、单桥、刘坪桥，浙江景宁白鹤桥、大赤坑桥，泰顺薛宅桥等十余座。传承到郑氏之后，郑惠福、郑多金父子手上所建的有浙江庆元南阳桥、泰顺三滩桥、富家垟桥、双神桥，福建寿宁刘坪桥、红军桥、前洋桥、布罗林桥、普济桥，浙江文成岭脚桥、福建福安棠溪桥等十多座，加上近年郑多金、郑多雄兄弟建造的十多座廊桥，总数达到三十多座，足迹涉及闽浙两省的寿宁、古田、武夷山、泰顺、平阳、景宁等数县市。

可以想见，当郑多金师傅拄着竹杖，站在自己亲手建起的廊桥上，平静地看着来来往往的路人，这时带给他的精神愉悦远远超过一切物质上的回报，也许这个时候的他会成为世上最幸福的人。

屏　南
碑记里的桥

在古时，一座规模较大的廊桥竣工后，倡建者往往会在桥头竖立一座或者多座石刻碑记，记录桥的地理位置、来历、建造经过、捐建者的姓名，以及捐资数目等详细内容，并附以赞扬的诗文，称为"桥志""桥赋""桥诗"。福建屏南县坐拥万安桥、千乘桥、百祥桥、文昌桥、广福桥、广利桥、惠风桥、清晏桥、劝农桥、连升桥等五十余座廊桥，许多廊桥的桥头都立有这样的碑记。倡建者的从善情怀和美好愿望浮现在字里行间，折射出浓郁的人文思想和地域文化。此外，屏南廊桥还有另外一类碑记，镌刻着桥约、桥禁等内容，它们是诚信文化的具体表现。屏南廊桥碑记涉及范围之广，种类之全，放之国内也实属罕见。这些碑记为我们留下了珍贵的历史清单，每一通碑记都给人以美妙的遐思。

端坐墩中，祈佑桥安万年

万安桥坐落于长桥村的龙江上，是一座近百米长的石墩木拱廊桥，由此又被乡民称作"长桥"。万安桥共有五座桥墩，每一墩高 8.5 米，均用块石严丝合缝地砌筑。桥墩前尖后方，迎水方向收缩成锐角，远远望去，如同一排舟船正在逆水前行。在万安桥正中的桥墩上，嵌着一块石碑，虽然历经水流侵蚀和风吹雨打，但碑文至今清晰可辨：

> 弟子江稹舍钱一十三贯又谷三十四石，结石墩一造，为考妣二亲承此良因，又为合家男女及自身各乞保平安。元祐五年庚午九月谨题。

短短五十四个字，告知我们一个事实，万安桥始建于北宋元祐五年（1090）。这些来自九百多年前的文字无法还原江稹的生平，只知道他是一个孝子，他的捐资出于三个目的：一则为过世的父母还愿，了却父母在世时的心愿。二则建桥修路自古便是积德的事情，以此为家人祈福。三则他是一个笃信佛教的弟子，廊桥起着沟通此岸与彼岸的功能，与佛教中"普度众生"的教义有相通之处。作为佛门信徒，他心甘情愿地捐

屏南县万安桥

款，为保障乡人的安全出行献上无量功德。

　　沈括《梦溪笔谈》卷三有这样的记载："凡石者，以九十二斤半为法，乃汉秤三百四十一斤也。"由此可知，宋代一石大米为59.2千克。有人经过复杂的换算，得出宋代一贯铜钱相当于今天465元人民币的结论。姑且以此作为依据，那么，江积捐出了大约6045元人民币。如果按现今大米价格每千克3元来计算，宋代一石大米59.2千克合约180元人民币，三十四石大米约合人民币6120元。两项相加约1.2万元。以当下的物价，1.2万元人民币是无法建造这么一座高大结实的桥墩的。今天，一个普通的石匠一天工资为两三百元，两个石匠十天工资差不多要五千元人民币，这还不包括开采石料、运输、建筑材料等费用。显然，换数归换数，实际上江积的付出远远不止今天的1.2万元。这一组简单的数字从北宋元祐年间一直留存到今天，显示的不仅仅是江积一颗感恩和行善的心，也是一份建筑价格表，得出北宋的万安桥桥墩的大致建造费用。

　　万安桥长达98.2米、宽4.7米，共有五墩六孔，最大跨度15.3米，最小跨度10.6米。桥上廊屋共有三十七开间，双坡单檐悬山顶，屋内排列着一百五十二根杉木立柱，拱架用量更是达到两百七八十根，加上横梁、檩条、桥板、桥凳、护栏等构件，万安桥消耗了不计其数的木料。这一定又是一笔足以让人瞠目结舌的巨资。万安桥经过多次重修和重建，仅清代至民国有记载的就有四次，分别在清顺治五年（1648）、乾隆七年（1742）、道光二十五年（1845）、民国二十一年（1932）。万安桥之前叫长桥，在民国的这次维修中，建桥师傅不慎从十几米高的廊屋上跌落水中，居然安然无事，乡人大为惊异，便将长桥改名为万安桥。1952年，桥西北端被大水冲毁两个拱架。1954 年，县人民政府出资重建。在一场场滔天的洪水中，似乎得到冥冥庇佑，江积捐献的这座桥墩平安地保留了下来。每一次重建和重修都要花费一笔巨资，正是有千千万万个"江积"的慷慨捐助，才得以让这座中国最长的多孔木拱廊桥留存至今。

远眺万安桥，一墩一墩向前，大踏步地跨越宽阔龙江。那些拱形的曲线桥体带着历史的厚重、诗歌的韵律、岁月的蹉跎、水墨的风情，深情款款地映照在我们眼里。同为大型廊桥，万安桥与浙江永康西津桥一样，桥身下半部装设遮风板，上半部通透，这或许是为了达到透光、通风、防潮的目的。与桥身歪曲的西津桥不同的是，万安桥笔直，在桥头一眼可以贯穿桥尾。贴满红色对联的柱子整齐地排列着，在眼前成比例地不断缩小，最后形成一张 A4 纸大小的格子。阳光照耀在红纸上，眼前幻化出一片片祥光，整座桥荡漾出红色的霞光，显得喜气洋洋。

事实上，笔直的桥更难建造，对水文条件的要求更加苛刻，因为桥墩很难避开激流，承受的冲击非常大。所以，一般桥梁建设桥墩时要么在曲线上做文章，要么在桥墩间距上动脑筋，这些措施可以扬长避短，尽最大可能避开水流，达到保护桥墩的目的。万安桥桥身笔直，桥墩间距基本相当，这种设计在宽阔河面上显然有悖常理。万安桥为什么亮出自己的短板呢？当我钻到桥下，谜底就在眼前，原来万安桥建在一片横贯江面的岩石上，桥基非常稳固。

龙江从峡谷挣脱出来，至长桥村，一个大回环，甩出一大块开阔的河床，以及一片清瘦的溪滩。滩上长满了芦苇，在风中瑟瑟地摇摆。那是一片红色的丹霞岩石，水流打湿的部位红色分外鲜艳，如同天上的彩霞落到了桥底。裸露的岩石被江水打磨得相当光滑，失去了原有的锐角和锋利。阳光打在岩石的结晶颗粒上，反射着点点刺眼的光。桥底是一片巨大的石滩，形成凹凸不平的河床，溪流经过时发出各种各样的声响，如同交响乐一般：流经平缓的石头表面时发出轻缓流淌的咕噜咕噜声，经过上下高差时发出哗啦哗啦的跌落声，水流撞击着河床底部的石头发出的轰轰声，也能听到噗噗的溪水拍岸声。

江水一一从桥墩两侧分流而过，隔着千年的时光，我看见安放在桥墩中的那块小小的石碑，如同端坐的江積，望着远去的滔滔江水，一脸神色庄严，似乎正在专注地为万安桥祈福、祈安。哗哗哗哗的流水声，如同涌动的诵经声，历经千年，弥久不散。

千乘桥志，追溯一座桥的前世今生

驱车穿过福建屏南县城古峰镇，向北再走十多千米就是棠口村。千乘桥位于棠口镇棠口村，桥西立有四块碑记。其中一块碑文为《千乘桥志》，撰写者周大权是当地颇具名望的秀才。清隽的字迹记录了千乘桥的地理、历史和重建过程，摘取如下：

> 自宋以来，重建已三次矣。迨嘉庆十四年，两河伯争长，又荡然无存。行人病涉，时以小艇济之桥也，而变为渡焉。特是義驭西沉，谁作渔郎之唤；鸭头春涨，那为舟子之招。缅彼征人，其自涯而返者，来易更仆数也。爰与诸同人募金再造，

于嘉庆廿五年仲冬下浣，重协力重兴。临渊累石，下同鼎峙千
秋；架木凌空，上拟虹横百尺。自此乘驷长卿、骑驴高客以及
农工商贾，咸不必于棠溪岸上复须一苇之杭，是怀往熙来，依
然有千乘桥济厥巨川也。

　　从碑文中可知，在周大权撰写碑文之前，千乘桥已历三次重建，最
早可追溯至南宋理宗年间（1225—1264）。清嘉庆十四年（1809），千乘桥
又一次在洪水中轰然倒塌。乡民苦于无桥可过，只得涉险渡水，或者乘
坐渡船，一到晚上便无法通行。千乘桥的地理位置非常重要，处于通往
福建省城福州的道路要冲上，一到大水来临便中断往来，官商旅人亦苦
不堪言。嘉庆二十五年（1820），周大权经过多年奔走呼号，发动十里八
乡的乡民捐钱捐物，历经千辛万苦，千乘桥才得以重建。竣工后的桥长
62.7米、宽4.9米，廊屋二十四开间，足有百根立柱。周秀才在撰写碑文
时笔端的沉重也只有他自知，一笔一画落地之后，化成一通不朽的石刻
碑字，一桩缠绕的心思如流水一样化开了。随着周秀才长长地舒了一口
气，一座心愿中的千秋之桥横跨过棠口溪，将西侧的祥峰寺与南侧的八
角亭串联在一起，构成了棠口村的人文盛景。
　　千乘桥两墩三孔，单孔跨度27米，桥墩用块石整齐地叠砌，呈现
出船的形状，这与大多数桥墩并无二致。别出心裁的是桥墩尖端的饰物，
每面分水墙的尖角上都雕琢着一只活灵活现的公鸡头。它们机警地探出
头部，目不转睛地盯着来水方向，仿佛随着洪水的来临，它们便会发出
尖叫声。一般的桥墩顶端雕琢成朝天的尖角，精细一些的雕仙鹤、朱雀

屏南县千乘桥

等神鸟，雕成鸡头的并不常见。其实，它与桥的形状形成呼应——一只昂首展翅的雄鸡！

据说，周大权设计了多套方案，又逐一被自己否决。就在他为此夜不能寐之时，迷迷糊糊梦见一只金鸡从天而降，立于棠溪之上。周大权猛然惊醒，便将桥梁设计成金鸡展翅的模样。事实上，金鸡是一种传说中的神鸡，可以作为庇佑桥梁安全、福佑苍生的吉祥瑞物，这或许是千乘桥形状的由来。

千乘桥，这是对车水马龙的真实描写。随着公路交通体系日臻完善，千乘桥逐渐退出历史舞台。鼎沸的嘈杂声音瞬间终止，这些走了数百年的马车、牛车、驴车、人力车的主人们终于走累了，纷沓如潮的足音消散了，似乎只有在后人阅读《千乘桥志》时，他们才会在南腔北调的声音中渐次苏醒。

桥山，百祥桥的建材仓库

百祥桥是一座单拱跨的木拱廊桥，拱跨达到了 35 米，坐落在地处深山的白洋村白洋溪上。百祥桥又名"白洋桥""柏松桥"，与万安、千乘两桥一样，始建于宋代——这说明屏南县早在宋时桥梁发展已经相当成熟。

一座廊桥从数百年甚至上千年前走到今天，历史上必然屡经水火侵袭和自然磨难。它们能够存活下来一定历经了多次重建和翻修，而每一次重建、修缮都要更换和使用大量木料。木拱廊桥的木料选择尤为讲究：拱架部分的大牛头和小牛头必须选择韧性好、硬度强的苦槠树为原料；

屏南县百祥桥

其他构件则采用杉木，最好选择生长在山南向阳的老杉树为原料，这种杉木不容易腐烂，可以延长桥拱的使用寿命。

为了使廊桥破坏之后能够得到及时重建、重修，廊桥管理机构或者普通民众往往会利用造桥剩余的款项或者自发捐款买山造林，为下一次建桥、修桥储备木材，桥山由此诞生。清咸丰二年（1852），百祥桥重建，张永衢、张传恭、苏顺生等十六人集资买下靠近桥头的一片山坡，并种下四百多株杉树，以备不时之需。杉树广泛分布在长江以南地区，生长周期短，树干笔直且长，材质轻盈，易于加工，同时木质中含杉脑，耐腐防蛀，因此被大量使用于廊桥。将杉树种在桥头、运输、加工、维修等非常方便。为了有效管理这些树木，有关方面还专门撰写了一篇管理桥山的规定，并勒石为碑，立于桥头：

> 立公议苏顺生等
>
> 今因各处杉木稍大便砍伐买（卖）钱应用，恐久后柏松桥或被狂风吹坏，或世远年湮朽坏，无大杉木架造，行人病涉，且遇大水流，行有赶急之事，则贻误不少。是以纠集数姓之人相商，公捐钱文，买得张曰子土名柏松桥头茅山一所，栽种杉木，晋植长大以备柏松桥使用。附近邻村及公议数姓之子孙人等，俱不敢偷砍盗买盗卖等情。如有此情，即呈官究治，决不徇情。更恐公议数姓之子孙，遇柏松桥朽坏，不肯做缘首，即不在公议之子孙，有能做缘首秉公架造者，大杉木亦听其砍伐应用。至大杉木根有萌蘖者，俱要爱养长大，以备柏松桥应用，

不许私行戕贼。公立石碑为照，其山在暗亭坪下，上至大路，下至塝尾石岩，左至出水塝，右至冈火路直下塝。曰子尾价银二两正。

　　缘首　兴化府儒学张永衢　庠生张传恭　苏顺生

　　协缘　张永禅、张仕香、张传扬、高大左、高伯发、林光辉、张传雅、张奕凯、梁光宗、陈汝观、韩占道、张曰子、张钦泽

仝立

咸丰二年十月□日吉

　　光绪二十年（1894），百祥桥得以顺利重建，当地乡民慕名邀请周宁秀坑村鼎鼎有名的"下荐张氏"担任主墨师傅。此次百祥桥重建的木料取自四十多年前张永衢等人栽下的杉树。2002年8月，百祥桥再次开始新一轮的修复，邀请的主墨师傅是第八代"下荐师傅"——张昌智、张昌云、张昌泰。这次维修所用的木料，还是取自桥山。一代一代的廊桥师傅，一茬一茬的杉木，在这里完成了接力一般的传承。2006年6月，百祥桥不幸被焚毁。五年后，百祥桥又面临着重建，建桥的木料依旧来自桥山。一辈一辈村民呵护着桥山，村民们决不允许私自盗砍，如有违者，"呈官究治"。如果公用的木头被砍倒了，那就马上补种一棵新的树苗，使得桥山成为取之不尽、用之不竭的宝库。如今，经过村民一百六十多年的精心经营，桥山上数百株杉木早已遮天蔽日。

　　除了万安、千乘、百祥三座当地最著名的廊桥之外，我在屏南众多

廊桥上还见有其他形形色色的碑记。如：山口桥桥东的石碑记载了彩虹村村民黄益姑偕子孙合力建造该桥的经过；黄奶奶做完善事之后，只有一个祈求——唯愿子孙昌盛。龙井桥头立着四通石碑，有两通石碑记载着嘉庆二十五年（1820）和光绪十四年（1888）修建龙井桥的经过。与一众碑记不同的是，金造桥桥外立有一通嘉庆十五年（1810）的碑文，明文禁止桥头堆积粪草沟土秽物，禁止火炭坠落桥内，禁止桥内放置易燃物，禁止乞丐起火烹食、成群歇宿（从中不难看出，这是先民从血的教训中得出的经验，从而有了强烈的防火意识）。

在屏南一通通桥碑中，那些或娟秀、或狂野、或周正、或放达的文字，让我们知晓了那些建桥过程中远比桥梁本身更加高贵的工匠或者出资者的身世和建桥经过。我一次次地抚摸着光滑的石碑，就像抚摸着历史中的某一个人物，比如廊桥的捐资者，比如廊桥的建造者，比如廊桥的保护者，比如走过廊桥的某一个陌生人……

屏南县龙井桥

龙井桥碑

屏南县金造桥

金造桥碑

6

安 化 廊 桥
茶马古道上的"水殿龙舟"

　　湖南中部，长江支流资江流经的安化，以盛产黑茶而名满天下。世人皆知这里是黑茶故里，却不知道安化竟然隐藏着许多惊世骇俗的廊桥——它们不仅将安化的水系和山川连接在一起，还一度是茶叶贸易的交通枢纽。廊桥、茶亭与道路、渡口组成的错综复杂的驿道网，把安化黑茶运送到遥远的游牧地区。这些廊桥是如何诞生的？它们身上有哪些独特印记呢？

"木马择匠"，百余年前的一次公开招标

　　湖南省，安化县，江南镇，锡潭村，麻溪，永锡桥……2015 年春天，摄影师吴卫平将这一串带着湘中水汽的地理名词一股脑儿地告诉我。原来，搜寻廊桥十多年的吴先生在湖南中部安化县意外地发现多座身躯庞大的廊桥。"在我以前的拍摄计划里，这个区域的廊桥数据是空白的，国内一些知名的廊桥研究专家也很少提到过这个区域。"他说道。

　　这让我非常疑惑，近些年出版的众多廊桥书籍中，难以寻觅"永锡桥"的详细资料。但在他平静的叙述中，能隐隐感受到他的心中正掀起波澜。

几乎没有任何犹豫，2015年清明节期间，我从浙江千里迢迢抵达锡潭村。刚刚到达村口，乌云便追了过来，雾气压得很低，仿佛一席巨大的帷幕垂到村中的麻溪上。就在这"黑云压村"的时刻，我努力抑制震撼，因为，永锡桥海市蜃楼一般浮现在眼前——五墩四孔，长83米、高12.8米，倒影将体积扩大了一倍，黑压压的身躯横亘在麻溪上空，有着一股君临天下的霸气。

我钻进封闭的桥身，细雨转瞬变成骤雨，噼里啪啦地敲打着瓦片，很有韵律地响成一片，纯白的雨线挂在桥窗之外，窗外一片混沌。

循着雨声走进桥北的桥亭，明间正中的横梁上高悬"印月亭"，字

安化县永锡桥

迹神气而高远，一看就是隐居乡野的高士所书。一位头发斑白的老者捧着茶杯，正靠在竹椅上看书。见有不速之客，脚下的大黄狗低低地吠了几声，老人微笑着向我打招呼，眉目中满是亲切，原来他是永锡桥的守桥人陶意明。交谈中得知，陶老已经七十三岁，从祖母那一代开始守桥，到他已经是第三代。护桥，扫地，烧茶，陶氏家族伴守永锡桥已足足两个甲子，不禁让人为之肃然起敬。说起这些，他的脸上不由得浮现出自豪感，好像百年的守桥艰辛随着言语流淌而消失干净。

在他家，我看到一只百年前的茶桶。当年，天刚亮，陶家就将烧好的茶搁在桥头，一碗一碗地舀给商贩、脚夫。今天，经过廊桥的古驿道已不是交通要道，老茶桶也用不上了，但陶老依旧会热心地为参观廊桥的游人沏茶泡水。他热情地招呼我坐下喝一碗自家产的黑茶，娴熟的动作一如他的祖母和父亲。我端起蓝花碗，吹皱茶水，吸吸气，轻呷一小口，心情灿烂，草长莺飞的阳春三月扑面而来。

一边喝茶，一边听老人兴致盎然述说"木马择匠"的故事——

那是清光绪二年（1876）的秋天，永锡桥会如愿筹集到数十万两建桥的银子，万事俱备，但还缺少一名主墨的木匠师傅。面对这个巨大的工程，一时间安化及周边许多县的木匠师傅纷纷前来应聘，亲朋好友和乡邻也纷纷打招呼要求承包建桥工程。这下可难住了桥会，怎么办呢？

经桥会集体商议，决定公开竞标，每个报名应聘的木匠师傅做一匹木马，并刻上自己的姓名。农历十月的一天，这场招聘主墨师傅的竞赛开始了。不就是简单得不能再简单的木马吗？工匠们不假思索，锯木声声，刨花飞舞，木屑四溅。很快，几十匹散发着松木清香的木马整整齐

安化县永锡桥头

齐地摆放在了溪滩上。更让他们纳闷的是桥会将木马统统丢到水塘中，让大家第二天等待公布结果。第二天一早，他们捞起木马，一一撬开木马榫头，结果新化县吴木匠所做的木马榫卯紧密吻合，榫头一点水渍都没有渗进去。人不可貌相，这个二十出头的毛头小伙以深厚的功力从众多应聘者中脱颖而出，成为永锡桥的主墨师傅。

陶老并没有意识到一百三十年前的这次公开、公平、公正的竞标完全可以载入中国廊桥史册，既寻找到了技术高超的主墨师傅，又有效地防止了暗箱操作，保障了工程的质量。这或许就是永锡桥至今依旧健在的关键原因之一。

从光绪二年（1876）开始施工，到光绪七年（1881）十月竣工，历时五年多。在吴师傅的指挥下，石匠采石砌桥墩，铁匠打制燕尾榫，锯工上山伐木，木匠搭建桥梁，漆工刷桐油……他们按照建桥顺序，按流程作业，既有分工又有合作，就像一部匀速运转的机器，每道工序都做得一丝不苟。成百上千的梁、柱、檩的尺寸全部记在心中，斜穿直套，纵横交错，井井有条，上万的榫卯无一差错，几百根整齐有序的木头柱子森林一般排列在眼前，支撑起壮丽的廊屋。今天，每一根梁，每一块木板，每一个榫卯，都妥当地保持着当年的模样。整座桥划出一道道刚劲的线条，保持着一股向上托举的力量，无可挑剔地呈现出建筑的阳刚之美！

走在桥上，木板桥面露出凹凸不平的沟槽，桥板的缝隙处，溪水烁烁，顿时有着凌波而行之意。永锡桥的桥墩由青石材砌筑，简洁、坚实、雄壮，水浪腾跃而来，顿时使石头上的纹理条条清晰起来。桥墩上的蜈蚣浮雕引起我的注意，它们蛰伏在石壁上，仿佛一声吆喝就会将它们唤醒。

在桥上，我们巧遇安化民俗专家谭爱平。他说在安化还有为数众多的廊桥存世，它们大多砌桥墩，悬臂挑梁木结构梁架，桥面铺木板，上建长廊，顶部覆瓦，两侧设有瓦檐。当地很少有人称其为"廊桥"，他们更愿意称其为"风雨桥""花桥"或者"风水桥"。

跟着谭爱平沿资江叶茎一般细密的支流追溯到深处，思贤桥、镇东桥、红岩塘桥、马渡桥、木家桥、燕子桥等，这些蔚为壮观的廊桥钻出大山的褶皱与我一一相遇。它们有的如大鸟展翅翱翔在溪谷上空，有的状若长龙游弋在宽阔的河面上，有的如同风姿优雅的水殿龙舟……令人着迷地排列在无穷无尽的清山秀水间，闪耀着无止境的美。

皆知黑茶，却不知安化有廊桥

一提起安化，人们就会想到黑茶。

的确，安化黑茶自古以来就以铁面金腹之貌、霸气横秋之香、橙黄明亮之汤、甘醇隽酽之味闻名遐迩。明万历二十三年（1595），安化黑茶被定为官茶。从此，安化成为中国黑茶的最大生产地。但很少有人知道，安化还有大量保存完好的廊桥，坐落在中国第二、第三地形阶梯的分界之一——雪峰山北麓。与精巧秀气的江南廊桥不同，这里的廊桥体量更加庞大，最具代表性的几座廊桥长度都超过了五十米。看似不起眼的乡村山野，顿时有了龙盘虎踞的气势。

安化位于资江中游，山重水复，沟壑纵横，水系十分发达，溪河纵横交错，干流长度大于五千米的河流有一百六十三条。雨季时，连下半个月的雨不足为奇，无数密集、短促的急流从高山上飞奔下来。这些性情暴躁的溪流仿佛长着一颗颗锋利的獠牙，将山体咬得千疮百孔。所以，要阻挡洪流的猛烈冲击，安化廊桥就必须要有牢固的桥墩。

果不其然，这些廊桥最出彩的部位正是桥墩。在我走过的大江南北数百座廊桥中，似乎只有安化廊桥桥墩的美最让人惊心动魄！

思贤桥有三座桥墩，由规则的条石砌成"分水金刚墙"，迎水侧状如船头，即所谓的"锐前杀后"。《新唐书》对这种石墩有精辟解读："锐其前，厮杀暴涛，水不能怒，自是无患。"这是能够以刚克柔的最大法宝。洪水的蛮力撞击桥墩时，锐面的桥墩将迎水面积缩小到一条直线，水向左右两侧分流，以四两拨千斤之力轻巧地化解了洪峰冲击。自然的神力和人的伟力在这里交锋，一刚一柔，一攻一守，一静一动，两股力量由对抗变成化解，如同两个武林高手在拆解招数。站在桥上向下俯瞰，我看到另一番生动的景象：这时，桥墩同一把巨大的梳子，不动声色地梳理着狂乱的水流。水在它的疏导和分流下变得妥帖，顺畅流过。

桥墩的垒砌方式也非常巧妙。巨石采割下来后，经过抛光，上下层条石错开叠砌，一层层垒起。石块间用石灰、细砂、桐油搅拌均匀的混合物黏结，连接得严丝合缝。为了防止条石移位，条石之间事先凿出双燕尾形的阴榫，嵌入铁制的燕尾榫将前后左右的条石一一锁死。数百块条石经过"编辑"，凝固成一个雄壮的整体。它们根深蒂固地扎在水里，历经惊涛骇浪而历久弥坚。桥墩的实用性、科学性、艺术性达到近乎完美的程度，这种工艺足可与四川成都的都江堰、浙江丽水的通济堰、安徽黄山的鱼梁坝相媲美。

纵观安化廊桥，所有的桥墩都设计成流线型，迎水侧呈刀面，后面平整。桥墩之间的距离大致均等，依溪流宽度不等，常见的有三墩两孔、四墩三孔、五墩四孔，根据汛期洪水的走向确定桥墩的位置，能够有效地分解洪水对桥墩的冲击力，特别是四墩三孔的廊桥，中间桥孔相对比较宽，两边的桥孔相对比较窄，桥墩立在水流平缓处，主要是为了避开洪峰的路线，将桥墩受到的冲击力降到最低。当怒涛滚滚而来之时，矗立在水中的石桥墩如同逆水之舟，载着廊桥昂首挺胸地行驶。

安化地质多样，有喀斯特地貌、丹霞地貌、冰碛岩地貌、砂砾岩、花岗岩等。就近取材以减少运输成本是造桥遵循的原则，因此，青色、黑色、红色、黄色的桥墩屹立在安化长长短短的溪流上，色彩丰富而变化多姿，让人目不暇接。有的干脆以桥墩的颜色取名，比如红岩塘桥，巨大的红色桥墩倒映在潺潺的溪水中，将水流涤荡得红光满面。

在思贤桥和马渡桥，我又看见一条条巨大的蜈蚣！它们盘踞在黑色的桥墩上，石头在雨水的浸泡下显得更黑，蜈蚣的线条在雨水的反光下显得更加生动和饱满。它们扭动着如符箓一般的线条，目露凶光，仿佛随时都会张牙舞爪地扑过来，即使是白天也惊得我毛骨悚然。

我突然想起，传说龙的克星是蜈蚣，因此，一些古代战船的船头就刻有蜈蚣。难道安化廊桥也是这样的吗？请教谭爱平先生后，印证了我的猜测。他告诉我，传说每当洪水来临，就有蛟龙出世，摇头摆尾间就能把桥墩撞毁。桥上刻蜈蚣，起着"驯龙镇水"之意。在安化，一座座桥，如同一艘艘固定的船，一座座廊桥是带殿顶的大船，蜈蚣就是护航的图腾。可是，蜈蚣的身上都套着紧箍，这又是什么意思呢？谭爱平说，紧箍牢牢地套在蜈蚣身上，是为了避免它们的恶行伤及无辜。

在安化，廊桥的入口处往往都耸立着牌坊式门楼，如同凯旋门一般耀眼，极尽技艺之巧，这无疑是安化廊桥的点睛之笔。清代对建筑规制有严格等级规定：庑殿顶等级最高，用于佛殿、皇宫和孔庙等高等级建筑，象征无上的尊贵；歇山顶次之，用于宫殿、园林、坛庙式建筑和其他重要建筑；六品以下官吏及平民住宅的正堂只能用悬山顶或硬山顶，

安化县思贤桥

因此安化廊桥多以悬山顶为主。但是，我意外地看到多座廊桥的桥头都建有歇山顶门楼，永锡桥、思贤桥、燕子桥、福星桥、木架桥、适中桥等居然采用了严禁民间使用的庑殿顶！这让我困惑：难道是这些地方出过等级非常高的门阀世家吗？一问并非如此。庑殿顶建筑多为清末和民国的，也就是说，它们是在中国封建等级制度式微或者瓦解之后才兴建的，在建筑方面也就没有了那么多的禁忌。不管怎么说，在偏僻的山野，耸立着这么多浓妆重彩的庑殿顶门楼还是让人非常惊讶。

安化廊桥聚集了中国传统的四种屋顶建筑模式，一些廊桥还建有飞檐翘角的楼阁式顶，远远看去有着刺向苍穹的决绝，有的脊上压着三星宝顶，有的脊角耸立仰天长啸的苍龙……风格众多的坡顶格局和装饰让我欣赏到了繁复的建筑美感，这在其他地方非常罕见。

陶意明讲了一则永锡桥的故事：吴师傅虽然应聘成功，但是，怎么在宽阔的麻溪上架桥呢？有一天，吴师傅躲到山上苦思冥想，看见一只喜鹊正在树上搭窝。它先横着铺一层树枝，再竖着铺一层树枝，反复几遍便搭起了新窝——这不正是自己要的吗？吴师傅眼前一亮，立即折了一把油麻秆，模仿喜鹊搭窝的方法搭建起一座麻秆桥。一座簇新的廊桥就这样依样画葫芦画到了宽阔的麻溪上。

我们今天看到的永锡桥五个桥墩上都用叠六层木梁，层层架高。每层用截面八寸见方的木料七根八根均匀排布，第一层放在桥墩同向位置，第二层伸出第一层边缘两边各一米。如此三次伸出，像搭积木一般，层层横向外挑，大桥间距缩短了六米，大大减轻了大梁的负荷。

在吴师傅于麻溪上空编织梦想的千年前，各式各样的廊桥已经飞架

安化县福星桥

福星桥桥墩上的蜈蚣和燕尾铁榫

安化县燕子桥

在浙闽赣的山川大地上。有人说，明朝早期大量江西人移民到湖南，也许永锡桥的原样是从江西带过来的。的确，始建于唐代的江西铅山澄波桥，不管是桥墩金刚墙的砌法还是鹊木的叠法，与安化廊桥都有近似之处。虽然安化廊桥采用重檐而不是风雨板来遮挡风雨，但从外观和构造来看多少带有江西廊桥的血统。

　　事实真的是这样吗？就在与安化毗邻的桃江县还矗立着一座建于唐代的石桥——牛剑桥，仅仅比赵州桥晚了两百年，被誉为"湖南第一蛮桥"。四墩采用双边船形的花岗石方块垒砌，整座桥造型粗犷，无论外形或垒砌方法都具有了安化廊桥桥墩的雏形。看得出唐代的湖南人就对前尖首桥墩情有独钟，说明安化廊桥的砌墩技术与牛剑桥一脉相承。唐代以来，悬臂式木平廊桥遍布全国。大批安化茶商走南闯北，见识了各地的廊桥，并将它们的精髓带到了故乡，结合安化工艺创造出了别具一格的安化廊桥。经过蓄积嬗变，安化廊桥比周边廊桥的性格更加鲜明，身世更加复杂，集中呈现出西北廊桥的大气、江南廊桥的精致、侗家廊屋的优美造型，兼具梅山文化中的野性。

走过一座座廊桥，近水而非水，似陆而非陆，架空而非空——水陆空的概念在这里是宽泛的、模糊的、交叉的，人工巧作与自然相映成趣。廊桥栖息在山水之间，因山水映衬而底色更加宽厚。今天，翻阅众多廊桥书籍和专家撰写的廊桥文章，也鲜见提及安化廊桥。世人皆知安化有黑茶，却不知安化有廊桥，不得不说是一个莫大的遗憾。

安化廊桥的发展轨迹不像浙闽廊桥从唐宋发端，一步步完善走向巅峰。安化历史上有记载的廊桥达到一百六十座之多，从现存的二十九座廊桥的建造年代来看，大部分集中建于清代。安化廊桥似乎是横空出世，由成熟迈向鼎盛只在短暂的一两百年之间，这里面暗藏着一种什么样的神秘力量？

桥因茶而兴，茶因桥而盛

永锡桥北端桥头建有桥亭，过道两侧立满了捐碑，五十八块石碑详细记载着修桥的原因、经过、主修、协修和捐赠者的姓名和募捐的款额。在众多碑文中，立于路口的第一块碑文吸引了我，上面醒目地镌刻着捐资的三和合、慎独轩、彭丰茂、胡广源、裕信和、福德春、安吉泰、怡合成等四十三家茶庄的名号，捐资从一千文到二十千文不等。

为什么有如此众多的茶商捐资？为什么茶商的捐碑会立于最显眼的位置？谭爱平说，安化廊桥与安化黑茶有着千丝万缕的联系，许多"茶马古道"上的廊桥都是由茶商出资或者捐资兴建的，这些廊桥见证了安化黑茶的发展。人们熟知的"茶马古道"分川藏、滇藏两路，是指存在于中国西南以马帮为主要交通工具的民间国际商贸通道。其实，还存在一条开辟于北宋，源自湖南、四川等地通往山西、陕西、甘肃的古道。关于湖南境内这段运茶古道，湖南人，尤其是安化人也称之为"茶马古道"，主角正是安化黑茶。

自从安化黑茶被定为官茶以后，晋、陕、甘等地区的茶商云集安化，安化成为明代茶马互市中主要的茶叶生产基地。明末清初，安化黑茶的年产量达到四千吨。清光绪年间，仅从安化运销过程中征收的税银就达到每年四五百万两。鼎盛时期，茶行、茶庄、茶号达三百余家。据《甘肃通志稿》记载，当时在甘肃的茶叶销售总量中，湖北老青茶占10%，广西六堡茶和云南普洱茶各占15%，四川乌茶占20%，而安化黑茶则达到40%。茶叶的兴盛刺激了流通，安化黑茶逐渐占领西北边销茶市场，成为北方"茶马古道"上流通最多的大宗产品。

安化廊桥分布的区域大多是产茶区，且多处在"茶马古道"必经之处。在清代，廊桥与黑茶的发展呈现出同一上扬走势。在某种程度上，廊桥与黑茶产业两者的兴盛可谓相辅相成：黑茶产业的兴旺为廊桥的建设提供了丰沛的资金支持；茶商和茶农耗费巨大财力、物力兴建的一座座廊桥、古道和茶亭，则极大地方便了茶农和茶商采购、运输茶叶及马帮互市歇脚。或许，某个春天，一队队不知名的马帮正通过一座座安化廊桥，带着潇湘大地落花印迹的马蹄最终停止在万里关山之外的陕西泾阳县骆驼巷。安化黑茶从这里中转后，马匹换成了骆驼，在清脆的驼铃声中，黑茶越过蒙古草原走向俄罗斯以及更遥远的欧洲其他地区。

在安化县文物管理所，我看到一张民国时期绘制的清代安化黑茶运输路线图的翻拍照片：一条从江南、洞市、唐家观、黄沙坪等茶马古镇为起点的线条，从纸面上弯曲地向北伸展而去，由资江向北至洞庭到汉口，经襄阳到山西太原，北上张家口到库伦，直至中俄边境的恰克图，再到俄罗斯、欧洲腹地等国家和地区。从某种意思上来说，以黑茶为纽带，安化廊桥成为贯通浩瀚欧亚大陆"茶马古道"的起点。

"起点"上安卧着的众多廊桥，它们的迷人之处在于，似龙，似船，作为纽带将"茶马古道"连接在一起，将天堑化成通途。"茶马古道"，街市，廊桥，桥亭，茶亭，驿站，资江两岸无数的码头、渡口，它们在绵延的青山和逶迤的水系中编织出一个绵密而完备的交通体系。纷杂的马蹄声和频繁的算盘拨打声成为主旋律，似乎在每一座廊桥身上都能嗅到黑茶、汗水、马匹混杂的气味。

茶马古道上的两个主角——安化黑茶和安化廊桥，按照相同的历史轨迹行走到分叉点，时间将它们的距离越拉越远。今天，一个并不熟知安化历史的人已经很难在两者之间建立起联系。2014 年，安化黑茶的种

安化县肖家桥

植面积达到二十五万亩，产量五万吨，远远超越了历史上的鼎盛期，堪称世界最大的黑茶生产基地。在历史的长河中唱和了千年，安化黑茶的歌声依旧嘹亮。而曾经显赫的茶马古道，不知道从什么时候起，萧瑟得只剩下荒草枯杨。驿站早已谢幕，众多茶亭在风雨中零落成泥，二十九座廊桥（或许更多）倔强的身影依旧矗立在风口浪尖中，有的挺立着，有的残缺了，有的佝偻了，有的只剩下形骸。

7

三 江 侗 家

人 人 心 中 有 廊 桥

　　穿越广西三江侗族自治县的崇山峻岭，让人惊叹的是一个看似并不起眼的侗族村落，往往会凌空飞架着一座甚至几座体量庞大的廊桥，即使在廊桥最壮观的浙南闽北地区也不多见。三江廊桥多属于平梁木廊桥，桥与廊、亭、阁、塔等结合得天衣无缝，或婀娜多姿，或亭亭玉立，或壮若城垣。它们既有侗族独有的鼓楼形式，又不乏汉族传统的建筑基因。在那些外表绚丽的屋檐下，隐藏着不少让人耳目一新的构造。更让人觉得新奇的是，侗家有个"架桥节"，每个侗家人都要有一座属于自己的桥。

程阳桥，跨越百年的廉洁桥

　　1962 年 5 月 15 日，邮电部发行了一套《中国古代建筑——桥》特种邮票，全套共四枚，分别是面值 4 分的赵县安济桥、8 分的苏州宝带桥、10 分的灌县珠浦桥、20 分的三江程阳桥。

　　安济桥即著名的赵州桥，建于隋代，是世界上现存最古老的单孔敞肩石拱桥。宝带桥始建于唐代，1872 年重建，全长 317 米，是我国古代最长的多孔石拱桥。珠浦桥又名安澜索桥，始建于宋以前，1803 年重建，是一座 261 米长的索桥。程阳桥始建于 1912 年，比安济桥晚一千三百多

三江县程阳桥

年，始建和重建历史都晚于其他两座桥，是名副其实的后辈。程阳桥长
77.76 米，长度排名第三，仅比单跨的安济桥长了 27 米。那么，程阳桥
有什么资格与其他三座不同类型的古桥相提并论呢？

　　一个雾蒙蒙的清早，从我住宿的马安寨一家民宿的窗口望过去，程
阳桥横贯于林溪河上，五亭并列，重瓴联阁，如同海市蜃楼浮现在仙山
之间。雾气散尽之后，那些飞檐翘角的桥亭飞扬出灵动飘飞的线条之美，
犹如一群振翅欲飞的凤凰。可以说，程阳桥的壮美并不在于长度，也不
在于规模，而在于精美绝伦的廊屋和桥亭。这或许是它比肩历史上那些
名桥的原因之一吧。

　　走到林溪河滩上，仰望程阳桥，让人吃惊的是，在近 80 米长的廊桥
下，只立着两只桥墩。桥墩前后都削成锐角，台墩上架有两层挑梁，下

层挑梁伸出 2.5 米，上层挑梁伸出 4 米，桥身正梁的杉木长度超过了 10 米，安稳地架在挑梁上。每个台墩上都托举着一座桥亭，这些桥亭在现实中以自身的重量压住梁架，起到稳固桥体的作用。廊屋正中间为一座五重檐六角攒尖式桥亭，两侧为四角攒尖重檐桥亭，最外侧为四角歇山式楼亭，每一座桥亭之间连接着廊屋。五座桥亭，呈现出三种不同形式的屋顶，既有侗家鼓楼的形态，又有汉族宫殿建筑的模式。它们齐聚于程阳桥上，由低向高聚拢，最高处是中间桥亭顶部的葫芦宝顶，距离桥面 7.8 米，距离水面达到了 16 米！

从地理位置来看，程阳桥地处广西、湖南、贵州三省（区）交通要道上，是联通三省（区）及西南的大动脉。从周边区域来看，程阳桥是附近平坦寨、马安寨、岩寨、平寨、东寨、程阳大寨、吉昌寨和平埔寨等八寨出入县城的必经之地。八寨五十位德高望重的侗族老者发起建造程阳桥，每人先出五分田作为建桥的风险抵押，一旦建桥失败或者在建桥过程中因管理不善或者天灾造成损失就将以这些田产作为补偿。五分田虽属薄产，但是对于多山少地的贫穷侗人来说已实属不易。押上赖以生存的自家田产后，他们发动十里八乡的乡民捐钱、捐粮、捐物、捐工，请来三江县最好的建桥师傅，开始了建桥的前期准备工作。他们推选出公信力最高的数人组成管理小组，悉心管理建桥的诸多事务，每一次捐款都上墙，每一项购置材料款都算好明细账，每一笔支出都公示，每一道方案变更都经过民主协商，整个建桥的过程全部透明公开。

从 1912 年开建，伐巨木、凿岩石、砌桥墩用了四年；运木料、架大梁用了三年；盖廊屋、建桥亭、铺瓦片、雕梁栋、绘彩图又用去五年。

在侗家人前赴后继的努力下，程阳桥于 1924 年宣告落成。一场耗时十二年的工程，在管理者的严格自律、乡民的严密监督、工匠的精诚合作下，没有出现任何工程质量问题。据说，经过工匠们的精心计算和节约利用，连一石一木也没有浪费。捐款者以程阳八寨为中心，范围扩大到三江以及湖南通道等县。一个个铜板、一块块银元、一张张田契叠成的程阳桥，却没有一分钱落到私人腰包，不得不让人慨叹管理者的严苛与自律——程阳桥堪称跨越百年的廉洁桥。

程阳桥是三江规模最大、造型壮美的廊桥，也是侗族廊桥中的佼佼者。在三江，还有平流桥、培风桥、合华桥、人和桥、八江桥等百余座新旧廊桥。其中有一座廊桥足以与程阳桥相媲美，以奇特的造型和独具匠心的创造而名噪西南，它就是岜团桥。

岜团桥，国内最大的人畜分道廊桥

一早，我从马安寨出发，前往独峒乡寻找岜团桥。路状非常差，或是山体滑坡，或是坑坑洼洼的盘山公路，或是几处狭窄处对向而行的司机互不相让造成堵车，一路走走停停，地图上显示四十多千米的路程，足足走了三个小时，一直到中午才到岜团桥。夹在两山之间的岜团桥，远远望去，如同一条扁担挑起两座大山。

岜团桥坐落于岜团寨旁的苗江上，长 50 米，两台一墩，两孔三亭，属木平梁廊桥。桥墩和桥台用青石围砌，桥墩迎水面和背水面均为锐角，以减少洪水的冲击力。中部为桥面，采用密布式悬臂托架简支梁体系，全部为木结构。桥面上建有典雅庄重的长廊和三座主次分明的歇山顶桥亭，廊屋内设置长条木凳和栏杆，栏外挑出一层一米多长的檐。廊屋和桥亭压在桥墩上，它们之间没有固定的连接物和铆接措施，桥上和桥下两个部分完美地整合在一起，凝聚着恢宏而肃穆的气势。整个设计非常合乎力学原理和美学情趣。一块块青石叠筑，一根根杉木如斗拱一般对向伸展，一座座桥亭华丽多姿——这么一个庞然大物看起来竟然没有一丝粗笨拙重。

岜团桥的规模、长度、建筑工艺虽在侗桥中并不突出，但它拥有一项桂冠——国内最大的人畜分道廊桥。岜团桥人行道高，畜行道低，上下高差 1.5 米，形成双层木桥的格局。这一创新之举使得岜团桥成为世界上唯一的人畜分道两层廊桥。人们赶牛进出山寨，到了桥头，牛都会自己走它的畜道，不用半声吆喝。为了保持廊屋的洁净，畜粪、垃圾等污秽物也从畜道运走。桥上的通道也很有创意：桥西岸有一条向南通道，而东岸与岜团寨连接处辟出东、北两向通道，方便两侧村民出入。人畜分道，互不干扰，既保证了行人的安全又保障了人行道的洁净，避免了神灵受到牲畜的打扰，可谓一举多得。

岜团桥始建于清光绪二十二年（1896），竣工于宣统二年（1910），历时十四年之久，集中了石玉朝、石含章、石井著、吴金添、吴文魁等五位侗族建筑工匠的技艺和智慧。值得一提的是，岜团桥的建造不用一颗铁钉，只用几根竹竿作测量工具，没有图纸，整座桥的结构全在匠人脑中，并且为了加快建桥速度，左右两边同时施工。这些生长在不同山头的树木被锋利的斧子砍伐下来，聚拢在岜团桥上，通过一个个榫卯实现结构上的"聚变"，廊桥合龙时居然实现了无缝对接。这是一次"宏大叙事"的作品，堪称侗族建桥史上的杰作。

　　岜团桥守卫在岜团寨的水口上，它巧妙地利用地形，在最窄处架桥，将分开的山峦连接在一起。几十株参天的五针松荫护于桥头，将桥头淹没在汹涌的树浪中。一条当年被南来北往的旅人走出的道路斑驳地躺在那里，深深浅浅的马蹄脚印烙在石头上，如今早已是荒草丛生。

　　三江廊桥与各地廊桥的基本功能大多一致，除交通、宗教、休憩、

三江县岜团桥

聚会等功能之外，关锁风水是必不可少的一环。侗家廊桥大多建造在寨子的下水口，也就是寨子水流的出口处。村民们期望以一座座廊桥阻挡寨外的煞气，拦住寨子财源，保住寨子的风水不外流。桥与山水、古树及侗寨紧紧地相拥，形成一个不可分割的整体。

廊桥，神圣的侗家建筑

八协桥也叫巩福桥，位于八协村的孟江河上，45.5米长、12米高的桥体在两岸连接出一条高耸的空中走廊。我钻到桥底下，仰望廊桥，历经沧桑和风雨侵蚀，褐色的木头让人难以分辨桥的准确年纪。一棵棵巨树横着躺在水面上空，树下的波涛仿佛是树的绿荫。奇怪的是，桥身正梁居然夹杂着不少表面被烈火烤得焦黑的杉木，如同裸露着一块巨大的伤疤。难道说，八协桥在历史上曾经遭受过火灾？

在桥上，偶遇七十多岁的梁庆香老人，他扛着扁担到地里挑收割好的稻谷。我向他打听桥的典故，老人说这桥已经有一百多年历史了，三十年前被一场大火烧毁，村人集资重建八协桥，他也参加了重建工作，干的是伐木工。他还告诉我，主墨师傅是八协村木匠石仁寿，率领三四十个木匠重建。可惜没有以前那么粗、那么好的木料了，火灾中幸存下来的木料能保留的尽量保留，在正梁中就有不少躲过劫难的木料。侗家人有在廊桥上祭祀关公的习俗，但是我发现桥上没有祭祀神灵的神龛以及香炉，而在距桥不远的公路边则有一座新修的关帝庙。可能是三十年前的大火让乡民心有余悸，从而将关帝搬了新家，彻底断绝祭祀香火引发的火灾。

十多块青石碑一字儿排开，矗立在八协桥头。碑上密密麻麻地镌刻着历次捐钱、捐工者的姓名，地名远涉周边各县，时间长度达上下百年，组成一张跨越时空的爱心地图。虽然有当年的碑刻，我们却依旧很难找到准确的捐资清单和资料。从八协桥的规模和修缮次数来看，历次捐赠银两的数目一定相当可观。有留下姓名的，也有"深藏身与名"的，一代代侗家人接力棒一样传承下去，八协桥在时间的长河中才能不断更新。

诸多侗家廊桥在兴建和重建过程中凝聚大量侗家人的人力、物力、精力和财力，除他们的仁义和大爱之外，一个侗家人笃信的传说成为他们建桥的精神催化剂。侗家人习惯于将廊桥称为"风雨桥""花桥""福桥"或"风水桥"，其中"风雨桥"是最耳熟能详的称呼。侗家人祖先留下一个传说：阳间和阴间的交界处，隔着一条阴阳河；河上架着一座阴阳桥，这是侗家人死后通往阴间的必经之地，也是投胎转世的通道。老一辈侗家人对此深信不疑，人生在世之时多修桥，为自己多积阴德，为自己和家族谋求一个美好的来世。

有了这么一个寄托和追求，侗家人将精神上的桥和现实中的桥合二为一，热心于修桥铺路的公益事业。一代代村落的治理者、乡绅、读书人和普通民众就这样把自己的家国之情、永恒之义、公德之心置于廊桥，刻进石碑里，他们的子孙后代在经过廊桥看到祖先的名字时，目光变得明澈无比，祖先们的大爱汇聚成一条清澈的溪流潺潺地流淌到他们的心田。

当年修建程阳桥时，十二个寒暑一晃而过，岁月磨人，两位发起人没有等到大桥竣工便遗憾病故。在即将离世时，他们把儿子们叫到了病

廊桥笔记

三江县巩福桥

三江县安济桥

榻前，让儿子继承自己的遗志，继续为建设大桥出工出力。儿子二话没说，毅然放下手中的农活，扛起工具走向工地。无数侗家人许下建桥的承诺后，十数年如一日地扑在建桥事业上，父亲去世后，子承父业，一代接着一代干，直到廊桥完竣。一座座在眼前一晃而过的廊桥，堪称侗家人诚信的身份证，他们的诚信底色在几百年的时光流转中毫不褪色。

　　侗家人还有着崇拜祖先的习俗，侗家祖公巴西与祖奶美易架桥使子孙们发达的故事在侗家地区可谓是众所周知，后人将祖先架桥的日子"二月二"定为"架桥节"。在侗家后代的心里，每一座村寨要有寨桥，每一户人家要有家桥，每一个侗家人也要有一座属于自己的桥。这些桥成为他们的神祇，成为他们的保护神。每到"架桥节"，或为求子嗣延续家族血脉，或为求其子健康成长，侗家人便奉上红蛋、香纸、大块猪肉、酒等祭品，到桥头虔诚地祭拜，祈祷声如同桥下河水一样滔滔响起。

　　具有了神性的廊桥，它是侗家人与祖先顺畅沟通的通途。侗家人又将观音菩萨、关帝等一尊尊神像恭恭敬敬地请到廊桥上，一双双恭顺的眼神仰望着廊桥，似乎有了廊桥，他们便能够得到上天的眷顾和赐福，他们的内心始得安宁，精神始得强大。由此，廊桥的地位扶摇直上，成为侗家人心目中最神圣的建筑之一。

三江县培风桥

培风桥廊道

桥
廊
梦
遗

肆

廊桥

1

桥 楼 殿
天 光 云 影 共 楼 飞

玉娇龙怔怔地看着远方，她让情人小虎许个愿，小虎说一起回新疆吧。

在苍岩山上，她的孤独在旷远的空间里无限放大，她看到了自己的江湖——一个为了自由而不断反叛的年轻人，一个为情所困的绝望女人，任何地方对她而言都是无形的囚笼。也许只有死，才可以让自己快意地活在一个无拘无束的江湖之中。风渐起，雾缥缈，云乱涌，随着深沉的大提琴声在天地之间荡起，玉娇龙杳然一笑，纵身飞下悬崖，落叶一般地飘零……一刹那，让无数有情人泪满衣襟。

这是电影《卧虎藏龙》煽情而悲切的结尾。玉娇龙飘然跳下的地方位于河北井陉县苍岩山的桥楼殿。这是一座与众不同的廊桥，既是桥，又是殿，左右悬崖，下临深渊，上接天际。玉娇龙那纵情一跃，带着凄凉的绝美消失在云海之中。不禁让人惊叹，在桥楼殿的衬托下，就连赴死都能如此浪漫。

从苍岩山脚向上仰望，七十多米高的峭壁之间，飞越出一条15米长单孔石拱廊桥，高架于云天雾海之上，以振翅欲飞的气势凸显出宗教的神圣，这就是著名的桥楼殿。桥楼殿始建于隋末，殿内供奉着释迦牟尼佛、阿弥陀佛、药师琉璃光王佛三尊佛像，正中背面塑观音像，殿内两侧排列着十八罗汉像，在摇曳的烛光中透出一派庄严的法相。苍岩山，据说是隋炀帝之女南阳公主的出家之地。那么，贵为皇帝之女，为何千里迢迢到此出家？翻阅史籍，牵扯出太多的血雨腥风与生离死别。

作为政治联姻，国色天香的南阳公主嫁给当朝宠臣宇文述的二子宇文士及，生有一子，名宇文禅师。隋大业十四年（618）三月初十，宇文士及的长兄宇文化及发动"江都政变"，弑杀了隋炀帝，随后篡夺皇位。河北义军窦建德率军平定宇文化及，借弑君之罪名抄斩宇文家族。对于宇文家的孙子宇文禅师，窦建德有所顾虑，毕竟他是炀帝的外孙、南阳公主的儿子。窦建德派武贲郎将于士澄面见南阳公主说："宇文化及躬行弑逆，人神所不容，现在将族灭其宗。公主之子，法当从坐。若不能割爱，亦听留之。"南阳公主虽万般不忍，但也万般无奈，她悲戚地哭道："武贲既是隋室贵臣，此事何须见问？"于是，她眼睁睁地看着年仅十岁的儿子惨死于刀下。

对于一个母亲，最残忍的事情莫过于子女死在眼前却无力相救。与其说是公主深明大义，不如说公主早已看破世道。母子二人被各方势力当作政治筹码，身家性命紧紧地攥在人家手心里，这样的弱女子岂能救得了儿子？南阳公主从小生活在宫廷中，看惯了你死我活的政治争斗，她明白覆巢之下安有完卵的道理。对于早就反叛隋朝的窦建德，她看得清清楚楚，窦建德借着报君父之仇诛杀宇文家族，实则是两大军阀之间一次兼并战争。所谓"亦听留之"都是虚情假意，现在救了儿子，将来必定死得更惨。宇文士及虽然没有参加政变，但宇文家族已对公主欠下血债。在关键之时，他抛下发妻幼子投奔李渊，即使事后哀声求合，即使日后贵为宰相，然而隔着这一层仇与恨，夫妻至死再难相见。失去了万般宠爱她的父亲、相依为命的儿子，皇族一脉惨遭涂炭，与丈夫反目成仇，在国破家亡的痛楚之下，南阳公主成了天底下最可怜的女人，她已经无路可走，最终选择遁入苍岩山上的兴善寺。

到了大中祥符七年（1014），宋真宗赵恒赐名兴善寺为福庆寺，一直延续至今。今天的福庆寺从山脚攀升到山顶，包括山门、苍山书院、碑房、万佛堂、灵宫殿、天王殿、桥楼殿、大石桥、藏经楼、烟霞山房、公主祠、塔林等建筑群。当然，最为闻名遐迩的还是桥楼殿。世传桥楼殿的石拱桥建于隋朝，甚至比"桥梁活化石"赵州桥还要早，至今已有1400年历史，堪称现存石拱廊桥的始祖。福庆寺其他建筑大多建于清代，只有桥楼殿见证过公主的风雨哀愁，也只有在桥楼殿上才最接近真实的公主。

桥楼殿深深地扎根在赭红色的山峰里，似乎成为山体不可分割的一个整体——让人产生一种错觉，仿佛没有桥楼殿的支撑，两侧山峰将会向里倾斜。桥楼殿屋顶铺着黄绿相间的琉璃瓦，廊屋内外梁栋均施彩饰，红漆花窗组成一面红彤彤的廊墙，在阳光的映照和山崖反光下，显得一派流光溢彩。一句"千丈虹桥望入微，天光云影共楼飞"的诗句，道出了古人无穷无尽的感慨！

我站在南阳公主驻足的桥楼殿，脚下是万丈深渊，脚底不由得微微发颤，头顶碧空如洗，朵朵白云轻浮，有如飘飘欲仙。我似乎明白了，她当年为什么要在此出家修行。或许，当年南阳公主站在接近天际的桥楼殿上，也想像玉娇龙一样以死来解脱苦痛。当她仰望天光云影时，仿

桥楼殿远眺

佛极乐世界近在眼前。她放下了轻生的念头：她没有能力与世界对抗，只能将所有的罪孽都归结到自己身上，日日跪在桥楼殿上诵经，超度她心爱的儿子，那个无辜的政治牺牲品。随着一句句来自天竺的唱词訇然响起，她的生活充满了希望，她希望得到神明的招引，能与儿子在净土团聚。

与桥楼殿形成呼应的是，在它身前峡谷上空，悬浮着一座块头小一号的小桥楼殿，北端半倚在一座石拱桥上，是进山的门户。《苍岩山福庆寺石桥记》碑文记载，桥与殿建于金大定年间（1161—1189），明、清、民国各代均有修缮。小桥楼殿没有建在石桥正中，而偏于南边，"考其因，一为楼殿建造保证了足够的空间，二为行人让出通道"。在桥楼殿身后还飞腾着一座石拱桥，它们像卫兵一样忠心耿耿地护卫着桥楼殿。

　　大小桥楼殿集桥、楼、殿于一体，悬崖作为自己的附属物，使得天工的伟力与人力的巧力浑然一体。这种无与伦比的天才创造堪称中国廊桥的绝品之作，因此享有"五岳奇秀揽一山，太行群峰唯苍岩"之美誉。古人使用什么样鬼斧神工的手段在高空中叠石为桥，营造空中楼阁，至今仍是个谜。据福庆寺一位九十岁的僧人介绍，"据代代祖师爷口口相传，当年工匠们用木架顶支木架，顶支七十余米适合建造拱券的高度时，先在木拱基台上抹好灰泥，再用大石块砌筑拱券。千百年来，大殿几经修缮或重建，而石拱桥从来没有整修过"。

　　一个年轻的僧人热情地领着我瞻仰专门供奉南阳公主的殿堂，他告诉我，在清代之前，人们一直认为在苍岩山出家的是隋文帝的女儿妙阳公主，直到清光绪年间，当地一个县令考证出隋文帝并没有叫妙阳公主的女儿，真正的主人公应该是隋炀帝的女儿南阳公主。1893年，光绪帝敕封苍岩山的南阳公主为"慈佑菩萨"，这场公主纷争才算尘埃落定。为什么史书中没有留下南阳公主出家于何处的记载？我想，一个背负国恨家仇的女人最希望过的是隐姓埋名的日子，或许一辈子都不愿向人吐露实情。但是苍岩山没有轻易让她消失，通红的烛火和袅袅升起的香烟，算是现世留给她的温暖慰藉。

　　站在这一千四百多岁的桥楼殿上，我的心已随玉娇龙飞腾而去。玉娇龙发现自己真正爱的男人不是小虎，而是玉树临风的李慕白。人生是

小桥楼殿

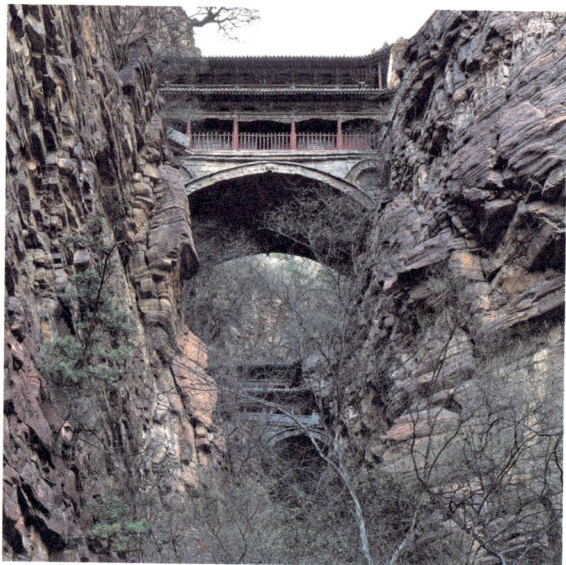

大小桥楼殿

需要配对的，当她遇到李慕白就是遇到了最好的自己。如果没有遇上李慕白，没有遇见这么优秀的男人，李慕白又没有因她而死，或许她还可以浑浑噩噩地游走于江湖。相思，相思，拦不住的相思，也许只有死，才可以追寻随风飘逝的李慕白。

梦醒于江湖，此生何处是归宿？在承载过太多现实、虚幻的快意恩仇与悲欢离合的桥楼殿，让我们相忘于江湖，这才是最好的心愿。

2

灞 陵 桥
千里渭水第一桥

　　东经 104°02′—104°49′，北纬 33°26′—35°07′，这是远在黄土高原和青藏高原过渡地带的甘肃渭源县的地理坐标。站在这里再往西北眺望，已经很难寻觅到依然存世的古廊桥了。渭源县曾是古丝绸之路上的重要枢纽，幸运的是，这里还完整地保留着一座号称"渭水长虹"的灞陵桥。

　　灞陵桥属于伸臂曲拱形廊桥，采用逐层伸臂、渐次抬高的设计，结构力学处理得相当完美。远远看过去，灞陵桥如彩虹一般拱卧在清源河上，呈现出近乎完美的弧度。它的美，堪比当年的汴水虹桥。近看，灞陵桥桥身像极了一把红色的木梳，桥下的清源水如同少女的长发，河水缓缓流动，这把木梳似乎在不停地梳理着少女的秀发，生动而形象。两岸依依杨柳烘托出灞陵桥迷人的身姿，极尽妩媚之色，让人误以为身在江南水乡。

　　灞陵桥出身高贵，明朝开国军事统帅徐达在进攻元将李思齐时，为了大军顺利过河，在清源河上建造了灞陵桥。或许在徐达的心里，这座灞陵桥还有着宣示大明武功的含义，而桥又代表着团聚的意思，是不是暗喻这块远离中原的故土终于回归正统？清同治十年（1871），钦差大臣左宗棠收复新疆，回师至灞陵桥时，挥毫泼墨写下"南谷源长"四个润物无声的大字。站在桥上，左宗棠看着脚下的清源河从源头南谷滚滚流

渭源县灞陵桥

淌而来，聚成千里渭河，汇入浩浩荡荡的黄河，可谓是源远流长。左宗棠点明渭水是源远流长的中华文明发祥地之一，也坚信古老的中华帝国必将复兴。真可谓英雄惺惺相惜，左宗棠与前辈徐达的雍容心态大概差不多吧。

灞陵桥在历史上屡毁屡建。民国八年（1919），乡绅白玉端、徐立朝出资督理被洪水冲毁的灞陵桥，由陇西木工名师莫如珍主墨，仿照兰州雷坛河握桥的样式建成纯木结构伸臂曲拱形廊桥，后因地震桥身倾斜，多次重修。1934 年，重修后的灞陵桥长 44.5 米、宽 4.8 米、高 15.4 米、跨度 29.4 米，十根圆木一组，共十一组，从两侧桥墩逐次递级，向上飞挑，凌空形成半圆形桥体。桥面之上还建有十三间廊屋，覆盖卷棚式屋顶。桥的两端各建有一座青砖叠砌的桥头堡，飞檐翘角，斗拱层叠，粉饰艳丽，显得一派庄重大气。桥头堡除让灞陵桥在视觉中展现得更壮美之外，自身重量压在廊桥底部木梁上，确保木梁挑向河心时保持充足的稳定性。这些都说明建桥者早已掌握了丰富的建筑力学知识。

桥面通道分三条，中间宽敞，两边狭窄，两侧建有栏杆。沿台阶拾级而上，一抬眼，看到的只是桥梁高高的脊背。据说，有身份、有地位的人才能走中间大道，民间俗叫"官道"，普通平民百姓过桥只能走左右两旁逼仄的小道，俗称"民道"。有意思的是，桥梁正中的横梁上高悬着蒋中正的题匾，对应着桥上中间的道路，倒是"又中又正"。事实上，这只是一种说法，大部分的老百姓过桥时走的依旧是中间的大道，只是以前的百姓遇到官员对向而行时才主动退让至两边，以示对官员的尊敬。

在这里，不得不提被茅以升先生誉为中国伸臂木梁桥代表作的兰

灞陵桥桥底逐级挑梁结构

州握桥。握桥横跨雷坛河，始建于唐代，明永乐年间重建，清嘉庆二年（1797），当地乡绅刘汉捐银三千两重修，以后又多次重修。据《皋兰县志·桥津》记载："卧桥又名'三公桥'，在袖川门西二百步，当阿干河口。架木横空，东西十余丈，其下无柱，高可三丈。其上覆盖如屋，楹栏整齐，亦匠心之巧者。"

　　兰州握桥建筑手艺精巧，桥体呈拱形，如同双手相握，所以当地人形象地称其为"握桥"。据资料介绍，先砌两岸石堤，堤砌到一定高度时在堤岸边横放一根大木，再把七根纵列的大木向上斜置在横木上，纵列大木挑出堤岸两米多，俗称之为"挑梁"。在挑梁顶端，用一根小横木把七根挑梁贯拴一起。挑梁上又横压大木一根，空隙地方用木块塞紧。这样就垒好了第一层，按同样步骤垒第二层。垒至第四层，两端相隔近7米至10米时，就在两边挑梁上安放木简支梁，再铺上横板桥面，桥即建成。在挑梁顶端的横压木两头竖立柱，用榫接联成一体。再在立柱与立柱中间，嵌进挡水板，可减少风雨对挑梁的侵蚀。

　　握桥呈穹隆突起之弓形，周身涂以红色，无论从形状上还是色彩上都极像长虹，故称"虹桥"。雷坛河水流经握桥汇入黄河，开春之时，结冰的雷坛河开始融化，片片冰块涌向桥下，水沫飞溅，浪涛轰鸣，水雾氤氲，而此时的握桥蒸腾在一片水汽之中，更似一弯彩虹穿云破雾，动态丰足，时人惊叹于这一壮观景象，命名其为"虹桥春涨"景观，列入"兰州八景"之一。

　　1952 年，为了拓宽握桥所在的一条道路，握桥遭遇被拆除的命运。可是，挺立了数百年的握桥依旧异常坚固，施工队伍只得爆破衬砌的大石条，才得以顺利拆除握桥。据 1952 年拆除时的实测，握桥净跨度 22.5 米、全长 27 米、高 4.85 米、宽 4.6 米、坡度 20 度。握桥留给我们的除藏在诗文中的咏叹和方志中冰冷的数字之外，还有一段异常珍贵的影像材料：一部尤里斯·伊文思（Joris Ivens）1938 年拍摄的名叫《四万万人民》（*The 400 Million*）的抗战纪录片中，握桥的身影一闪而过，像飞鸿一样消失在历史的天空之中。

　　渭源县以北的榆中县兴隆山上，云龙桥横跨大峡河，长度达到了惊人的 155 米，将栖云、兴隆双峰贯通一气。从外形上看，这座始建于明代、重建于清光绪二十六年（1900）的廊桥与握桥的构建模式无异。可惜的是，云龙桥底部已经改成钢筋混凝土梁。随着握桥离去，云龙桥改造，西北地区只剩下灞陵桥这座伸臂曲拱形廊桥，因成为孤品而显得尤为珍贵。相传，兰州握桥的桥型脱胎于吐谷浑所建造的一种叫"河厉"的廊桥。可以说，灞陵桥身上带着汉唐雄风，长着几乎与握桥相似的外貌，遗传着"河厉"的基因，它吸纳了西北多个民族建桥技术的精髓，是盛开在丝绸之路上的建筑奇葩。

　　灞陵桥不仅建筑孤绝，而且文化底蕴极其深厚。桥上的每一块匾额，每一副对联，每一块石碑，都在沉静地讲述着廊桥过往的岁月。每一个斗拱，每一根梁木，每一片黛瓦，每一块桥板，每一级台阶，都成了一部凝固的典籍，特别是桥廊上至今还保留着大量近现代政要、社会名流和文化名人的题字、题匾和书写的楹联，让其显得弥足珍贵又寓意非凡。

民国二十三年（1934）8 月，灞陵桥重修工程竣工后，当地政府呈请中央与本省要人题词纪念。在廊桥正中的横梁上高悬着一块匾额，上书"绾毂秦陇"四个大字，落款为"蒋中正"。细读"绾毂秦陇"："绾"字是打结的意思，"毂"是车轮中心连接辐条与车轴的部位，"秦陇"自然代表着陕甘大地。我们眼前似乎浮现出一幅阔大的地图，渭河像一条车轴将陕西与甘肃这两个车轮连接一起。此外，还有时任国民政府主席林森题写的"兴梁利济"匾，孙中山长子、时任国民政府立法院长孙科题写的"渭水长虹"匾，"当代草圣"于右任先生题写的"大道之行"匾，时任军政部长何应钦题写的"鸟鼠烟云足画图，灞陵飞雪饶诗思"对联；时任陕西省主席、西北军统帅杨虎城，当代著名书画家、西泠印社社长启功，著名书法家、中国书法家协会主席沈鹏等名人均有题词。这或许是近代要员、名人、文人集墨最多的一座廊桥，或许在中国廊桥的历史上也仅此一例。为什么会有那么多各个时代的名人赞颂这座偏远小城的廊桥，特别是集中了当时不少国民党军政大员，至今说辞不一，给后人留下了众多的谈资。

我看到一堵墙上嵌着一块石碑，凑近端详，原来是汪兆铭题写的《重修古灞陵桥碑记》。原文如下：

　　关中八川，灞注于渭，渭则源于鸟鼠，古曰首阳，今曰渭源。昔之灞桥盖介于辋与浐二水之间，自汉以来，著图籍严典，守流闻韵事，不可殚记。而渭源亦有灞陵桥，与长安东者名相同。政府既锐力兴西北，营度西京，渭源县建设局局长黄君执中，乃以时重修灞陵桥于城南渭水之上，已言其襟喉陇甘，控连川陕，殆尤得地势之胜。所谓水陆津梁之利，世界愈棣通资，其用愈巨。甘肃之新建，次斯固荦然可书者，为系以词曰：玄灞清渭，秦陇蒙功。名所利赖，桥名用同。背隍临津，痹则使崇。既济于众，勖我庶上。

二十三年一月，汪兆铭

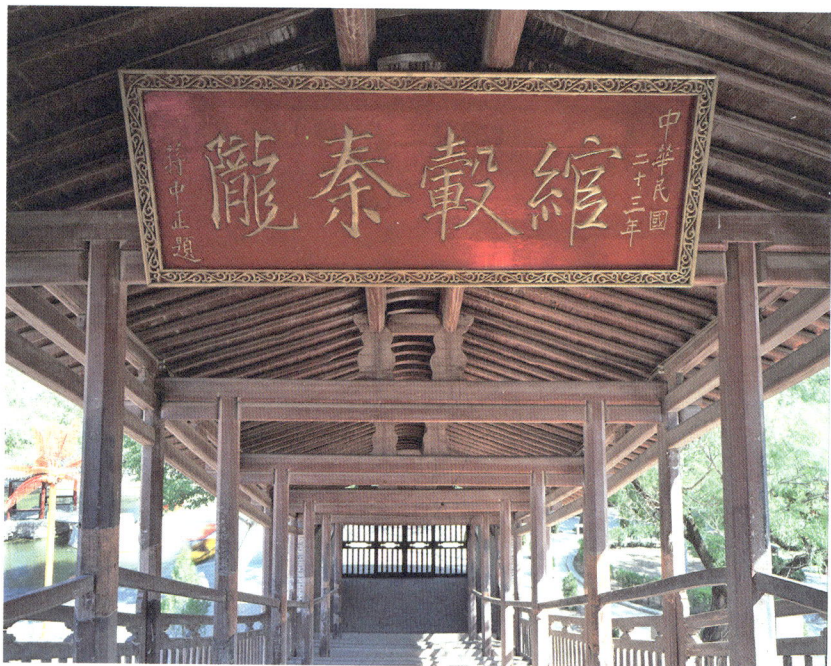

灞陵桥上的题匾

汪兆铭，很多人不太熟知这个名字，他的笔名"精卫"却路人皆知。从碑文中可知，修桥的负责人是渭源县建设局局长黄执中。我查不到关于黄执中的资料，一个县建设局局长，何来的面子和能耐向当时中国最有权势、地位和影响力的要人讨得笔墨？

在汪兆铭圆润的笔下，有这么一句："政府既锐力兴西北，营度西京。"彼时的国民政府内忧外患不已：内有军阀割据混战，外则日本自东北对华北虎视眈眈，东南、华南出海口又掌控在他人之手。一旦中日战端发生，中国仅剩下西北和西南两条陆路通道。于是，国民政府敏锐地注视到了西北地区，这里是将来抗战的大后方，也是连接苏联的主通道。清代诗人杨景熙有一首千古绝唱，其中两句是："一帆风顺达千里，东走长安轻荡舟。"说明了渭水的交通便利。"缩毂秦陇"仿佛点明了一切。四个大字中，依稀可见西北大地的车轮滚滚，驰骋向更北的苏联，国民政府的战略方针随之露出端倪——通过重建一座廊桥，释放出经略西北的信号。

站在灞陵桥上遥望华南，1800千米开外的湖南省通道县坪坦河上，也有一座类似的廊桥——普济桥；在四川宝兴县有一座伸臂木桥，叫作"挑桥"，除没有廊屋之外，桥体的模样、造型、工艺与灞陵桥大体一致；远在祖国西南边陲的云南云龙县分布着少量这样的廊桥，如彩凤桥、通京桥等。一座矗立在西北黄土高原上渭水之滨，一座静卧于南岭山麓，另外几座耸立在云贵高原，是什么缘由，让这些隔着万里关山的廊桥采取近似的营造手法？它们之间是否存在着传承关系？由于缺乏资料，这成了一个难解的谜团。

3

永 和 桥
瓯江上的"游龙"

　　百米宽的安仁溪将安仁镇一剖为二,百余米长的永和桥又将断开的安仁镇顺畅地拼接在一起。安仁溪在永和桥下自顾自流淌,溪水带不走永和桥黑压压的身影,却带走了五百余年的暗哑时光。触景生情,"时光如流水"这样平泛的词句一下子就涌上了心头。其实这是对历史事物的真实写照。

　　许多女人蹲在桥下埠头的石板上,她们不停地浣洗着,甩开衣椎溅起一片晶莹剔透的水珠。她们的影子落在水里,随着波光轻轻漾动,漾出许多褶皱,层层散开,于是整片水面散开了女人们鲜艳的靓影。女人

永和桥

都很清秀，或者曾经很清秀。一搓一洗之间，岁月在流走，青春在流走，让人生出些无端的情绪和猜测。她们花花绿绿的身影和桥影重叠在一起，一度使我更加迷恋水中的桥。

永和桥的表面是敞开的，而桥的内心却是被遮蔽的。一走进廊桥，仿佛从世俗的镜像中进入时光的通道，一切被过滤了，缓慢，静谧，旷达。哪怕是急匆匆的步履一踏上这数百年的桥板，也会自觉地放慢节奏。推着自行车卖糯米糖的小贩，他的扩音器自然地就关闭了，一路细细碎碎的铃声如同悄然走远的时光。

几个老者坐在桥头晒太阳，一个个跷着脚，手捧着搪瓷茶缸，茶缸上还留有"大海航行靠舵手"的红漆字。老者掀开盖子，茶水的香味飘了出来。另一个老者从烟袋里抓出一小撮烟丝，不紧不慢地摁进烟筒，吧嗒吧嗒地抽着。烟雾和阳光弥漫着，看不清几个老者具体的长相。又有一个老者踱着步子朝桥中央走去，将一袋果品供奉在神龛上，朝着空荡荡的神龛拜了拜，然后向桥头走来，与老者们打了声招呼，坐了下来，

照例还是喝茶、抽烟。

　　一个女人靠在栏杆上怔怔地眺望着远来的溪水，一动也不动，似乎寂寞的心事无处遣怀，她寥落的眼神落到水里，她的怅惘沉淀到水里。风吹散了她的长发，使得她的脸隐藏着，我照样看不清这个年轻女人的

永和桥头看杂戏

脸庞。一个腆着肚子的中年男子，抄着手走上大桥。他的身后跟着一个年轻的女子，艳丽的扮相突然使得深灰色泽的大桥明媚起来，女子发出咔咔声的高跟鞋在桥面上一路踩响。瞬间停止。中年男子牵着年轻女子的手折了回来，嘟哝着："这种破桥有什么好看的。"

永和桥头的行人

永和桥上的木雕

永和桥上的石刻

一个个人影从我身边晃过，我没有看清他们的面孔。我似乎触摸到了时间的触角，突然就有了被模糊的时光概念浸泡的感觉。的确，是时光遮蔽了永和桥，时光还遮蔽了永和桥许多鲜为人知的故事。

永和桥始建于明成化元年（1465），坐落于浙江省龙泉市安仁镇。这里是浙西南通往福建的必经之地，永和桥连接起瓯江（浙江第二大江，干流全长 388 千米）支流安仁溪的两岸，也连接起了通途大道。按照当地人的说法，永和桥不单单是一座交通枢纽，更是接通风水的龙。事实上，永和桥没有在上佳的风水位置选址，而是建在交通最便捷之处，在破除迷信的今天来说这是一个正确的决定，但对崇尚风水的古人而言不愧是一次大胆的突破。

永和桥原名"永安桥"，初建时涉及毗连的三个村，他们对桥址的意见不一：一个村认为桥应该建在风水上佳的安仁村口，"河东日升，河西月下，两山接联龙脉，拦住风水，可以使村庄兴旺，人才辈出"；另外两个村从便于交通的角度出发，认为要建在现址上，使"隔河千里，变通途"。三个村无法达成一致意见，最后倡导风水的那个村干脆单干，以自己的力量建桥。两座桥先后建成，但相互之间因为建桥积下了难以化解的矛盾，双方娶亲嫁女，都不允许对方的新娘子从自己的桥上经过。多年后，永安桥重建，龙泉知县不失时机地出面调解，一衣带水的三个村应该以和为贵。三个村的村民早已饱受相互制约的苦头，大家一致答应捐弃前嫌，重归于好，于是共同筹资复建了永安桥。为了铭记这段历史，故将复建后的廊桥改名为"永和桥"。

永和桥历史上经历了数次重建与重修，脚下的桥重建于康熙五十七年（1718），不知是否就是那次三村联手重建的杰作？从桥头的碑刻上看，桥长125.7米、宽7.5米、高13米，桥墩间最大跨距达到18.4米。五座巨大的桥墩傲立在激流中，又被称为"分水金刚墙"，形状似舟，尖端逆流，以利避水，即所谓的"锐前杀后"，以减轻水流对桥墩的冲击力。

清代龙泉乡人刘笃材曾写下一首赞颂永和桥的诗："风帆叶叶漾中流，两岸疏林绘晚秋。横锁彩虹分玉镜，钟灵不亚古槎洲。"这首诗算不得精致，但十分贴切。桥上四十二间廊屋雕梁画栋、层层叠叠，远远看过去确有长虹飞跃之势。只是，古时候风帆叶叶的场景已经时过境迁，两岸稀稀疏疏的树影已经被一幢幢现代化的高楼取代，倒是一桥横跨东西的恢宏气势至今不变。

我与几个喝茶的老人攀谈起永和桥的历史，老人们你一言我一语地漫谈开来，一个老者指着他身旁的一块碑打开了话匣子："这块碑差一点就毁了，'文革'时期，桥头要建一座电厂，当时找了很多石板做基础，有人就把这块碑给搬了去，垫在水轮机房的地底下。20世纪80年代，为了找回这块碑，我们花了好几天工夫，先挖开几米深的地基，再用铁葫芦把横在地下的大石板逐一起吊搬走，才把垫在最底下的这块碑取出来了。"老人摸着光洁的碑面，喃喃说道："当年我还是正劳力，为找这块碑出了点力。它就像我的老朋友一样，我每天都来看看它。"

我看清楚了，这块一人高的石碑立于民国四年（1915），正面刻着《修筑永和桥志》，背面刻着《倡捐芳名》。令人惊奇的是，这块"蒙冤昭雪"的太湖石碑刻竟然完好无损，可谓历经沧桑，归来依旧少年。如今，这块石碑重新站在桥头，如同忠心耿耿的卫兵日夜守卫着大桥。

　　老人们还说这是龙泉最长的一座廊桥。事实上，永和桥并非龙泉历史上最长的桥。在县城外的瓯江上，原有一座更令龙泉人引以为傲的廊桥——济川桥，结构与永和桥类似，有十二孔、七十二间廊屋，横跨龙泉溪，长度达到了让人震惊的两百多米，比浙江目前最长的古廊桥西津桥还多出几十米，是当之无愧的廊桥巨无霸，可以说是中国最长的廊桥之一。据清光绪三年（1877）《处州府志》记载："济川桥去县治三百步，跨双溪，枕中流，垂南北两岸，旧名清化，宋何执中易今名，米元章书额。"桥名为北宋龙泉人何执中（徽宗朝曾任左相）更定，桥额得到大书法家米芾的题词，着实难能可贵。历经宋元明清数十次复建修缮，在之后的时光中饱受劫难：清咸丰八年（1858），太平军一把大火烧毁济川桥，同治六年（1867）重修；1940年，济川桥在日寇的轰炸中受损；1942年失火，烧成一堆废墟。从此，济川桥从历史中完全消失，只留下一张20世纪30年代模糊的黑白照片，任后人凭吊唏嘘。

　　在龙泉，还有一座消失的济川桥，结构与永和桥类似，面貌也相似，五孔三十六间，长140米、高14米，横跨在瓯江上游的梅溪上，东连龙泉市小梅镇，西接庆元县曹岭村，成为浙江与福建的交通要道。济川桥在修复的过程中先后更名为通福桥、寿川桥。1924年，寿川桥重建竣工，由当时的北洋政府农商总长、清末状元张謇为大桥题匾。1949年5月，寿川桥毁于兵火。2010年，重建后的大桥更名为"龙庆桥"，总长达到了130米。

　　与那些消失的巨无霸廊桥相比，永和桥在时光中坚挺地走了过来，为龙泉历史上大型廊桥的精准画像，留下一脉相承的廊桥建造技术

永和桥桥窗

DNA，也留下无数想象的空间。

地处瓯江上游的龙泉境内，除永和桥和龙庆桥两座逾百米的大型廊桥之外，至今还保存着不少数十米长的中型廊桥，三十米以上的廊桥有益头桥、福兴桥、庆安桥、济川桥、蛟垟桥、顺德桥、南坑桥、宝车桥等，四十米以上的廊桥有坤德桥、永庆桥、双溪桥等，五十米以上的廊桥有古溪桥。它们长长地排列在龙泉的山水之中，构筑出壮阔瓯江上游大中型廊桥群，成为中国廊桥的一个奇观。我无从一一探究建桥的先贤到底是哪些人，也无从探究龙泉人为什么要前赴后继地建筑如此多的大中型廊桥，无从探究这些浩大的民心工程的建造经历了哪些风风雨雨，那些人和事如同一丝丝清风飘散在历史中已经渺不可寻了。

我一直坐在桥头，迷恋着永和桥的某种气息，整整一个午后。来来往往的脚步从我身旁经过，消失，高跟鞋、布鞋、皮鞋、运动鞋、凉鞋，甚至还有一双破了个洞的解放鞋。我惊讶地抬起头，一位佝偻的老者挑着两垛柴禾从桥头的石阶上快步走下去，他留给我一个背影，以及柴禾下露出的那双解放鞋。

一群放学归来的孩子从大桥腹部咚咚咚咚地奔跑出来，横穿马路，转弯，呼啦啦地钻进一条条巷子，只留下一地细碎的脚步和欢笑声。我再回头看了一眼大桥，空空荡荡，老人们不知道什么时候走了，只留下桥廊外涤荡在夕阳一片绛红色中的山峦。

这个安静的午后，我成了他们的参照，成了永和桥的参照，成了时间的参照。

4

高 阳 桥
一个家族的血脉传承

　　元朝初年，歙县许村人许友山多次得到官府的延请。作为一个孤傲的传统文人，许友山有着道德的洁癖，一方面不屑为元朝服务，另一方面对官场的污浊深恶痛绝，于是一再婉言谢绝。许友山过着边读边商的生活，由于善于经营，操持有方，终成一方富户。发家后的许友山不忘回报乡梓，乐于济困扶危，名声传播徽州。许友山留下的最大手笔，就是为许村捐建了一座长二十余米的双孔石墩木桥，即后来的高阳桥。

　　到了明弘治年间，遭受了无数水患肆虐的高阳桥已经满目疮痍，许友山后人许胜生多方筹资，将木桥改为坚固的双孔石拱桥。嘉靖年间，高阳桥遭洪水冲击而坍塌，许胜生之裔孙许法安率族人捐资修复，在桥上增建了七间廊屋，石拱桥由此变成了廊桥。清康熙年间，高阳桥两次重修，最终形成今天我们所见的石拱、砖廊、木枋、白墙、黛瓦相间的模样。高阳桥虽历经重建与大修，但许村后人并没有忘记始建者许友山，更没有忘记这位先贤高尚的情操和品德。高阳桥如同一条隐形的溪流教化和滋养着许氏后人，"仁、义、礼、智、信"渗透到了宗族子弟的心里。

　　跨出廊桥，一座约五层楼高的石牌坊矗立在眼前，上刻"双寿承恩坊"。这是明隆庆年间朝廷为许村徽商许世积（101岁）和夫人宋氏（103岁）夫妇赐建的双寿承恩坊。一对百岁夫妻的寿坊，放眼全国也极其罕

高阳桥鸟瞰

见。再前方是明嘉靖年间所建的大观亭。这里是当年文人雅士聚会雅集之地，打开一扇扇窗户，仿佛依旧可以听见他们的轻吟浅唱。八角形的楼阁围墙为八卦图式布置。木构建筑最怕水与火，所以，代表"水"的玄武位和代表"火"的朱雀位是通透的，辟作通道，以示去水与去火。以高阳桥为核心，这一组建筑拦护在许村水口，共同镇守着许氏家园，为许氏驱邪祈福。

在大观亭，遇到村里一位退休的许老师，他说唐模村还有一处高阳桥。我赶到距许村不远的黄山市徽州区唐模村（古属歙县），果然看到了许老师所说的高阳桥。从石碑资料上得知，它建于清雍正十一年（1733），

高阳桥

长 12.6 米、宽 7.4 米、高约 3 米。与许村的高阳桥一样，此桥也为双孔，所不同的是其采用红条石作为建材。在唐模水街上，密集地分布着蜈蚣桥、五福桥、灵官桥、义合桥、高阳桥、四季桥、垂胜桥、戏坦桥、三石桥、石头桥等十座桥，一座座桥如同激荡的乐曲一样在水街上高潮迭起，而最高潮莫过于高阳桥。它位列从东向西的第五座桥，处于水街正中心，桥身为红色砂砾岩，看上去霞光映水，一派贵族豪气。原本清净的村落依然发展成嘈杂的旅游点，水街也成了繁华的商业区，廊桥已经改为茶室，三三两两的游客坐着慢品祁门红茶和黄山毛峰，一边嗑着瓜子一边嬉笑闲谈。廊桥窗外，水街全貌一览无余。

唐模村依托安庆府和徽州府之间的徽安古道迅速繁荣，至明清时达到顶峰，留下众多的华堂大屋和牌坊、宗祠。走在水街上，我凝望着一

双寿承恩牌坊

方方门楣上的题字，不禁心生疑团：在文化高度开化的徽州，大多数的古典建筑都拥有文雅的名字或称号，如同百花齐放一般绚丽多彩，两座廊桥为什么要取一模一样的名字？这里面深藏着什么样的故事呢？

据《歙县志》记载，唐模村高阳桥为当地人许克云捐建。翻阅唐模村的《许氏族谱》之后发现，这支许氏与许村许氏同祖同宗，都属高阳郡望，所以两座高阳桥都是意在追念先祖，也是表明门庭。许氏从河南迁到徽州之后，子孙不断繁衍，逐渐开枝散叶，为了告诫外迁子孙不忘先祖，要求凡有条件建桥者，都要建一座类似的"高阳桥"。在徽商重要的侨寓地江苏宜兴，也有一座类似的高阳桥。一座座高阳桥连接起来，是一个家族的血脉传承，更是一个家族筚路蓝缕的奋斗史。通过一座座同名的廊桥，许氏后人可以追溯到血脉的上游，那里有一个共同的先祖，一个共同的精神家园。

另外一个疑问又涌上心头：中国建筑讲究单数，单数为阳，双数为阴，比如民居多以三开间或者五开间为主，桥梁的孔洞多采用一、三、五的单数。为什么两座高阳桥都是双孔？这里面又藏有什么隐情呢？

关于许村高阳桥的设计，流传着诸多的民间传说，有一种说法是两孔代表着西溪两岸的两支许氏兄弟，一桥代表着兄弟同心，期望他们如同桥梁一样紧密相连，同心同德振兴许村。桥上的廊屋中间高两侧低，黑色的檐瓦铺在屋顶，远望过去，如同宋代官帽的造型。许友山是许氏一族的道德楷模，许氏后人可以学习他的洁身自好，但是并不拒绝科举入仕。相反，他们热情高涨，从官帽顶的廊屋中就可见其心迹，寄希望于许氏后代刻苦攻读，将来能够出人头地，光耀许氏门庭。许村建立后，陆续出过四十八名进士，是名副其实的进士村，也的确官宦满门，达到了光宗耀祖的夙愿。

我数了一下许村高阳桥的廊屋，并非双数，而是七开间，建桥者为什么采用上单下双的不对称格局呢？

许村西溪宽度二十多米，如果采用一个拱洞，跨度太大，建筑难度极高；如果采用常见的两墩三拱，河道太窄，两只桥墩过于拥挤，山洪暴发时泄洪不畅，存在极大的安全隐患。于是，桥梁建造师思前想后，一切以实用为前提，不再去讲究形式。但是，石拱廊桥的建材决定了拱跨长度，比如我们熟知的杭州拱宸桥长 98 米，一共有三个桥洞，两侧桥洞净跨 11.9 米，中间桥洞净跨 15.8 米。也就是说，就技术上而言，一个桥洞加两侧引桥即可跨越二十米左右的河床，但为了加大拱跨长度必须相应地增加桥的高度。拱宸桥高 16 米，它的弧度在百米运河上有个渐长渐消的过程，而在西溪建三孔拱券式石拱桥就显得过于局促；建大跨度的单孔拱券式石拱桥坡度陡、造价高、难度大，桥梁坡度陡然增高也增加了往来物资的运输难度。所以，这两座双孔石拱廊桥既是量身定制，又是不得已的选择，再配以一个美好寓意，也算是自圆其说了。

唐模高阳桥在靠下游的廊屋外留出一条宽约一米的外道，桥沿建有石栏杆。关于这条外道有个说法："古代女子社会地位低下，只能走外道。"女人走外道一说值得推敲，虽然封建社会对女性有种种束缚，但徽州非常崇尚理学，讲究孝道，徽州廊桥多为个人捐建和众筹，哪有建桥者不允许祖母、母亲、妻女走廊桥正道的道理？供奉着神佛的廊屋，事实上就是一座微型寺庙，四时八节，每月初一、十五会有虔诚的女性香客进香朝拜。同样的道理，罕有哪座寺庙规定女性必须走后门或走偏道礼佛。

　　无独有偶，黄山市屯溪区乐寿桥廊屋外也有一条石板铺设的道路。当我从廊屋走出的时候，正遇一农夫牵着牛过桥。他并没有从宽阔的廊屋内走过，而是走在这条另辟的蹊径上。原来，为了避免牛羊猪狗等畜生惊扰供奉在廊屋中的观音菩萨，且防止它们带来的污秽物弄脏了廊屋，所以古人另辟了一条廊外通道。人与牲畜各行其道，互不干扰，这种周全的人性化设计让大家各生欢喜。

5

龙　津　桥

风 雨 桥 里 话 风 雨

　　明万历年间的一天，一个法号叫宽云的高僧正在湖南芷江一条叫舞水河的渡口等待过渡。此时，风轻云淡，江面上的波光如鱼鳞一样层层排列，远处江心上船帆点点，近处飞鸟群聚群散，如同撒开的纸片一样漫天飞舞。这是一个难得闲暇的好时光，宽云盘腿打起坐来。忽然，天空中聚起一片乌云，江面上旋即刮起阵阵烈风，暴雨倾盆而下。只见一条来不及靠岸的渡船在风浪中打转，一会儿被巨浪荡到波尖，一会儿卷到波谷，宽云的心寄到了嗓子眼上，他不停地念经祈祷，也无法挽救一船溺亡的生灵。

　　舞水河的对岸即芷江县城，自古就是繁忙的津渡。然而，由于舞水河非常宽阔，风高浪急，渡船被怒涛吞噬的惨景经常发生。目睹这出悲剧之后，宽云立誓要在舞水河上修造一座坚固的长桥，造福两岸往来百姓。当宽云将这一想法告诉众人时，被大家嘲讽为痴人说梦。人们有足够的理由质疑和嘲笑宽云，历史上多少仁人志士和能工巧匠想在舞水河上架桥，但都遭到失败，一个垂垂老僧有什么能耐能够完成多少代人未竟之遗愿？

　　固执的宽云在河边苦思良久，头也不回地沿着粼粼的波光走向了三湘大地。宽云戴着斗笠，背着竹篓，拄着竹杖，一路风餐露宿，一路风尘仆仆，一路遭遇抢劫、敲诈、野兽袭击、坠崖、渡船倾覆等艰难险阻和厄运，数次与死神擦肩而过。为了完成宏愿，宽云擦干血迹，勒紧腰带，拖着疲惫的身躯，坚定地走向更加遥远的贵州、广西、四川、云南……每到一地就广开化缘。宽云建桥的志愿传开了，人们在惊诧的同时，深受感召，地方官员、士绅乡民等各方人士都慷慨解囊，有的出钱，有的捐献木料、砖瓦等建材，有的愿意出工出力。宽云苦行化缘十余年，行程数万里，历经九死一生，终于筹到建桥所需的 15000 两善银和 11 万担粮食。

万历十九年（1591）冬，龙津桥在万众瞩目中开工。在水流湍急的舞水河上建桥是一个极其浩大的工程，从第一座桥墩第一块基石的砌放到桥屋上最后一片瓦的覆盖，历经千辛万苦，花费两年多的时间才宣告竣工，一座两百多米的宏伟大桥降临在宽阔的舞水河上。建造此桥最大的难点在于砌墩。舞水河水面宽、河床深、水流急，工匠们群策群力，攻克截流、清基、砌筑桥墩等一个个难题，石匠们用石灰、桐油、糯米汁搅拌的混合物作为黏合剂，将一块块长方形的石块砌成船形桥墩。十六座桥墩以锐角的金刚墙迎水，消解和减少了水流对桥墩的冲击力，远远望去，犹如十六艘飞舟劈波斩浪而来。

壮丽的大桥必须配以响亮的名字，这个大任当仁不让地落到宽云头上。沉吟许久，宽云道："此桥形如龙，渡口为津，取名'龙津桥'可也。其意龙永驻渡口，世代吉祥。"龙津桥由此而得名。

芷江民众心怀感恩，请人撰写一副歌颂宽云的楹联高挂桥头："大桥千古在，宽云百世存。"宽云见状，赶紧取下对联，谦逊地说："建桥是千万人的努力结果，怎么可以将功劳归于我一人呢？"一花一世界，一座廊桥就是一个小小的烟火人间，也是一个阔大的精神世界。宽云虽为出家人，普度众生是他的职责，但像他这样为了天下人之利而舍生忘死的出家人并不多，而功成者更少。他的慈悲壮举除了信仰，更多的是为了造福一方百姓，纵使面对千难万阻，也要勇往直前。这种坚持不是为了自己，而是为了千万个他人。龙津桥落成后，宽云即淡出了人们的视线。不知所终的宽云，或许是奔向下一个目的地，像他这样心怀天下苍生的大德之人，永远停不下慈悲的脚步。

龙津桥源于宽云普度众生的初心，它最大的价值在于联通西南，打通了被南岭梗阻的南北大地经脉，将当时还处在蛮荒之地的云南、广西

龙津桥远眺

龙津桥桥墩

　　和贵州连接到中华正统之中。龙津桥如同脐带，将中华文明的养分源源不断地输送到尚未开化的地区。

　　龙津桥在中国桥梁史中的地位并非源自长度和精美，而是与抗日战争密切相关。当时，为了运送战略物资，国民政府拆除了龙津桥桥墩上的所有建筑物，古老的廊桥瞬间转换成坚固无比的抗战公路桥，由西南而来的大量军需物资源源不断地通过这座"正义大桥"奔赴前线。为了切断这条运输大动脉，日军飞机长期轮番轰炸龙津桥。令人难以置信的是，大桥在狂轰滥炸中岿然不动。越是这样就越激起日军的怒火，最多一次出动了二十七架次轰炸。冥冥之间，大桥似乎得到某种神力的庇护，一直到抗战结束都安然无恙。1945 年 8 月 21 日，龙津桥亲眼见证了日军在芷江的受降仪式，它成为中华民族抗战的胜利桥。

建于明代的龙津桥如何能承受住满载军火的军车和大炮等重型武器的碾轧而完好无损呢？时人都觉得不可思议。实际上，诚如茅以升先生所言：更重要的是，有的桥的结构在学术上有留传下来可以发展的科学理论，如很多古老的石拱桥如今还能胜任现代的繁重运输，就是由于把石拱与两墩结合在一起，发挥其整体性，并在这整体中，利用其被动压力，以增加桥的强度而减少其挠度的缘故。

四百年来，水毁、火烧、战争一直纠缠着龙津桥，历经劫波之后，它终于迎来新生。1999 年，龙津桥重建廊屋，主墨师傅李秀清和邹小龙带领上百个工人，按照古法施工，不使用一钉一铆，廊柱、横梁、栏杆、檩凳等构件全部榫卯衔接。长 246.7 米、宽 12.2 米、高 15 米（最高处 17.99 米）的廊屋木料纵横交织、斜插交错，在精密对接的每一个部件中，工匠们将加法诠释得无以复加，据说木榫头也没有浪费一个。中国人的建筑秩序是榫卯结构，一样的技法，放大了是层层叠叠的宫殿，缩小了是一把椅子。廊屋的建筑技法是一致的，看似用一种最简单、最朴素、最自然的木头拼接，实则奇巧无比。龙津桥廊屋的重建，是一次成功的推演和复盘。让人意想不到的是，不识图纸的两个主墨师傅，凭借着老祖宗留下的口诀，凭借着经验和胆识，以神技创造了神作。

　　龙津桥下部的桥墩与上部的廊屋形成完美组合，墩、廊、亭、阁、楼连成一体。站在远处遥望长桥，它如一座巨大的罗城盘踞在舞水河上，七组五层廊屋和八组三层廊屋层层叠叠、高低错落，远远看过去仿佛一把巨大的锯子将水天拦腰锯断，一种跌宕的雄美奔放在芷江县城上空，更赋予城市以雄浑的气魄，亢奋的情绪也跟随着廊桥的跨度呼之欲出。这座桥，充分呈现出侗乡建筑的文化品位，淋漓尽致地体现出中国桥梁建筑和园林建筑艺术的精华，甚至比著名的佛罗伦萨廊桥更加雄伟。大慈大悲的宽云没有想到，四百多年后，当年自己一石一瓦一木化缘而来的龙津桥竟然被吉尼斯世界纪录确定为世界上最长的风雨桥。

　　古人对龙津桥有这样的记载："茶亭酒肆，各色旗幡迎风招展，登桥者抱布贸丝，问卦占卜，摩肩接踵，车水马龙。"今天的龙津桥依旧如此：桥上是令人目不暇接的"半里廊桥半里市"的景象；一钻进廊屋，扑面而来的是十足的闹市生活。除各式各样的店铺和地摊之外，桥上居然开有三家牙科诊所，穿着白大褂的医生在忙碌着。在音乐的伴奏下，几个老年人在宽阔的桥台上跳起了广场舞；三三两两的当地人坐在桥凳上打牌，脸上贴满了纸条，依旧乐呵呵地笑着。廊屋中，映照出一地百姓的生活世态。

　　只需十分钟，即可穿越四百多年的龙津桥。它从饱经血雨风霜到如今的世相驳杂，或许用一句"古今多少事，都付笑谈中"来描述它是最为贴切的。

6

如 龙 桥
实 境 已 往 亦 虚 华

　　五座长长短短的廊桥压在浙江省庆元县月山村举溪之上。举溪如同一张琴，细密的水流拉出一条条无形的琴弦，那五座廊桥如同修长的手指，仿佛轻捻狂拍之间，波光倒转，竹影狂乱，山风呼啸，在天地中弹奏出一曲慷慨的岁月长歌！

　　五座廊桥中最知名的莫过于如龙桥。月山人将后山比作龙脉，高耸的山脊由北向南如巨龙逶迤而来，到达如龙桥处山势猛然下降，而此桥恰如龙首下倾，故名如龙桥。桥长28.2米，净跨19.5米，拱高6.8米，面阔6米，有廊屋九间。东端建有三重檐歇山顶钟楼，中间设立阁楼，南端立桥亭，造型巧夺天工的三座歇山顶阁楼错落在廊屋之上，桥、廊、楼、亭、阁、屋合一，加上桥头的马仙宫，形成一组造型古雅而壮丽的建筑群。竹林、松树、柳树、柏树、芭蕉、荷田环绕桥畔，宫殿般的廊桥与青山绿水牵手相伴；整个场景以热闹的墨绿为主色调，搭配着淡雅的青绿，如同明四家之一仇英的山水画，古雅中带着一丝安静的气韵。

　　如龙桥内部斗拱林立，如同柱子顶端伸出的无数手掌托举起巨大的廊屋。斗拱最为集中的地方当数藻井，如意形斗拱保持着原木的金黄色泽。随着视线向顶部延伸，斗拱一层一层地向上叠加，如同莲花瓣在眼前片片绽放。阳光从斗拱与檐瓦的连接空隙处斜透进来，回旋在斗拱之

如龙桥正面

如龙桥背面

马仙庙

上，整个藻井一派灿灿金光，看得人眼神迷乱。此时的廊桥给人一种错觉，仿佛一台戏剧准备开演，舞台还沉浸在黑暗之中，刹那间，一束灯光投射在舞台中央，明亮犁开了黑暗，那些历史中与廊桥有关的演员纷纷登场……

　　与藻井的明亮形成对应的是廊桥内部的昏暗。廊屋正脊上落有一行不太明晰的字迹，追着淡淡墨汁，我寻找到一行来自数百年前的手迹：明天启五年岁在乙丑四月十二日乙丑穀良旦吴门从新修造。如龙桥的始建年代已无从考证。从桥体浓郁的宋代建筑风格判断，它的始建年代断不止明末，至少这二十五个褪色的字迹铁一样地证明它新修建于明天启五年（1625）。那一年，天下大事纷纷：努尔哈赤迁都沈阳（后改名"盛

如龙桥内斗拱结构

如龙桥桥内藻井

如龙桥大钟楼

京"）；西班牙殖民者在台湾岛基隆登陆，修筑起圣·萨尔瓦多城；东林党被阉党彻底打倒；六月，延安大风雪三月，济南飞蝗蔽天，秋禾荡尽，是年大饥，致人相食……在那一年的乱世中，如龙桥在屡建屡毁中又开始了再一次重建。

木拱廊桥是以木头为主要建筑材料建造的公共空间，风吹日晒，水火侵袭，人为破坏，能够完整地保留百年已经实属不易。这也是鲜有清早期存世廊桥的主要原因。然而，如龙桥奇迹般地穿越近四百年的历史，成为我国有确切纪年、寿命最长的木拱廊桥，活出了一则不朽的神话。2001 年，如龙桥成为全国重点文物保护单位，也是我国首座列为国保单位的木拱廊桥。

"如龙桥"三字悬挂在神龛上方，匾额显得相当古旧，相传为庆元名士吴懋修之子——七岁神童吴之球所书。红底将三个大字衬托得欢快热烈，它们遒劲大气，带着勃发的朝气，裹挟着飞龙在天的狂野，展现出欣欣向荣的生命力，仿佛要从宽大木匾的束缚中飞跃而出。历史或许在这里隐蔽了一个事实：作为村落最重要的建筑之一的"如龙桥"落成，题写桥匾的重任一定会毋庸置疑地落在族人的精神领袖吴懋修身上，那为什么会由他年仅七岁的儿子取而代之？这在长幼有序的宗族社会中是很难解释的。或许，在时事的重轭和生活的重压之下，这个心事重重的士大夫一遍遍落笔，写出的字体不是拘泥就是周正，他不停地摇头，不停地掷笔。倒是天真、率性的七岁孩童，趁父亲彷徨之际，轻挽衣袖，墨汁飞奔，飞旋的笔尖将"如龙桥"三个带着淋漓墨香的大字挑到半空。族人一片击节叫好，吴懋修也激动得血脉偾张，想不到自己一辈子苦练的书法到头来不如黄口小儿的信手拈来，想想人世间的一切事情都是境由心生啊！数百年后，我们还在喟叹，还在难以置信，那腾龙一般生动的字迹竟出自七龄童之手。

如今，桥上空无一人，廊桥回归平静，"平水大王"塑像也下落不明，只留下一个空落落的神龛，以及神龛前一只盛满香灰的香炉。那些在桥上发生过的故事悄然尘封，烟水般的戏曲悉数退场，一场场文人雅集的诗酒聚会不见踪迹，尘世间的俗事被风吹散，一些真真假假的男女私情无处打听。时间在这里仿佛是凝固的、静止的，只有脚底下传来细微的哗哗流水声音，让人觉得此时的时间可以用流水来替代。透过桥窗，看得见下游不远处坐落着一座由溪石垒砌的马蹄形堰坝，轰轰轰的跌水声聚拢而来，响亮的水流让空间变得更加空旷。

一群放学的孩子背着书包蹦蹦跳跳地穿桥而过，咚咚咚的跑步声在桥面上消失干净。再走过来一个老人，戴着斗笠，腰上别着一把柴刀，肩上背着一捆柴草，柴草挡住了面容，看不见他的表情。老人的身后跟着一只土狗，晃着尾巴，慢悠悠地走过。最后走过去一对恋人，牵着手，四处张望，磨磨蹭蹭地走了一刻钟。躺在如龙桥的长板凳上，水流的轰鸣声灌进我的耳朵，水的氤氲气息钻进我的鼻孔，水的反光泛在屋檩上又折射到眼前。田舍郎轻缓的脚步、女子的高跟鞋、孩童奔跑的疾步轻重不一地踩在廊板上，一下，一下——我把它们想象成廊桥的心跳，在或平缓或快速的节奏中稳稳地安睡了一个下午的时光，直睡到夕阳返照入林。

离开月山村的时候，夜色已经四合，繁星点点，一轮黄澄澄的圆月悬在远岫上。此时，在灯光的照射下，如龙桥巨大的轮廓从夜色中剥离了出来，飞檐翘角在幽暗的光芒中漂浮着，带着一些不确定的猜测。粗壮的拱架和精工细作的雕刻已漫漶不可辨识，那些与廊桥相关的历史剧目失去了踪迹，只剩下它在暗夜中顾影自怜。恰如桥上对联所描绘的，"古事现今朝今朝过去皆古事，虚华当实境实境已往亦虚华"。

7

玉 带 桥
牵 起 赣 粤 万 重 山

"玉带"，一个寻常的桥名。提起玉带桥，我们可以捻出历史和现实中的多座名桥，从北京颐和园到济南大明湖，到杭州西湖，再到西南边陲的丽江，形形色色的玉带桥以各种姿态屹立在园林、村落、市井之中。

与这些明星玉带桥相比，江西信丰玉带桥虽知名度不高，建筑工艺水平却最高。它横跨虎山河，如同一张摆放在赣南万山丛中的弯弓，透着一股神秘的力量。它的形状如一种暗示，让你试图去破解潜藏的谜团。

桥头立有一块石碑，刻有"玉带桥建于清乾隆五年（1740），长 81.8 米、宽 4.5 米、高 16 米，桥屋二十三间"的字迹。这组看似光鲜亮丽的数据背后，隐藏着一段述说不尽的辛酸往事。

古时的虎山河激流暗涌，横亘在江西信丰县通往广东兴宁市、和平县的交通要道上，路过此地的客商、旅人及乡民只得在水流平缓处勉强蹚水过河，时常有连人带物栽进河里，甚至被水卷走而尸骨无存的事发生。丰水期时，虎山河暴涨，怒涛滚滚，水势汹涌，数十里之间一片汪洋，人们只能望河兴叹，对乡民往来和经济贸易造成极大的危害与不便。当地富翁余凤岐看在眼里，痛在心里，他立下宏愿——在虎山河上建一座百年永驻的石拱廊桥。当他将这一想法向虎山村民和盘道出时，人们觉得他疯了，有的人劝他打消这个不切实际的幻想，有的人则对他冷嘲热讽。余凤岐全然不顾这些，他将一辈子打拼积攒的银子全部投入到建桥中。想不到工程进行一半资金就已耗尽，余凤岐卖掉田地、住房和家产，仍于事无补。这个四十三岁的硬汉做了一个让人匪夷所思的决定——卖掉独生儿子，动员结发妻子外出乞讨。即便是这样，得来的钱还是无法满足建桥所需的巨额缺口。

　　无计可施的余凤岐向香山寺的住持求教。住持道："何不仿效我筹建寺宇之法呢？"余凤岐是一个虔诚的佛教徒，自然知道这个办法就是僧人常用的"苦行"。他没有退缩，请铁匠打造一副数十斤重的铁镣，将自己锁上，三步一跪，五步一拜，艰难地行走在大街小巷中，声称谁能出资完成玉带桥所剩工程，便终身做他的奴隶。余凤岐毁家建桥的故事一传十、十传百地传开。一个富甲一方的乡绅因捐桥而倾家荡产，夫妻双双乞讨，

玉带桥远眺

甚至卖子卖身，虎山河沿岸的乡民们闻之无不深受感动，纷纷慷慨解囊。一位善良的寡妇买下余凤岐的铁镣，补足了建桥最后所需的银两。

不难看出，为了实现梦想，余凤岐甚至违背了伦理：饱受儒家思想教育的余凤岐，贩卖年幼的独子，将导致自己绝后；动员结发妻子外出乞讨，面对一个个不可预测的险恶前路，说不定哪天就落入恶人之手，让女人丧失最重要的贞节。可以说，余凤岐的性格执拗得可怕，即便背负着不孝、不义、不仁的恶名，也要将筑桥事业进行到底。

在这出"悲情剧"的感染下，十里八村的父老乡亲纷纷赶来修桥。工地沸腾起来，有的夯基，有的凿岩，有的扛石，有的堆块，有的砌墩，有的运送砂石料，有的搅拌泥浆……他们一路排开，从河滩到山上，从桥墩到两岸，一片人声鼎沸，四处是叮叮当当的开岩凿石声。新开采的白色石头在阳光的照射下显得明亮而新鲜，一双双青筋四绽的糙手稳稳地端起块石，井然有序地进行拼接和叠砌；每一块衔接得都恰到好处，无数的石块严丝合缝地交织在一起，那座"烂尾桥"渐渐丰满起来，峻伟的身姿清晰地浮现在虎山河上。站在桥上的余凤岐第一次感觉到自己的目光望得很远，越过了虎山河、城镇、村落、田野和山岭，仿佛看到了遥远的岭南大地。

比故事更神奇的是这座桥的建筑工艺。可以说，玉带桥桥身方向之曲折，弯曲弧度之大，在我见过的石拱廊桥中，都是极其罕见的。它为什么要设计成如此与众不同的结构呢？

玉带桥，因桥呈弧形，仿佛一条飘荡在水面上的腰带而得名。桥身弯曲，原本是建桥中常见的技术，可以用来消解水的冲力。不过，通常来说，桥身迎水侧以"I"形或者"（"形较为常见，但玉带桥迎水侧却是一个明显的"）"形，且凹进去达十余米，这就极其稀奇了。

建造伸臂式木构廊桥时，先筑石桥墩，再在各个桥墩上铺设圆木。这样即便桥墩不在一条直线上，只要将木料调整到一定的夹角便可达到弧形的效果。建造弧形石拱廊桥时，工匠们就会相当谨慎，因为石桥自重远远大于木桥。如果弧度偏大将导致桥身重心偏移，桥墩和拱顶所承受的压力陡然加大，极易造成桥梁倒塌事故，营造困难远非前者可比。就像一个挑担的汉子，扁担要直，前后间距相等，这样承载力最强。玉带桥三拱间距由南至北分别为 15.1 米、14.2 米、12.6 米，枯水时最高点距水面约 8 米。这样大拱跨且跨度不一的弧形石拱廊桥，重心又不在一条直线上，如果没有高超的技术，桥梁很难顺利合龙，更谈不上坚固如磐。也就是说，玉带桥的建造，事实上有违建桥原则，势必要多耗费数倍的人力、物力、财力，而且降低桥的稳固性和安全性。

信丰县有着悠久的造桥历史，早在宋景德年间，嘉定镇上就有嘉定桥。乾隆十六年（1751），信丰县境内有记载的桥梁有嘉定桥、迎恩桥、长寿桥、锁铜桥、仙石桥等二十一座。到乾隆年间，信丰人的建桥技术早已成熟，不可能犯这么简单的错误。那这期间究竟隐藏着什么样的原因呢？

虎山河流经过玉带桥所在的区域时，一座山峰横亘于前，硬生生地拦住了虎山河的去路，河水由此发生九十度急转，此时河床陡然收紧，水流变得异常湍急。玉带桥建在此处，如同一个巨人伸出双手，紧紧地扼住了虎山河的咽喉。如果在这样险恶的环境中建造一座笔直的廊桥，坐落在迎水方向的中央桥墩将承受来自激流的集中冲击，特别是洪峰通过时力量陡然加大，有可能危及桥体。于是，玉带桥的外形变化成 C 形，将位于河中央的主桥墩后撤了十余米，洪峰拐弯后顺势从桥孔中通过，从而保护了桥墩的安全。这只是我合乎逻辑的猜测，真相是否如此，玉带桥则留下了一个深邃的谜团。

夜间下了一场暴雨，我站在桥上，看着混浊的河水从上游急速翻卷而来，像一头头凶猛的恶虎扑过来，发出轰轰的响声。河流逼近桥体时突然转弯，似乎出现了失重的现象，一头撞向北岸，然后又弹至桥洞中间！一出桥洞，原本汹涌的激流很快平复下来。这说明客家先人已经掌握了精确的水文知识，摸清了虎山河的脾性，他们知道在什么地点建桥墩能够最大化地保护桥梁，哪怕牺牲一部分正常建桥时所要考虑的安全要素也在所不惜。这种顺势而为犹如太极高手，看起来有些漫不经心，实际上是借力打力，收放自如。桀骜的虎山河由此被客家人驯服得俯首帖耳。

为了证明桥址的选定是天意，在很多古代著名的水利工程中，往往会伴随着一个个"仙人指路"一般的传说故事，告知建造者如何选址。玉带桥也是如此。当余凤岐面对滔滔的河水束手无策之时，香山寺住持适时给他指点了迷津："八月十九日是开工建桥的黄道吉时，到那时河里有几只红鸭浮起的地方可建桥墩。"等到八月十九日清晨，余凤岐果然看见一群红鸭浮游而来。它们在宽阔的水面上蜿蜒地划出一道弧线——这条神秘的弧线指引着余凤岐，他立即下令按照鸭子游过的路线筑桥墩。此一说为神话，不足为信，不过用来体现出工程的深孚众望。

玉带桥，自从畅通的那一天起，如习武之人打通任督二脉，将赣江流域、珠江流域接通，将江西和广东两省断裂的山河连通，将万山与滨

玉带桥桥墩

海贯通。玉带桥惠及的不只是信丰，而是整个赣南。桥头堡亭大门两侧挂有一副木楹联：“赣粤联姻牵玉带，商贾如云跨长虹。”这十四个字贴切地点明了玉带桥的枢纽作用。在以水陆交通为主的年代，赣南地区的先民主要通过两条路径进入广东：一条是翻越大庾岭进入西江流域，这是主通道；一条是经信丰、定南等地进入东江流域，玉带桥的修建使得这条古道的作用越来越突显，岭南与内地的联系越来越依赖于这条隐藏在万山峡谷中的通道。可以说，一座桥为赣南带来了机遇与发展，也带来了一方的繁荣与富庶。一座原本单纯为方便乡民往来而筑起的廊桥，跨越家族、地方荣誉而有了更深层次的意义。

桥屋的横梁上悬挂着多块牌匾，其中一块上书“龙架远波”。“龙架”，指的是廊桥如飞龙一样架设在山川河流之上；“远波”，或许指的是翻卷在珠江乃至太平洋上的波涛。“八千里路云和月”，以玉带桥为起点，以星罗棋布的桥为节点，以密如蛛网的古道为连线，客家人亲手编织起一张笼罩整个华南地区的交通大网。站在玉带桥上，我似乎听到了遥远的涛声，闻到了淡淡的腥咸气味。

走出廊桥，沿着一级级石阶向山坡上行走，曾经喧嚣的千年古道已经荒芜，萋萋野草淹没了脚尖。登上观景亭，寻全高速公路桥赫然出现在眼前，以划破天空的高度从两山之间穿过。一处是车水马龙，一处是人迹罕至，它们就在虎山河上空打了个交叉，各自循着自己的历史轨迹行走。事实上，早在千年前，古人就用从容的脚步丈量出通向岭南的捷径。今天的高速公路与数百年前的古道在此交会，今人的车轮依旧沿着古人开辟的方向驰骋着，着实让人惊愕于古人的眼力和聪慧。

在堡亭神龛中，观音菩萨居中，妈祖娘娘居右，居左的居然是余凤岐像。余凤岐诚心建桥的故事，几百年来一直在客家子弟中传颂——玉带桥也被称作"凤岐桥"，他的遗像被乡人供奉在桥上，他的身份陡然由人升格为神。这大概是余凤岐始料不及的。

仰望余凤岐，颔首间，紧锁的愁眉已经悄然解开。此时，我似乎听到他发出婴儿一般轻快的欢笑。当年，父亲给他取名"凤岐"，引用周文王居住在岐山时引来凤凰栖息的典故，道出"望子成凤"的心切，也期盼儿子能够做一个德行高尚之人。余凤岐没有辜负父亲的厚望，这只客家的山凤凰栖息在虎山河之畔，用生命和道义筑起一座蔚为大观的廊桥，用自己的苦行普度往来之众生，用一家之坚韧筑起万家之福。

8

琉 璃 桥
"世界屋脊"有廊桥

1936 年，英国人斯潘塞·查普曼（F. Spencer Chapman）辗转万里到达拉萨城。这个来自英国政府的使团成员曾经游历大半个地球，依然为古老拉萨的异域风情和迷人风光所倾倒。他在拉萨生活期间，拍摄了大量布达拉宫、大昭寺、八廓街等古建筑和街市生活的记录照片，并写下了风靡一时的游记《圣城拉萨》。

从斯潘塞·查普曼拍摄的布达拉宫来看，这片人世间海拔最高的雄伟宫殿建筑群远离拉萨城区，矗立在被一片平旷野地包围的红山之上。彼时，拉萨面积才 3 平方千米，仅限于大昭寺、八廓街一带，城区不及今天江南地区一个小镇大。从布达拉宫到拉萨城区，需要穿越一条不知名的小河，河上坐落着一座藏汉风格相结合的廊桥。斯潘塞·查普曼初到拉萨，首先遇到的就是这座廊桥。这里是城郊分界点，过了桥就来到了他心心念念的圣城拉萨。

斯潘塞·查普曼在《圣城拉萨》中写道："宇拓桑巴也叫作绿松石桥，因为它的顶部用汉式方式装饰着琉璃瓦（不是绿松石）。它的四角都有金色龙头，两侧有锥形饰物。"他无数次往返拉萨城与布达拉宫，每次都要经过这座桥，对它留下了深刻的印象。斯潘塞·查普曼所描述的宇拓桑巴即今天的琉璃桥。

　　大多数古城的进出口都会飞架着一座闻名遐迩的古桥，如长安城的灞桥、北京城的卢沟桥、杭州城的拱宸桥等。与众多古城动辄上百米的大桥不一样，琉璃桥只是一座五孔桥洞的短桥，长 28.3 米、宽 6.8 米，可以说短小精悍。但是，身处海拔 3650 米的琉璃桥，拥有一项世界纪录——世上海拔最高的古桥。

　　中国大地上桥梁遍布，很多桥既有正名又有俗名，如同家中小儿既有学名又有昵称一般。琉璃桥正名叫"宇拓桥"，藏语称"宇拓桑巴"。"宇"在藏语中意为松耳石、碧绿，"拓"意为顶。桥上廊屋人字顶采用藏汉结合的歇山式，铺着汉地建筑中常见的琉璃瓦，远远望去，桥顶如同碧绿的绿松石，所以称之为"宇拓桥"，也就是"绿松石桥"，俗称之为"琉璃桥"。拉萨并不产琉璃瓦，这些琉璃瓦来自五六千里之外的西安，当年由马帮越过万水千山，一步一步驮到拉萨。不难想见，每一个筒瓦、每一片瓦当、每一只宝顶的制件都是如此珍贵，可以说片瓦片金。

　　琉璃桥与我们平时所见的廊桥不一样。它的外观与西藏宗教建筑类

拉萨市郊的琉璃桥（民国）

似，桥身雪白，犹如一片飘落的高原白云，抑或是雪山的一角，充满了宗教的神秘感。桥上为甬堂式建筑，两边砌有石墙，桥洞也为石头所筑，通身散发着阳刚之气。数十只汉式木斗拱，如同一只只藏地汉子的手协力托起琉璃廊屋。紫红的斗拱、木梁与白色的桥体形成强烈的色彩反差，如同阳光普照在雪山之巅。四只檐角各装有一只活灵活现的琉璃龙首，屋脊中央立有一座约一米高的琉璃宝顶，两端设琉璃供果脊幢。阳光洒在琉璃瓦上，闪烁着碧玉一样的光泽，与近在咫尺的大昭寺以及远处的布达拉宫遥相映照。

在一千三百余年的拉萨历史中，大昭寺一直是拉萨的中心，也是藏传佛教的中心，因为那里供奉着文成公主从大唐带来的释迦牟尼佛十二岁等身像。到大昭寺朝圣，必须经过琉璃桥。在过去的藏民心里，这是一座连接凡世和圣地的桥。受佛教影响，"修桥补路做功德"成为地方官员和藏民的普遍信念，这座由当年清朝驻藏大臣修建的琉璃桥在官民的精心呵护中，幸运地保留至今。

每天，它都能聆听大昭寺传来的波涛涌起般的诵经声和浑厚宽广的法号声。虔诚的信徒三步一叩首，他们从雪域高原四处而来，身子匍匐在桥上，戴着木护板的手伸展得笔直，沧桑的脸庞紧紧地贴着石板，嘴里念念有词，然后起身，继续磕头，再起身，再磕头。他们明白，磕过琉璃桥，就到达了他们心中的圣城，圣城中的圣地大昭寺已经在向他们招手。

今天的宇拓路从八廓街区钻出，笔直向西，直通布达拉宫广场。宇拓路的得名显然来自琉璃桥，可见一座桥对一座城市的深远影响。我沿着宇拓路西行，五六分钟的光景，一眼看到一座藏式寺庙坐落在马路边上。如果不是立在桥头的一块石碑上刻着"西藏自治区文物保护单位""琉璃桥"等不起眼的文字，很难让人相信这是一座廊桥。与民国时期留下来的照片所见不同的是，当年拉萨的门户、孤零零地立在郊外的琉璃桥已经"移身"闹市，陷在周边那些高大的现代钢筋水泥建筑中，显得格格不入。

清代诗人孙士毅曾作《琉璃桥》："花雨随渡任溯洄，藏江东下亦萦回。琉璃桥下琉璃水，曾为将军洗马来。"岁月沧桑，如今早已是物非人也非，河床和引桥了无踪迹，没有了泠泠的水花，"琉璃桥下琉璃水"已成"琉璃桥下无流水"，只有几个桥孔还可以让人寻找到旧日廊桥的蛛丝马迹。

琉璃桥一侧的入口已经封闭，临街一侧的大门上挂有一块"华草堂"的牌匾。廊屋已经变身藏药店，通明的灯火照耀着五彩的廊顶。橱柜中、墙上尽是琳琅满目的商品，藏香气味在药店里四处飘浮。这一切告诉我，琉璃桥已空有其名。

廊桥尽头，满目所及的都是女性用品商店，立着横七竖八的广告牌，就连路口也摆着一块"女人街"的指示牌。进进出出的是穿着时髦的藏族女子和汉族女子，她们不停地挑选着物品，不时与女服务员们交流着。我听不到她们说着什么，但我看见她们身上挎着不少名牌包。

我对面食有着十足的嗜好，每到一地必须品尝当地的面食，尤其是当地的面条。在琉璃桥边上就有一家藏面馆。看着厨师从滚热的汤里熟练地将面条捞到大碗里，清亮的肉汤浇在蛋黄色的面条上，肉丁在汤面

琉璃桥已"移身"拉萨市中心

中沉沉浮浮，再撒上小葱、蒜末等调料，一碗香气扑鼻的藏面就端到了面前。配上一小碟酸萝卜，一碟四川辣椒酱，胃口瞬间大开，一碗又酸又辣又鲜又香的面条一扫而光。对我们这样的外地客而言，或许这就是地道的藏地风味。

在我"哗哗"吃面的时候，几个身穿藏袍的老太太，面庞如琉璃桥身一样粗糙，面色如琉璃桥木料一般紫红，手摇转经筒，从琉璃桥边晃晃悠悠地经过，向着大昭寺方向走去。她们嘴里轻声地祷告着："唵嘛呢叭咪吽，唵嘛呢叭咪吽，唵嘛呢叭咪吽，唵嘛呢叭咪吽……"

此时，我又抬头看了一眼琉璃桥，那古老的桥身、舒缓的翘角和张开的弧度，如同一张凝重的脸渐渐舒展，绽开灿烂的笑容，一颦一笑，在诵经声中响应着。

9

姥 桥

永 不 消 逝 的 慈 爱 桥

　　清咸丰五年（1855），天下并不太平。这年秋天，太平天国翼王石达开的军队席卷江西，连下七府四十七个县，江南到处弥漫着惶恐的情绪。此时，距江西不远的浙西南松阳县，一年前被洪水冲垮的平济桥重建竣工。按照常理，平济桥重建后沿用旧名，既符合传统，又符合乱世乡民对承平生活的渴求。出乎意料的是，无论官方还是民间都提出了一个一致性的意见——将平济桥改称"姥桥"。

　　是什么样的缘由让乡民舍弃文雅而富有美好寓意的"平济"，改成一个略显土气和拗口的"姥"字作桥名呢？这一切，要从一个叫林芳香的女子说起。

　　1807年，林芳香出生在松阳县古市镇项门弄一户书香之家。开明的父亲没有认同"女子无才就是德"的封建思想，对小芳香百般宠爱，亲自教导女儿识文断字。十七岁时，林芳香出落得楚楚动人，写得一笔好字，填得一手好词，做得一手精细的女红。林家才女名气不胫而走，上门求亲者络绎不绝。不想待字闺中的林芳香心有期许，自主择偶嫁给赤岸村一个叫周维恭的书生。花落周家让很多人颇感意外，周家并非大富大贵，周书生并没有横溢才情，但林芳香自有慧眼，认定这个儒雅的年轻人就是自己的真爱。更加让人惊诧的是林芳香出嫁时一系列举动：不收聘礼，不戴面罩，新郎先到林家祭扫祖坟，拜别父母，再一同前往周家。在那个深受礼法束缚的时代，林芳香的开放和革新成为时人的谈资。

周家祖上家业殷实，周书生夫妇完全可以倚仗祖业过上安生的小日子，但是，林芳香遣散了家里的仆人、丫鬟，各自补贴了一笔安家费，让他们归家立业，从此收起镜奁，告别花钿，家里的大小事务全由自己打理。她在院子里外种上自己喜欢的花花草草和夫君喜欢的芭蕉、竹子，竹影绰绰，芭蕉摇曳，鲜花灼灼，将宅院装点得盎然勃发。周书生则是萤窗雪案，一门心思潜心攻读，以期在科举场上博得功名，光耀周家门庭。闲暇之余，林芳香与夫君书画怡情、诗文唱和，真可谓佳偶天成。周家虽非大户，但夫妻俩生性慈善，凡乡邻有贫乏困难者，凡有所请无不热心帮忙济贫解困。

琴瑟和鸣，相敬如宾，人世间最幸福的事，莫过于此了吧？不幸的是，命运与林芳香开了一个残酷玩笑，道光二十四年（1844），三十八岁的周维恭由于过度操劳，落下一身痼疾，最终一病不起、撒手人寰。过了七年，年仅十九岁的儿子也不幸早逝。周家顶梁柱接连倾倒，一向坚强的林芳香再也顶不住这样致命的打击，走到了崩溃的边缘。每到夜晚，她独自一人枯对青灯，一声声带血的啼哭，一场场滂沱的泪雨，整个人间只剩下无边无际的悲痛。在最绝望的时候，林芳香甚至想到一死了之。但冷静一想，一直沉沦于悲痛非亡夫之所愿，夫妇一直以来坚持的慈善事业不能就此放弃，自己要继承丈夫的遗志，只要尚存一口气息，就坚定地将善事做下去。

林芳香抹干眼泪，将二女和侄子召集到香火堂。林芳香在丈夫兄长柏寿的见证下，干柴一般枯瘦的手提起毛笔，"唰唰唰"地写下遗嘱："除拨女、拨桥、拨渡，捐助朱子祠等开销外，专拨良田一百一十三亩列为文德学田，以为文武童岁科县试首场纳卷之资……"林芳香仿佛回到了天真无邪的童年。她的童年是幸运的，从小闻着墨香长大，深受书卷熏陶。她最先想到的是那些读不起书的孩子，希望用自己所有的力量点亮知识的明灯，照亮读书人的前程。

咸丰四年（1854）五月，连续多天暴雨倾倒在松阳大地上，山洪裹挟着泥沙从四都源口奔涌而来，冲垮了连接西屏镇与古市镇的平济桥。西屏镇和古市镇是浙西南重要的商埠，水路和陆路两线运输相当繁忙。交通阻断后，过往的行人在水浅时从茅溪滩涂上涉水经过，水满时只能绕道数里开外的五都阳村过桥，严重影响了乡人和客商的出行。重建平济桥迫在眉睫，可短时间内要建起一座跨度二三十米长的桥梁绝非易事，更要寻找手艺高超的建桥人，要准备建桥物资，要募捐大量的资金。本县士绅为了尽早重建平济桥，在全县积极奔波劝捐。林芳香得知消息后，立即捐赠七百担稻谷。在她的带头下，四乡百姓有钱的出钱，有力的出力，不到一年时间，一座两孔伸臂式木平廊桥矗立在茅溪坑上。高大敞阔的廊屋可以遮风挡雨，桥内廊道两侧还建有廊凳，以供路人、商人歇息之用。

姥桥建成后，在廊桥中间的神龛中供奉着一尊观音菩萨像，使得廊桥不仅仅是交通建筑，还成为宗教建筑。作为廊桥的配套工程，乡人又在桥头建起关王庙，桥庙之间的珠联璧合，寓意着镇锁住雨季时经常洪水泛滥的茅溪坑，庇佑着茅溪坑沿岸的百姓五谷丰登、安康永泰，也庇佑着南来北往的各地客商平安吉祥。观音和关公是民间最为信仰的神灵，每年农历二月二十九观音诞日、五月十三关平诞日、六月十九观音得道日、六月二十四关帝诞日、九月初九关帝飞升日、九月十九观音涅槃日，来自四面八方的众多香客云集于姥桥和关王庙，善男信女们到此烧香拜佛，顶礼膜拜。姥桥演变成热闹的庙会，商贾、贩夫、走卒聚集于廊桥中，糖果、糕饼、点心、瓜果、小吃等摊位将桥屋挤得满满当当——原本默默无闻的一座木桥，经过重建后竟然演变成松阳县一处文化景观和信仰圣地，或许这是林芳香未曾预料过的。

在松阳人眼里，姥姥（松阳话发音为"mo mo"）是对年长女性的尊称。捐资建桥那年，林芳香才四十七岁。或许是接踵而至的打击导致她过早地呈现出老态疲态，乡人忘却了她的实际年龄，所以尊称她为姥姥。于是，乡人将廊桥取名为"姥桥"，以此感恩林芳香的大德。一个四平八稳且寓意着平安济世的桥名被更加朴实、亲切、温暖的姥桥取代——或许对于乱世中的百姓而言，美好的愿望不如现实中的慈悲更加温暖人心。

貌似叛逆的林芳香实则非常传统，恪守妇道，精心侍奉公婆，夫妻相濡以沫，夫君去世后她矢志守寡，一人拉扯着三个子女长大，无论从孝行、德行还是品行上讲，都堪称模范。林芳香的事迹通过县、府、省一级级上报，朝廷批准建"贞节坊"以示褒扬。生前立坊在当时是一件很难的事情，想不到的是，林芳香坚决不同意。她甚至特意立下遗嘱，为的就是防止侄子们和乡人在她死后建坊。她的理由很简单，建一座牌坊至少需用三四百担租谷的价钱，实在是过于浪费，不如将这些钱用到全县的学童身上。

　　林芳香并非松阳最有钱的人，却是松阳屈指可数的大慈善家。她一辈子节衣缩食、勤俭持家、艰苦度日，却将巨额财产捐赠给社会。生前默默无闻地做善事，身后继续福泽后人。她无意于留名青史，不要树牌坊，不要刻碑立传，不要建庙享祀，不要宗族褒扬，也不要官府表彰。其实，林芳香不只捐资助学，还多次出资铺路修桥，捐助义渡，兴修水利农田，逢灾荒年也多次救助灾民。乡人不管年龄大小、身份贵贱、地位高低，都亲切而尊敬地称她为"林姥姥"。她所做的这一切都发自内心，内心充满爱，人世间再多的苦难也会悄然放下。命运不公，她坦然面对；人生坎坷，她安然承受。随着善行越积越多，她也逐渐达到人生至高境界——有爱就有一切。

　　1862 年，林芳香走完了薄命而又慈爱的一生。她的文德田为松阳埋下了读书的种子，长久地恩泽着松阳一代代学子。1905 年，清廷废除科举，大办学堂，林芳香的侄孙周大勋再置三十六亩，将近一百五十亩文德田的田租收入用于改办赤岸、古市两处初等小学校，两处学堂所需经费和学生学费均由田租中拨出。时任松阳知县的叶昭敦得知林芳香的事迹，立刻被这个奇女子的慈孝、义举、大爱深深折服，赠以"彤管扬辉"匾额予以表彰，并将林芳香的事迹上报浙江巡抚聂缉椝，得到巡抚赠送的一面"乐善好施"的锦旗。这位深明大义的知县在感慨万千之余，又亲自为林芳香撰写了一篇饱含敬意的传记，向后世还原了潜德幽光的林芳香。

　　民国二十三年（1934），松阳县至遂昌县的公路贯通，宽阔的马路取代了鹅卵石铺就的古驿道。这条笔直的公路穿过茅溪坑时正好经过姥桥，当年林芳香捐建的廊桥阻碍了交通的发展，一座凝聚着无限慈爱的廊桥，仅仅八十年后就被拆除。在姥桥的原址上，建起一座方木构筑的马路洋桥。松阳人将公路称为马路，松阳话里"姥"字发音为"mo"，"马"字发音也为"mo"，后人走在现代坚固的马路桥上，以讹传讹地将姥桥称为马桥。

1962 年，木构马桥拆除，原址上建起一座两孔石拱桥。1988 年，桥北再筑一座宽阔的大桥。仿佛响应林芳香生前不矜名节的品性，逝去的历史没有埋没在寥落风尘中。当再次唤起"姥桥"之名时，她的过往一如其名，花团锦簇，芳香飘荡，留给后人一个经久犹香的春天。

10

从东南沿海到三晋大地，再到青藏高原，散落着一些名副其实的奇桥和名不副实的廊桥。有的看上去是一座廊桥，实际上只具有廊桥之形，却不具廊桥之神，无法准确地称之为廊桥；有的建筑工艺绚丽多彩，廊桥的功能退居其次，或者完全丧失；有的为了阻拦风水把桥身造成异样形式；有的似桥非桥、似亭非亭、似殿非殿、似塔非塔，却是一座座真实的廊桥。这些千奇百怪的桥梁用建筑语言开口说话，诉说着自己的离奇身世。

"四不像"的湘子桥

在广东潮州，有一座具有部分廊桥形态却无法认定为廊桥的桥梁，它就是潮州广济桥。说起广济桥，潮州当地人知晓的也不多，但提起它的别名"湘子桥"，那就妇孺皆知了。传说韩湘子在广济桥头立了一块"洪水止此"的石碑，所以当地人习惯称它为"湘子桥"。湘子桥坐落在潮州古城东门外宽达五百多米的韩江上，一面沟通岭南大地，一面遥望闽赣，为古代广东连接南北的交通要津。

韩江原名"恶溪"，流量变化很大，枯水与洪水流量相差近百倍，江水盛时经常决堤，被当地人冠名"恶溪"。因江中鳄鱼出没，又名"鳄溪"。唐元和十四年（819），文豪韩愈因谏阻迎佛骨被贬为潮州刺史，"恶江"因韩愈改名为"韩江"。可以想见，在如此大流量、宽且深的江面上造桥，对当时的工匠来说无疑是一次极限考验。最终，工匠们创造性地选择分段造桥，合成一座"四不像"的湘子桥。说它"四不像"，主要是具有四种桥的形态：东西两段以梁桥、拱桥、廊桥相结合，中间以浮桥相牵。

据《桥梁史话》一书记载，桥共分三段进行建造：西段靠城关，先行动工，自宋乾道六年（1170）开始，历时五十七年，建成桥墩九座，后在明正德元年（1506）扩建一墩，故西段共有桥墩十座；东段从对岸开始，自宋绍熙元年（1190）开始，历时十六年，也建成桥墩九座，后于明宣德十年（1435）扩建五墩，故东段共有桥墩十四座。两段共建桥墩二十四座，但后来因沙土淤积及修整江岸，各去两墩，因而现在共存桥墩二十座。

韩江中间水流湍急，无法建墩。古人为了降低建桥成本，便用十八艘梭船在江上一溜儿排开，船与船之间用铁链锁住，断开的湘子桥通过浮桥连接在了一起。当地民谣有"潮州湘桥好风流，十八梭船二十四洲。二十四楼台二十四样，二只牲牛一只溜"一说，是对湘子桥最完整的概括。清雍正二年（1724），匠人在浮桥两端的桥墩上铸造两尊铁牛用于镇水，牛背上镌刻着"镇桥御水"四个大字。后来，东桥铁牛被洪水卷走，"一只溜"即由此而来。

巧妙的是，浮桥能根据需求开合。通常，十八只梭船连接在一起的时候湘子桥就是一座完整的桥。为了方便往来船只通航，在规定的时间内将木船上的铁链松开，被截断的韩江立刻腾出约八十米宽的航道。当河水暴涨时，为了方便泄洪排水，浮桥也会视水情而开启。

一眼望去，二十座桥墩一字长蛇阵一般挺立在韩江上，墩上筑有亭台楼阁和水榭长廊，恍惚如海市蜃楼，几疑为仙楼琼阁。这些亭阁逐渐发展成繁荣的水上市场。商贩们集中在此贩卖商品，桥上行人摩肩接踵，讨价还价声此起彼伏，"一里长桥一里市"，甚至演化成当地一景。在古时，一到夜晚，桥上总是灯红酒绿，酒肆中传来阵阵猜拳呼令，伴随着歌伎声声丝弦，觥筹交错之间，让人错觉身在南京的秦淮河畔。

严格意义上来讲，湘子桥并不是一座纯正的廊桥，而是综合桥体。著名桥梁专家茅以升给湘子桥定论为"世界上最早的启闭式桥梁"。放眼全国，湘子桥也是孤例。它以生动的建筑景观和历史文化使命成为中国

广东潮州市广济桥（又名湘子桥）

桥梁建筑史上的奇葩，与赵州桥、洛阳桥、卢沟桥并称"中国古代四大名桥"。

没有"下身"的洪济桥

在山西省襄汾县汾城古镇通往陕西的驿道上，至今依旧幸存有一座始建于金大定二十三年（1183）的洪济桥。作为石券单孔拱桥，它长14.2米、宽7.2米，桥上建有五间廊屋，两侧围有石栏杆。清乾隆十六年（1751），桥上廊屋坍塌，知县姚士宏发动乡民重建廊屋。石匠打制了十六根石柱，替换掉发霉腐烂的木柱。在石拱廊桥上建砖柱、木柱廊屋比较多见，而像洪济桥一样建石柱廊屋的则相当罕见。

今天我们看到的洪济桥，桥身依旧是八百多年前的旧物，建筑风格显得雍容大度。金大定年间，正是号称"小尧舜"的金世宗在位，金朝国力达到了鼎盛时期。站在洪济桥上，踩着斑驳的石板，恍若回到"大定仁政"，见证那个夏花般绚烂的富庶时代。那些古拙的条石在脚底下碎裂成各种图案，如同一组远古的图腾，让我分明看到了洪济桥的年轮，仿佛看到那些骑马坐轿的旅人、骡马驮运的商贩、肩挑手扛的农夫，他们正从桥上走过，走向历史的烟云深处……

洪济，从字面上理解当是水流滚滚。可是河流已经彻底干枯，见不到一丝水迹，洪济桥成了一座旱地桥。洪济桥的桥洞被泥土和杂物壅塞，它的周围填满了房子，只剩下"上半身"，看上去就像一座长廊，很难分辨出这里曾经是一座车水马龙的廊桥。梁上挂有一块白底黑字的全国重

山西襄汾县洪济桥

点文物保护标志牌子，上书"洪济桥"，这才让人相信它真的是一座桥，而不是长廊。偶尔有几辆电瓶车骑过，在桥面上发出几下颠簸声，打破桥上的清静。站在桥上，淡淡的醋香飘来，原来周边坐落着一家生产山西老陈醋的厂子，门牌上写着"洪济桥米醋加工厂"。此情此景，不免让人感觉有些莫名的酸楚。

经过了夏花般的肆意绽放，金朝快速灭亡，而洪济桥则延续了八百多年的生命。在充分地展现了自身的价值之后，如同鲜花枯萎是洪济桥的必然结果。最终，洪济桥丧失了作为桥的意义，平静地湮没在市井生活之中。

似殿非殿的湖山桥

　　湖山桥地处福建德化县浔湖村，始建于宋代，距今已近九百年。这是一座非常奇特的廊桥：说它是廊桥，远看却丝毫没有廊桥的影子，五层楼阁高耸眼前，屋顶铺琉璃瓦，四面飞檐翘角，更像一座巍峨的宫殿。然而，"湖山桥"的匾额挂在第四层楼阁上，不容置疑地告诉我们，这的的确确是一座廊桥。在我的印象之中，国内几乎没有五层的廊桥。

　　所谓的湖山桥，其实是一座长 36 米、宽 6 米的石拱桥，它生生地扛起了高 13.3 米、面积 600 平方米的宫殿式建筑，把它想象成一幢平移到

福建德化县湖山桥

桥上的宫殿也未尝不可。走进殿内，它的真面目显现出来——这是一座外五层、内三层的建筑。多个假象蒙蔽了我的眼睛，此时着实感慨设计师之奇思妙想。湖山桥内部完全按照佛殿风格进行布局，神龛中供奉着一尊已有五百多年历史的泰山王雕像。湖山桥是附近三乡五里周边地区虔诚信徒心中的"圣地"，每逢七月十五泰山王的诞辰，这时是最热闹的日子，人们抬着泰山王外出巡游，善男信女们纷纷在家门口的桌子上摆满贡品，点上香烛，在鞭炮声中祈求泰山王保佑风调雨顺、阖家平安。

1949年秋，一股流窜的土匪将湖山桥毁之一炬。直到1992年，乡人按族谱记载在原拱桥上复建廊屋。我不禁叩问：绝大多数德化廊桥供奉的是观音菩萨，湖山桥为什么供奉着泰山尊王？它的主体建筑是祭祀功能的神殿，为什么不称湖山寺或者泰山尊王殿？如此大的建筑，地基为什么不选择筑在稳固的平地上，却选择筑在一座不断面临洪水冲刷的石拱桥上？

木桥墩的波日桥

波日桥长125米，跨径60米，纤细的身姿飞跃四川新龙县雅砻江大峡谷，连接着云南丽江北上四川稻城、理塘、甘孜的山川险道，贯通西南天堑，由于地处康巴地区交通咽喉，赢得了"康巴第一桥"的盛誉。波日桥的建筑难度、长度都堪称雪域高原上的奇迹。走在3米宽的桥上，两侧只有简易扶手，仿佛扶在摇摇欲坠的墙上，脚下是轰鸣的江水，战战兢兢地走着，着实需要一定的胆量。

四川新龙县波日桥

　　波日桥不同于传统形象上的廊桥，两墩上建有乱石垒砌的桥亭，桥亭上铺设薄薄的石片，两墩之间的木桥上不盖廊屋，一切都那么原始，如同粗犷彪悍的康巴汉子。藏族建筑大师唐通吉布将两座桥墩设计成粗壮高耸的"玛尼堆"形状，既保证了桥墩能够稳固地立在湍急的江水中，又代表着藏传佛教庇佑着往来路人的安全。叫人惊诧的是，波日桥的桥墩竟然由木石叠加垒砌而成——底部整整齐齐地铺上一排圆杉木，压上一层巨石，然后在石头上又铺一排圆杉木，上下层圆杉木的铺设方向正好相反，纵横交错地层层往上叠加，自下而上垒出三十余层，上下层之间再由绳索紧紧地捆扎在一起。这些普通的木头通过藏民的巧手编织，变成铁铸一般牢不可摧。只要是有桥墩的廊桥，大多以条石垒墩，以木头搭建廊屋，以木板、青砖建廊墙，以青瓦覆顶，形成下石上木的结构，

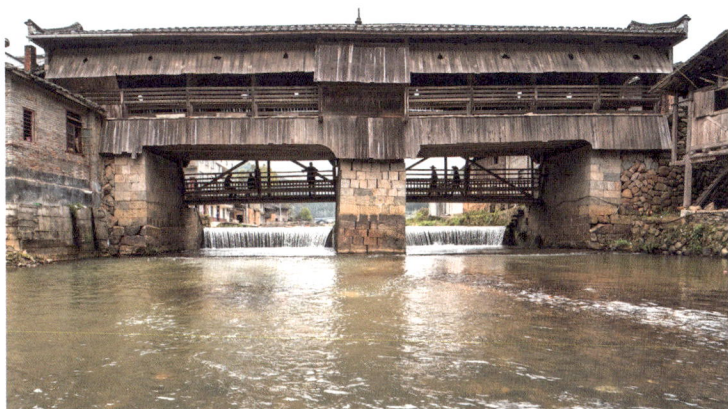

福建建瓯市集瑞桥

四川松潘县映月桥

而波日桥恰恰相反，以木为墩，以石垒屋，看似头重脚轻、易腐易朽，但它在雅砻江中与风浪搏击了数百年依旧安然无恙。

民国十九年（1930），噶厦政府军队进驻新龙，这一带的廊桥遭到大肆摧毁，烈火将六座藏民千辛万苦搭建起的藏式伸臂桥烧成了灰烬。波日桥幸运地躲过乱兵的屠戮。1936 年 6 月，红四方面军从丹巴出发，爬雪山，过草地，在新龙与红六军团胜利会师，经波日桥挥师北上。波日桥见证了卓越的长征，被当地乡民亲切地称为"红军桥"。

此外，在福建省建瓯市，有一座一大一小两桥合为一体的集瑞桥。大桥长 27 米、宽 5 米，小桥长 18.5 米、宽 1.2 米。明早期，先建了大桥，先人们为了方便过桥，于清中期又在大桥边上建了小桥，方便老年人和挑稻谷、扛农具的农人过河。大小两桥一高一矮，紧紧相依，就像母子携手相行，由此形成全国独一无二的母子桥。湖南宜章县才口村观音阁桥，中间桥墩上建有一座三层挺拔修长的砖塔，远看如同一座宝塔立于水中。同样在宜章县，刘家村玉水河上建有一座广济桥，桥墩上建有一座方形碉楼，仿若一座水上堡垒。事实上，它们都是不折不扣的廊桥。

诚如李约瑟（Joseph Needham）教授所言，"没有中国桥是欠美的，并且有很多是特出的美"。这些别出心裁的廊桥呈现的正是特出的美。

参考资料

1. 戴志坚：《中国廊桥》，福建人民出版社，2005 年 6 月

2. 刘杰：《中国木拱廊桥建筑艺术》，上海人民美术出版社，2017 年 12 月

3. 唐寰澄：《中国木拱桥》，中国建筑工业出版社，2010 年 1 月

4. 唐寰澄：《中国科学技术史·桥梁卷》，科学出版社，2000 年

5. 刘敦桢：《刘敦桢全集（第三卷）·中国之廊桥》，中国建筑工业出版社，2007 年 10 月

6. 唐寰澄：《中国古代桥梁》，文物出版社，1987 年

7. 刘敦桢：《中国古代建筑史》，中国建筑工业出版社，1984 年

8. 茅以升：《中国古桥技术史》，明文书局，1980 年 1 月

9. 茅以升：《桥梁史话》，北京出版社，2016 年 7 月

10. 李约瑟：《中国科学技术史》，科学出版社，1990 年

11. 韩伯林：《世界桥梁发展史》，知识出版社，1987 年

12. 刘致平：《中国建筑类型及结构》，中国建筑工业出版社，1987 年 7 月

13. 李合群：《中国古代桥梁文献精选》，华中科技大学出版社，2008 年 11 月

14. 刘沛林：《风水——中国人的环境观》，上海三联书店，1995 年

15. 薛一泉、叶树生：《木拱桥传统营造技艺》，浙江摄影出版社，2014 年 11 月

16. 吴积雷：《浙南木拱廊桥的民俗文化研究——以浙江庆元、泰顺廊桥为例》，中国文史出版社，2013 年 6 月

17. 中国公路学会：《中国廊桥》，人民交通出版社，2020 年 4 月

18. 周星：《境界与象征：桥和民俗》，上海文艺出版社，1998 年

19. 龚迪发：《福建木拱桥调查报告》，科学出版社，2013 年 3 月

20. 丽水市文化广电新闻出版局：《津梁撷粹》，浙江古籍出版社，2011 年 6 月

21. 丽水市政协文史资料委员会：《处州廊桥》，中国民族摄影出版社，2006 年 12 月

22. 中共庆元县委宣传部：《中国廊桥之都：庆元》，西泠印社，2007 年 2 月

23. 叶树生、陈伟红等：《庆元廊桥》，西泠印社出版社，2011 年 11 月

24. 缪长钻：《廊桥遗韵：品读寿宁廊桥》，上海人民出版社，2008 年 10 月

25. 刘杰、沈为平：《泰顺廊桥》，上海人民美术出版社，2015 年 11 月

26. 刘洪波：《侗族风雨桥建筑与文化》，湖南大学出版社，2016 年 8 月

27. 于俊海：《中国·广西·三江·风雨桥》，中国旅游出版社，2002 年 11 月

28. 毕胜、赵辰：《浙闽木拱廊桥的人居文化特殊意义》，《东南文化》，2003 年 7 月

29. 朱永春：《徽州水口园林中的廊桥》，《中国园林》，2015 年 5 月

30. 刘杰、沈为平：《中国虹桥再研究——试论编木拱桥和编木拱梁桥的命名及其渊源》，《第三届中国建筑史学国际研讨会论文集》，2004 年 8 月

31. 叶涛：《风水桥上的欢聚与祈求——木拱桥传统营造技艺保护与传承》，《世界遗产》，2016 年第 2 期

32. 萧百兴：《庆元编木拱梁廊桥的空间美学：一个地域文化的考察》，《温州大学学报（社会科学版）》，2013 年 3 月

33. 张光英：《闽东北浙西南地区木拱廊桥建筑文化景观特性研究》，《广西大学学报（哲学社会科学版）》，2012 年第 2 期

34. 张光英：《闽东木拱廊桥空间中的民间信仰文化研究》，《宁德师范学院学报》，2012 年第 3 期

35. 张祝平：《论佛道教发展与庙会文化的变迁——浙西南地区庙会习俗的历史考察》，《贵州民族大学学报（哲学社会科学版）》，2015 年第 2 期

36. 朱永春、刘杰：《汉代阁道与廊桥考述》，《建筑学报》，2011 年第 2 期

37. 刘妍：《今天不可能有人再造出如此惊险的大桥了》，凤凰资讯，2019 年 1 月 16 日，https://3g.163.com/dy/article/GIQL7LU70543ONQL.html?spss=adap_pc

38.Luke Lou：《景宁廊桥：屋檐下的社会》，澎湃新闻，2018 年 7 月 26 日。https://mbd.baidu.com/newspage/data/landingsuper?context=%7B%22nid%22%3A%22news_8895830507698154818%22%7D&n_type=-1&p_from=-1

39. 方拥：《虹桥考》，《建筑学报》，1995 年第 11 期

40. 刘秀峰：《浙南木拱廊桥传统文化习俗探析》，《社会科学战线》2009 年第 12 期

41. 王思涌、胡玉霞等：《从甘肃渭源灞陵廊桥谈起》，全国力学史与方法论学术研讨会，2009 年

42. 吴苏梅：《从"廊桥世家"看工匠精神》，《海峡通讯》，2016 年 6 月

43. 黄达隆、吴颖雯：《闽东北大主墨》，《海峡旅游》，2016 年第 9 期

44. 唐留雄、胡记芳：《浙南廊桥"世界遗产"价值分析与保护开发》，《浙江学刊》，2005 年第 5 期

45. 张鹏飞：《晋城二仙庙：我市最早的"国宝"二仙庙》，《太行日报》，2018 年 9 月 12 日

46. 张国镇：《千年"古刹"湖山桥》，《泉州晚报（海外版）》，2005 年 1 月 1 日

47. 陈元：《兰州握桥与渭源灞陵桥》，《丝绸之路》，1994 年第 1 期

48. 龙彦静：《安化地区廊桥建筑艺术与保护研究》，湖南大学硕士论文，2015 年

49. 郑颖璐：《闽西客家廊桥建筑艺术特点及保护开发》，《湖北第二师范学院学报》，2017 年 11 月

50. 黄烈银：《宽云和尚与芷江龙津桥的情怀》，《龙津浪花》，2010 年

51. 杨全富：《波日桥》，《甘孜日报》，2018 年 9 月 25 日

52. 赵剑芳：《木拱桥传统营造技艺生产性保护范例研究——庆元濛淤桥重建实录》，《丽水研究》，2012 年第 4 期

53. 蒋烨：《中国廊桥建筑与文化研究》，中南大学博士论文，2010 年

54. 刘小方：《廊桥：隐匿浙水闽山的传奇》，《百科知识》，2013 年 9 月

55. 李华珍：《符号与象征——闽东古廊桥建筑文化探析》，《华侨大学学报（哲学社会科学版）》，2007 年第 2 期

廊桥会成为一场遗梦吗？

◎ 鲁晓敏

　　我出生于浙西南丽水市所辖的松阳县。距离我家不远的地方，有一座建于清代的廊桥——南山桥，今天它依旧存在，小时候我时常跑到那里玩耍。在我曾经工作过的小镇玉岩，一段数百米长的溪流上坐落着两座古廊桥。一打开宿舍的窗户，普济桥的飞檐就映入眼帘。冥冥之中，廊桥一直与我为伴，潜意识里它们已经成为我生活的一部分。

　　松阳是一个风雅的古典世界，至今较为完整地保留着 75 个中国传统村落，是华东传统村落最多的县域。在寻访松阳古村之时，我经常与各式各样的廊桥不期而遇。我逐渐为廊桥的风姿所倾倒，从而将书写空间由古村落延伸到了廊桥。当我将寻访古村的范围放大到整个丽水市时，更多的廊桥涌来眼底，细细数来竟有百余座之多，然而它们不到丽水廊桥总数的一半。那时候，我并不知道这里竟是中国廊桥历史最悠久、品种最丰富、数量最密集的区域之一。

　　2012 年 5 月，我在《中国国家地理》杂志上刊登了《中国廊桥——跨越两千年的交通图腾》一文。这是一篇 36 页图文并茂的长文，向读者系统地介绍了少为人知的中国廊桥。为了写好这篇文章，我钻进各种故纸堆里搜寻廊桥踪迹，找到一座就在地图上标注出来，形成了一张"廊桥地图"。从此，我下定决心，从这张标注着密密麻麻红点的纸上出发，探访那些散落在大江南北的真实"飞虹"。我给自己划定了一个时间表，争取花 10 年时间走遍这些地区，走过这些具有地域代表性的廊桥。远的地方利用长假，近的地方利用双休，按图索骥，驱车数万千米，几乎穿越了祖国的半壁江山，对 300 多座古代廊桥进行了实地探访。每走访一座廊桥，我都会为它整理出一份"廊桥档案"，包括地理方位、图片、长宽高、始建和重建年份等基础数据。本书主要摄影作者吴卫平追寻廊桥的脚步跑得更远，足迹遍及 20 个省区市，造访了 700 多座古廊桥。没有人要求我们这样做，一切都是受情怀驱使。

在高速环网状态下的今天，原本通行在廊桥上的脚步和独轮车，转换成高速公路上飞驰的汽车，廊桥彻底退出了主要交通工具的序列。除列入保护单位的廊桥和受村落、宗族定期维护的廊桥之外，剩下的廊桥现状大多不容乐观。由于乡民保护意识欠缺、保护资金不到位、缺少传承队伍、受自然灾害的侵袭、人为破坏、年久失修等，这些历经了百年、数百年的廊桥生存状态大多堪忧。不少廊桥处于废弃和任其自生自灭的状态，每年都有大量的廊桥坍塌和损毁。

前不久，我在江西会昌县黄雷村的荒郊野外，偶遇一座不知名的廊桥。这座单孔石拱廊桥非常小，有些袖珍的味道，廊屋破败不堪，屋顶摇摇欲坠，瓦片碎了一地，仿佛一阵狂风就可以将廊柱折断。站在桥上，透过缠满青藤的窗格，还能看到上游的观音庙，那里香火依旧旺盛。即使人迹罕至，但在桥边的野草丛中仍见香火的痕迹，当地人在祭拜观音庙时不忘为这座古老的廊桥插上几炷清香。在我看来，他们更像是祭祀这座即将消逝的廊桥。或许，它就是当前一些廊桥遭遇的速写。

一步步走来，一字字敲击，或欣喜，或伤感，或无奈，或艰辛，或充满希望，久而久之，累积成一册《廊桥笔记》。既然是笔记，那就使用通俗易懂的语言；既然写廊桥，自然不乏专业的叙述。我将两者进行有机的结合，对廊桥的发展历史、风水文化、宗教信仰、生存状况等方面进行了详细的解读，揭开了不少隐秘和事实。辅以摄影师吴卫平等人的专业照片，形成一本以散文、摄影为表现形式的阐述中国廊桥的专集。我期待着，通过本书的出版，引起更多人对廊桥保护的关注。当然，受学养、目光与时间所限，本书难免存在纰漏、主观臆断，甚至差错，希望各位读者予以斧正。

成书之后，有幸邀请到著名学者阙维民、刘杰，著名作家、学者陆春祥为拙著作序；在写作过程中，得到刘杰、陈寿灿、洪铁城、罗德胤、郑骁锋、马子雷、刘妍、姚家飞、王剑、吴卫平等专家学者的赐教与帮助；除合作者吴卫平先生的摄影作品之外，本书还收录了王培权、姚家飞、徐立冰、刘妍、李玉祥等专家学者和摄影家的作品；作家、书法家金岳清为本书题写了书名。在此，一并向各位老师深表敬意与感谢！

2021 年 2 月于浙江松阳

它们穿越历史的江河，顽强地搏击在风口浪尖，书写着属于自己的建筑神话。

甘肃省渭源县霸陵桥

甘肃省文县合作化桥

山西省襄汾县洪济桥

湖北省咸丰县十字路廊桥

湖北省咸安区万寿桥

湖北省利川市永顺桥

西藏拉萨市琉璃桥

重庆市秀山县天生桥

四川省安州区五福桥

云南省云龙县彩凤桥

云南省云龙县通京桥

云南省云龙县永镇桥

贵州省黎平县地坪桥

广西桂林市花桥

广西龙胜县孟滩桥

广西三江县程阳桥